优雅

主编 - 何奇澎

中国图书三千年

潘美月 著

中信出版集团 · CHINACITICPRESS · 北京

图书在版编目（CIP）数据

中国图书三千年 / 潘美月著. — 北京：中信出版社, 2016.6
（优雅）
ISBN 978-7-5086-5802-5

Ⅰ. ①中… Ⅱ. ①潘… Ⅲ. ①图书史—介绍—中国 Ⅳ. ①G256.1

中国版本图书馆CIP数据核字(2016)第013230号

中国图书三千年

著　　者：潘美月
策划推广：中信出版社（China CITIC Press）
出版发行：中信出版集团股份有限公司
（北京市朝阳区惠新东街甲4号富盛大厦2座　邮编　100029）
（CITIC Publishing Group）
承 印 者：鸿博昊天科技有限公司（北京经济技术开发区博兴七路5号院）

开　　本：710mm×1000 mm　1/16　　印　　张：15.75　　字　　数：140千字
版　　次：2016年6月第1版　　印　　次：2016年6月第1次印刷
广告经营许可证：京朝工商广字第8087号
书　　号：ISBN 978-7-5086-5802-5/G·1303
定　　价：68.00元

华夏之美

简 体 字 版

序　　言

三十年前，我在台北幼狮文化公司主持图书与杂志的编辑策划工作。那时，我们已经完成许多大部头图书的出版或迻译，诸如《世界文明史》、《幼狮少年百科全书》、《观念史大辞典》等，网罗的专家学者不计其数，可称当时台湾出版界的盛事，广受学术界、教育界的肯定。但上揭三书中有二书皆属西方学问，我心中自不免深觉有憾，一直忖量着应出版一套彰显中华文化且图文并茂的书籍。我知道若不尽速去做，可能再没有机会了，因为当时我有最好的作者、最好的编辑团队，以及最支持我的总经理王生年先生。经过数年的策划，我们锁定心目中最好的专家，在抗战胜利四十周年的十月出版了第一册《书法》（周凤五教授），十一月再出版《绘画》（王耀庭教授），其他各册也在三年内次第出版。我将这个系列取名为“华夏之美”丛书，在每一册的扉页上印上不能再短的编序，说“华夏之美是献给每一个中国人的”。

三十多年过去了，许多人事不复记忆，但我清晰记得在台湾大学小椰林道的女九宿舍前约了曹淑娟学妹，请她撰写《诗歌》。现已为台大中文系教授的她，当时还是博士生呢！我也清晰记得刘良佑教授的穿着，既体面、亮丽，又潇洒不羁，衬着他关西大汉的体格，令人不禁仰视。有一年我去成都，他特别提醒我要买小泥偶、吃小吃。现在摆在我家客厅的精致小泥偶就是当时带回的，如今已经不复可求，而刘教授竟已离我们远去多年了。他的《陶瓷》得了金鼎奖，我和刘元陵主编参加了颁奖典礼，那灿闪闪的画面宛如目前。

“华夏之美”出版完竣（其实不能说完竣，因为那是没有止境的工作，我们只走了开始的几步），未几，我返回台大任教，离开了幼狮。接下来的岁月，台湾出版社的经营愈来愈困难，有分量的大书逐一绝版，“华夏之美”也不例外，而当年的编辑同仁也早已各自分飞。

但世事难料，人的机缘尤其奇妙。就在我已将幼狮的岁月封存在记忆的角落时，有一天电邮里忽然出现了一个从没见过的名字——崔正山。他希望我能协助联络“华夏之美”的各位作者，因为他想将此套丛书再印行于中国大陆。

事实上，接下来的两年，多是崔先生自己奔走，我出的力极少。原本欠缺的《戏剧》，崔先生希望补上，也同意我属意的两位台湾教授，可惜未能谈成。如今的《昆曲》，由北大陈均先生负责，他是全套书作者中唯一的大陆学者。就“华夏之美”而言，我觉得这样的结果毋宁说更为圆满。

崔先生的出现，让《华夏之美》再现于世。对我而言，内心的感动、感谢，诚非言语所能道万一。不过，“华夏之美”本不应埋没，也不会埋没，然则我和崔先生恐怕都只是冥冥力量中被假手的人而已。我相信，其实是悠久博大的“华夏之美”本身让此书再现；而这套书初生于台湾，再现于大陆，让更多的华夏子孙能亲炙、能鉴赏、能钻研，固绝非偶然。是为序。

何寄澎

二〇一五年十月十九日

华夏之美

繁 体 字 版

序　　言

中国文化曾经使古典的中国辉煌，而在现在乃至未来的中国，也必然继续具有历久弥新的意义。这是毋庸置疑的。

然而令人迷惑的是，如此优美而博大的文化，何以长久以来竟日趋衰落而黯然无光？是因为人们的轻视与漠视吗？还是由于其他更重要的原因？经过不断的思索、再思索，我们终于获得一个结论。我们认为，中国文化所以渐趋黯淡，是因为从没有人配合着现代人的环境与生活，透过浅明易解的方式，正确而完整地把中国文化的精华传达给广大的群众。

人们对自己的传统文化既然无从认识，也无从了解，又如何能奢谈赏爱与肯定？今天中国文化之所以被轻视、漠视，基本而关键的因素正在于此！

知之则当行之，由是我们勇敢地出发了。毕竟，在今天，我们不愁没有文笔优美的专家学者，不愁没有设计优良的美术人才，更不愁没有印刷精美的印刷公司；一切都无虞，所欠的只是“东风”——那双策划、推动整个工作的手而已。以文化为职志的我们，理应来扮演这个角色的！我们战战兢兢地构思着。中国文化的内涵如此辽阔，包蕴万有，思想、文学、艺术、科技、人物、生活……无一不在其中，我们应怎样日积月累而卒底于完整的呈现呢？我们惶恐地思索着。最后，东坡的话给了我们坚定的启示：“行于所当行，止于所不可不止。”有一天，当我们自觉成绩还满意时，我们或许会停下脚来歇息歇息；而在此之前，我们恒将竭尽心力、无止境地耕耘下去。一步一莲花，我们深自期许着，也有着充分的信心，呈现在您面前的每一本书，都将令您另眼相看，觉得“的确与众不同”。

人要有名字，有意义的工作也要有名字，我们就叫他作“华夏之美”。

“华夏之美”是献给每一个中国人的。

何寄澎

一九八五年十月十日

幼狮文化公司编译部

自　序

任何一个国家、民族，其图书的历史，都是图画先于文字。在文字发明以前，古人有所见闻，都用图画来表达。等到文字发明以后，文字的记述居于首要地位，图画成为文字的附庸，但仍袭用了“图书”这一名词。中国是一个文明古国，文字起源很早，相传五千年前黄帝的史官仓颉就发明了文字，也有传说文字是三皇之一的伏羲氏所创造的。有了文字以后就应当有记录或著述的书，但古史渺茫，现存的古史记载都是后人所追述的，还不足以称为信史。因此，上古时代的图书究竟是什么形式，根本无从考见。现在谈我国图书的历史，只能追溯到公元前十四世纪，商王盘庚迁都到殷地（今河南安阳）以后，因为甲骨文的大量出土，才能确切知晓。

关于中国的“书”字，许慎《说文解字》卷三下聿部“书”字注云：“书（書），箸也。从聿，者声。”又“聿”字注云：“所以书也。”“聿”字是一个象形字，像以手执着毛笔的形状。“书”字的古文及篆文都是上半从“聿”，下半从“者”。“者”即古“著”字。其意为凡用笔著作的叫作“书”。因此，凡文字之刻于甲骨、金石，印于陶泥者，皆不能称为“书”。书籍的起源当追溯到竹简木牍，编以书绳，聚简成篇，如同今日的书籍册页一样。

本书共分七章，依时代先后介绍中国图书的演变。第一个时期始于殷商，迄于东汉和帝元兴元年蔡伦改进造纸术（公元前十四世纪至公元一〇五年），其间以竹或木作为图书的主要材料。此外，春秋战国之间，开始知道用帛来写书。但缣贵而简重，都不是理想的书写材料，为了取代昂贵的缣帛和笨重的竹木，纸便成为古代文化传播的重要工具，也是中国对世界文化的一项重要贡献。因此，古纸的发明及制造是值得详细介绍的。从蔡伦改进造纸术至七、八世纪之交盛唐雕版印刷术发明止，这一时期的图书主要作卷轴形式，唯因卷轴不便于查检，开始改进，于是有“叶子”的形制。印刷术的发明是中国对世界文化的另一项重要贡献。印刷术能够在中国最先发明，不能不归功于中国已有的两项技术基础，即拓石与钤印。印章及摹拓对于雕版印刷术的影响，以及印刷术发明的时期问题，都是值得探讨及论述的。唐代利用这种新发明的印刷术出版图书，尚只限于私人，官府的雕印书籍要到五代才开始。五代时，国子监雕印“九经三传”，促进了图书出版事业的发达，也推动了学术文化的勃兴。两宋国子监继承五代的事业，大量修纂刊雕经籍。各地方官署，上自司库州军，下至县学书院，皆以传刻古书为务。私家刻书亦盛，四川眉山、浙江杭州、福建建阳三处的书坊林立，成为宋代出版事业的中心。中国以活字印书，创始于北宋仁宗毕昇发明的胶泥活字版，历代皆递有发明及改良。然活字版在中国终不如雕版印刷之普遍，推究其原因，不外有二。一，中国的单字太多，雕为活字，所需准备的字亦多。因字数过多，故检字亦较费事，不若西方拼音文字刻字、铸字、检字方便省事。二，活字固然可以反复使用，印刷所需时间较少，如以印刷一次的成本而言，自较雕版为低。然古代印书量有限，且活字版印后即拆，倘要再印，必须重排，不如雕版版片可以贮存。就长远计，雕版成本反较活字版低。这是雕版印刷得以在中国历八九百年之久而不为活字版所取代的主要原因。因此，本书在介绍宋、元、明、清四朝的图书时，皆以雕版印刷的图书为主。宋代的出版虽盛，但出版的图书大都用单色印刷，到了元代才有用两种颜色配合印刷一部图书的，而且元代的活字印刷已由胶泥活字改为木活字。明代雕印的图书虽然有许多缺点，为后人所诟病，然而《永乐大典》的编纂，仍是值得一提；而版画、套色印本，铜活字印本在明代的图书出版事业中更具特色。尤其到了明代后期，图书的发展更是辉煌灿烂，对于这些成就，我们要给予最高的评价。清代的学风，因惩于明末的空疏，而欲规复汉学，故考证校雠之学大盛。明末盛极一时的书坊渐趋凋零，代之而起的是私家刻书。清代雕印的图书大抵能精校慎刻，尤其是私家刻书，或慎摹宋元旧本，或广罗秘籍，往往汇为丛书，是清代出版事业的一大特色。此外，《四库全书》的编纂及各种活字本的出现，也是值得称述的，但版画、套印本终究没有像明代一样的盛况出现。

西方的印刷术从清末以来陆续传到中国，逐渐取代了中国固有的雕版及活字印刷。最先传到中国的是铅字排印法。清嘉庆十二年（公元一八〇七年），英国伦敦布道会的马礼逊（Robert Morrison）来广州传教。后来，马氏在马六甲设立印刷所，雕铸铅字，于嘉庆二十四年（公元一八一九年）印成第一部新旧约中文本《圣经》，是为西方铅活字排印中国文字的首创。中国人浇铸铅字，排印书籍，始于同治年间，清内府则于光绪二十二年（公元一八九六年）采用这种新式的铅铸排印《七省方略》。此后，铅字印书法逐渐推广，成为中国印书的主要方法。其后传来中国的是石印法，用特制的墨将文字写在特制的纸上，再翻印到石版上以供印刷。此法是阿罗斯·塞尼菲尔德（Alois Senefelder）在公元一七九六年所发明。中国最先采用此法印书的，是上海徐家汇土山湾印刷所，稍后有上海点石斋石印书局。清内府则于光绪十六年用此法印《古今图书集成》一百部，由上海同文书局承印。此后，上海开设书局专用石印法印书者风起云涌，盛极一时。民国以后，西洋各种新的印书法，如珂罗版、影写版、照相铜锌版及各种平凹版等，相继传来中国，石印法遂废。以上所谈都是以新式方法印中国图书，并非中国传统的印刷方法，故本书略而不述。

本书每章后面所附图版，皆依文字叙述先后排列，其原书大抵藏于“中央图书馆”、台北故宫博物院、台湾大学及“中央研究院”傅斯年图书馆等处。凡是台湾没有收藏的书籍，则采用《中国版刻图录》及其他刊物中的图版，谨此志明。最后，希望借着这本书，让读者了解，中国图书的历史是悠久而灿烂的，祖先遗留给我们那么多珍贵的文化资产，我们应该好好地维护与利用。

潘美月

一九八六年五月十日

目　录

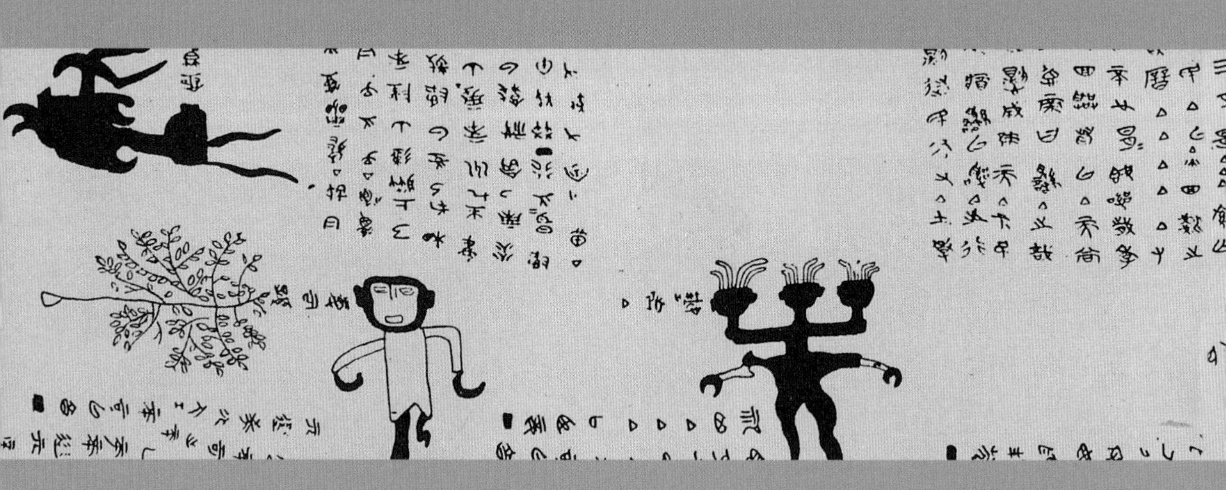

第一章

中国最早的图书

▶《仪礼》简册

一九五九年，在甘肃武威汉墓中发现，据考证系王莽时代写本。简长约五十五厘米，相当于汉尺二尺四寸，其形制是现今所发现的简牍中之最长者，也是现存《仪礼》最早的版本。

一、简册

竹木是中国最早的书写材料。在中国传统文化上，简册制度有着其极为重要和深远的影响。中国文字的排列比较独特，我们所看到的西文书都是自左向右横行，再由上而下；而过去中文的书写方式是上下直行后，再从右向左。我们知道古人写字都用毛笔和墨，干得比较慢，这种书写方式不是很不方便吗？所以有人产生了怀疑。还有，在木版雕印的古书中，行与行之间都有一道墨线来间隔，这也是与西文书或现代铅印书不同而具有特异之处。可能有人会怀疑，这又是怎么来的？如果我们了解中国图书的历史，就自然知道这些习惯的形成是根源于古代的简册制度。

竹木应用于书写的起源已不可考，且战国时代以前的简册早已湮灭。但由古代文字及典籍的记录中仍可看出，它的时间必然很早。《尚书·多士篇》说：“惟殷先人，有册有典，殷革夏命。”“典册”一词，简单的解释就是书籍。“册”字在殷代甲骨卜辞中，是象征着几根简编连在一起的形状。“典”在金文、篆文中，象征着“册”在几上。因此，后代就以“典册”二字代表书籍。

（一）简册的材料与修治

简是用竹或木制成狭长的条片，一根称之曰简，将若干根简编连起来称为一篇或一册。“简”字从竹，上古最先应是以竹制简。根据自晋以来的多次考古发现，战国以至西汉初期，多用竹简；西汉末期以至晋代，则多用木简。大概是由于气候转变，北方竹产量逐渐减少的缘故。竹简的制作方法，是先将竹截成筒，再破成一根根狭长的简。这种新竹制成的简尚不能马上用来写字，除了要将竹节打磨光滑以外，还需要经过一番所谓“汗简”、“杀青”的修治过程。所谓“汗简”，即放在火上烤干新竹的水分，因有水分则容易蛀蚀。水分被炙出，凝在竹面，有如汗珠，所以称为“汗简”。至于“杀青”，古人尚无解释。因刘向《别录》曾说“杀青者，直治竹作简书之耳。新竹有汁，善朽蠹。凡作简者，皆于火上炙干之”，近代学者多以为杀青就是汗简。其实，“杀青”乃是指刮削去青皮而言，因为青皮不能固墨，文字容易磨灭。从近代考古发现来看，战国以至秦汉时代的竹简，虽然文字并不一定写在竹青一面，但绝大多数是刮去了青皮的。经过杀青汗简以后的竹简，才可以正式缮写，所以后代拿“杀青”一词指代著作完成。木简的制作过程比较简单，将木材锯成条片，一面磨光，经干燥后，即可用来写书。古人制竹简大抵用肉竹，制木简则多用松、杉、柳等木料，大多是就地取材。

（二）简册的长度

简册的长度，依古籍中的记载，分为汉制二尺四寸、一尺二寸、八寸三种规格。重要的书，如儒家的经典“六经”，都用二尺四寸的长简。次要的书，如《孝经》等，用一尺二寸简。《论语》则用八寸简。二尺四寸的大册，古人尊称为典，汉代特别尊崇六经，故用大册来缮写。甘肃武威汉墓中发现的几篇王莽时代的写本《仪礼》，简的长度约在五十五至五十六厘米之间。汉尺一尺约当二十三厘米，五十五厘米正相当汉尺二尺四寸。山

《孙膑兵法》竹简

一九七二年四月，在山东临沂汉墓中发现，系西汉武帝时代写本。简长约二十七点三厘米至二十七点六厘米之间，相当于汉尺一尺二寸。

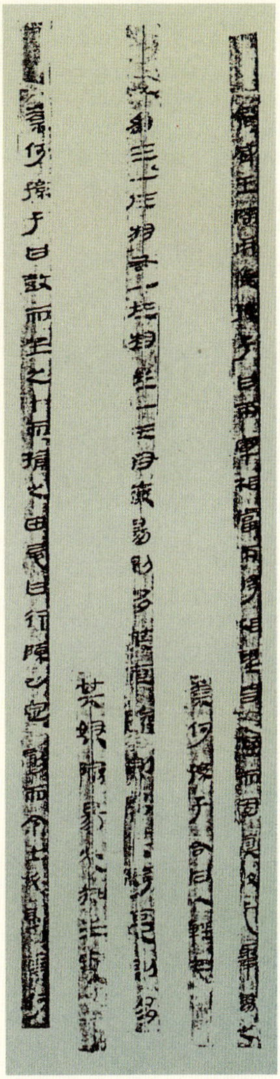

《南郡守腾文书》竹简

一九七五年，在湖北云梦睡虎地秦墓中发现。系秦始皇二十年（公元前二二七年）四月所写，简长约二十七点五厘米，相当于汉尺一尺二寸。

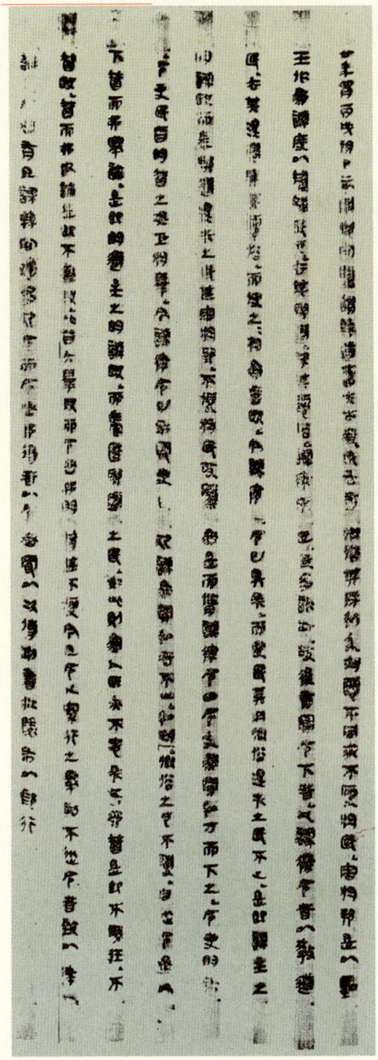

东临沂汉墓中出土的《孙子兵法》、《孙膑兵法》等兵书残简，及云梦睡虎地秦墓中发现的《南郡守腾文书》竹简，长度多在二十七点三至二十七点六厘米之间，约合汉制一尺二寸。以上可以证明古籍的记载不误。用大册写重要的经典，除了表示尊崇外，可能也由于“六经”之文每篇的字数较多，若用短简，则所需的简数必多，而不便于编册舒卷。据荀勖序《汲冢书》、晋太康年间所发现的战国时代写本《穆天子传》，及《后汉书》载曹褒编撰的礼书，都是二尺四寸简。又桓宽《盐铁论·贵圣篇》说：“二尺四寸之律，古今一也。”可见传记书籍、律文以及私撰的礼书，都可以用二尺四寸简，并不仅限于写六经。除了上述的三种标准规格外，敦煌所出的汉简《急就章》及元康二年历书都是一尺五寸。王充《论衡》称诸子书为“尺书”，武威出土的日忌、杂占等汉简，敦煌简中的永光五年、元兴元年等历书残简，长度都是二十三厘米，正相当于汉尺一尺。又长沙出土的战国楚简，有长仅十三点五厘米者，合汉制六寸。可知古代竹木简册图书的长度，除了古籍所载的二尺四寸、一尺二寸、八寸三种标准规格外，还有其他尺寸。

（三）简册的编连法

古简甚狭，其宽度古籍中并无记载，《南齐书》卷二十一记载公元四七九年发现的简牍云“简广数分”。近代考古发现的战国秦汉简牍，窄的只有七毫米，宽的约十三毫米。因甚窄，每简只能写一行字。每简所容字数并无一定，视简的长度及所写字的大小而定。根据记载及近代考古的发现，字数少的简上只有八个字，多的则有一百二十余字，而武威

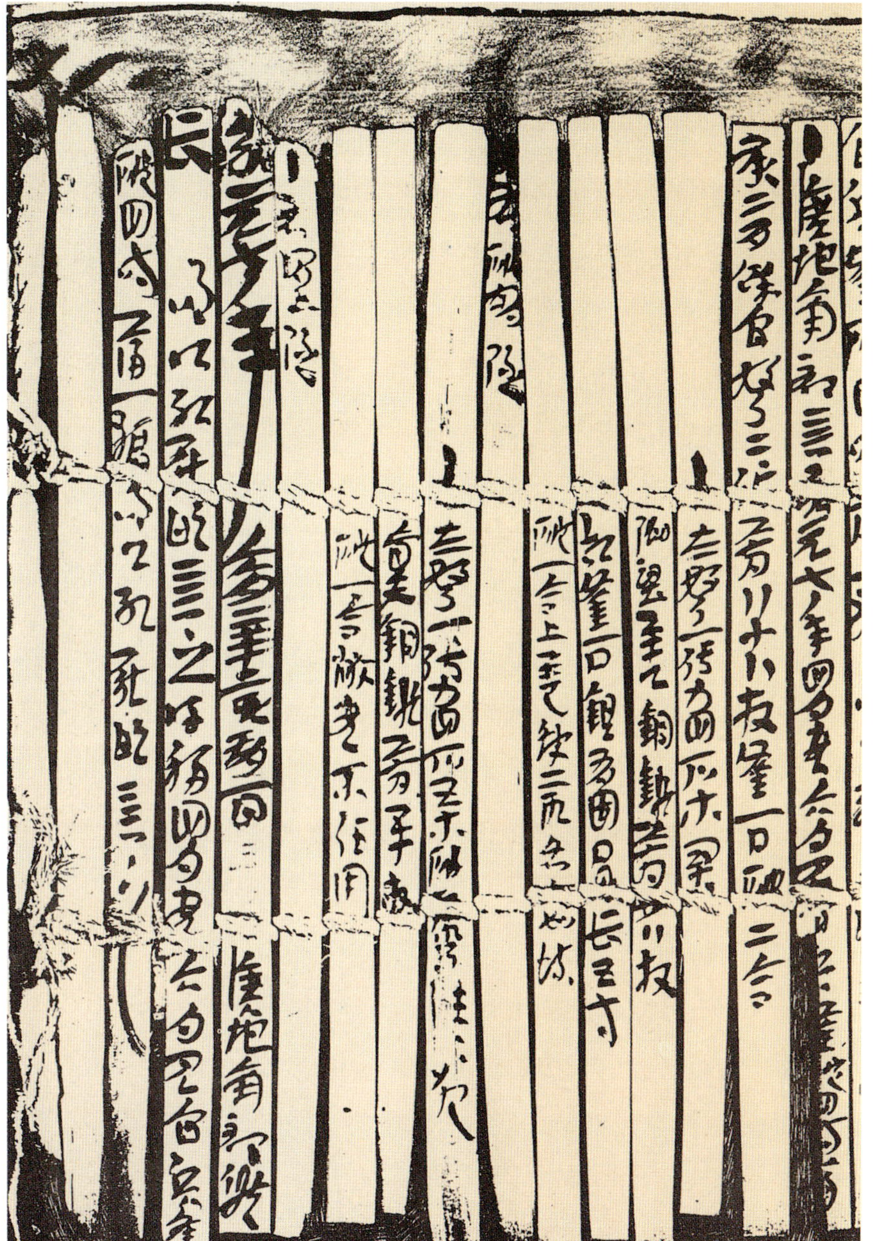

《永元器物簿》木简

一九二〇年至一九二一年间，在居延故地（今内蒙古自治区额济纳旗境内）发现。此系东汉和帝永元五年至七年（公元九三年至九五年）间所写广地兵器册末端，两端编以麻绳，可以看出古代编连简册的方法。

汉简以六十字为常例。书写时，以右手执毛笔，左手执简，一根简写完后，就势用左手放置于书桌的左前方，再开始写第二根简，第二根简写完，很自然的也推放于前一根简的左方并列，以下如此类推。一篇书写完，将并列的各简编连成册，所以书的文字就形成上下直行，再由右而左了。简册的编连法，依据内蒙古额济纳旗居延故地所出《永元器物簿》来看，是先将书绳两道连结，将最初一简置于二绳之间，打一实结，复置第二简于结的左旁，将二绳上下交结，像编竹帘一样，以下依此类推，至书篇最末的一简为止，然后再打一实结，以使牢固。收检的方法是以最末的一根简为轴，将字向内卷成卷轴形，这样一卷古人称为一篇或一册。内府或贵族藏书讲求美观，多用有颜色的丝绳来编简，士大夫阶层则用韦皮。韦是一种柔软的牛内皮，《史记·孔子世家》载："孔子晚而喜《易》，读《易》韦编三绝。"可知孔子所读的《易经》系用韦编，而且孔子读《易经》甚勤，韦皮曾断了几次。一般人大概是用细麻绳来编简，如《永元器物簿》及武威汉简《仪礼》都是用麻绳编连的。编绳一般用两道，但遇长简也有用三道、四道、五道的，例如武威汉简《仪礼》，从简上的遗痕可以看出是用四道或五道编连的。为了防止简上下移动或脱落，古人往往在编绳经过的地方，于其棱角上刻削极小的三角形契口，以固定编绳，在长沙及武威发现的楚简与汉简上即可见到。古代的图书，每篇可以单行，为了查检的方便，就在第二简的背面写上篇名，第一简的背面写上篇次。如此，卷起来以后，所写的篇名篇次则题在外面，由右向左顺读，即成为"某某篇第几"，从武威汉简的《仪礼》可以看到。因为这种竹帘式的编连法，所以简与简之间都有空隙。纸发明以后，取代了竹木简册，但书的形式

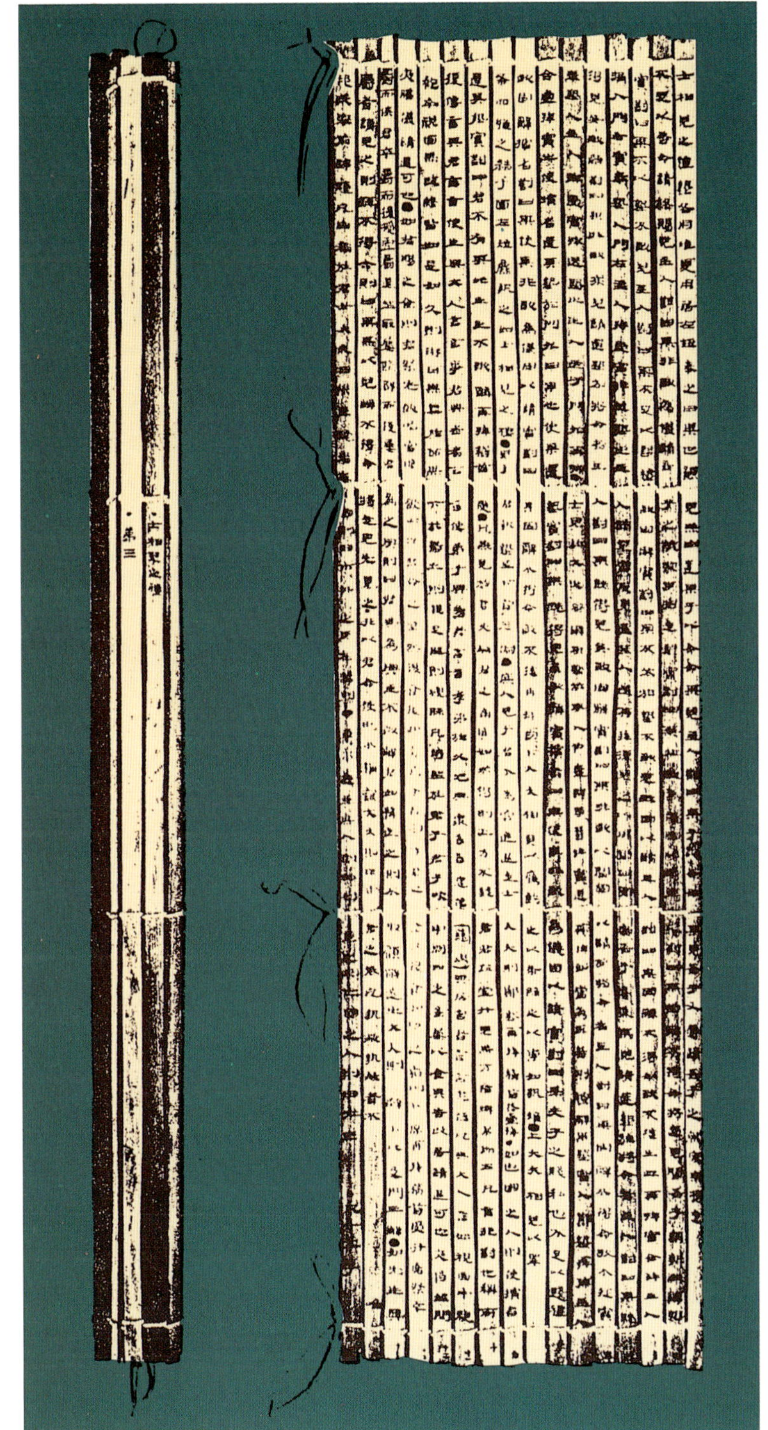

武威汉简《士相见礼篇》仿制模型及卷轴形式

左：卷起，第二简背面写『士相见之礼』，第一简背面写『第三』。右：展开，系用四道麻绳编连。

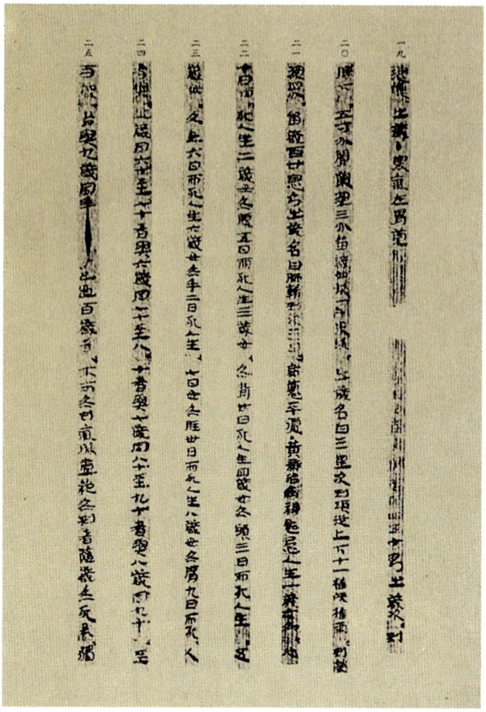

武威汉代医药简牍

一九七二年十一月，在甘肃武威旱滩坡汉墓中发现，计有竹简七十八枚，木牍十四枚，系东汉光武帝建武年间（公元二五年至五五年）所制记载有关医治内科、外科、妇科、五官科等病之医方三十余个，所列药品近百种，是研究我国古代医学之重要资料。

汉代书写工具

河北保定望都县的汉代壁画上，一主记史坐于三足砚前，圆锥墨丸置于砚上，旁有水盂盛水，用以研墨。

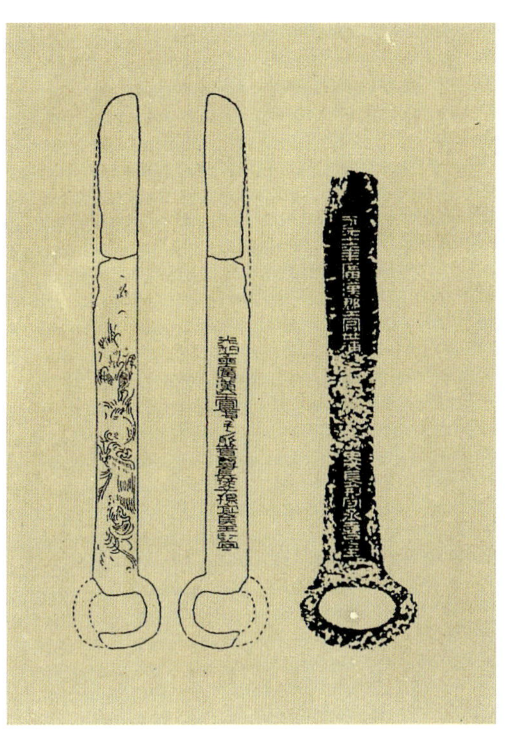

汉代书刀

右：东汉永元十六年（公元一〇四年）书刀。

左：四川成都出土的东汉和光七年（公元一八四年）飞凤书刀。

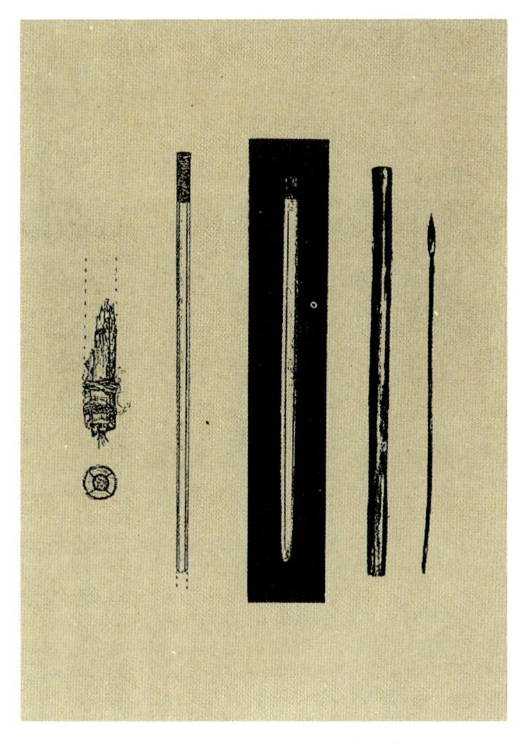

古代毛笔

右：长沙出土的战国时代毛笔及竹制笔管。

中：居延故地出土的汉代木杆毛笔。

左：居延故地附近出土的木笔管及毛笔头。

仍保留了前代的传统，在每行文字之间往往用铅划上界栏。将纸书卷轴展开以后，因为有界栏，就好像许多根简排列的形式一样。这是后代图书有界栏的渊源。

（四）书写的工具

古代的书写工具，常用的有毛笔、墨、书刀、铅等。中国历来有秦代将军蒙恬造笔的传说，遂对蒙恬以前究竟用什么工具写字，产生种种的臆测。一种推测是因汉晋人著作中形容古书有蝌蚪文漆书的记载，于是以为先秦时代的笔必系竹挺，醮漆在竹木上写字。另一种推测是因汉人常用书刀，于是以为古人必用刀代笔，在竹木简牍上刻字。这些推测因近代考古学上的发现才全部予以推翻。“笔”（筆）是一个象形字，从甲骨文中的笔字也可清楚地看出是毛笔，也就是说自有简册，即用毛笔书写。至于先秦时代的毛笔，据晋人崔豹在《古今注》一书中的解释，系用兔毫竹管制成，蒙恬始改用枯木作管，其毛颖部分，中心用鹿毛，外层用羊毛，仅是在制作原料及技术方面的改良，并不是毛笔的最初发明者。崔氏的解释在近代考古所发现的楚笔及居延笔上可以得到证实。古墨，大概是用松烟制成的丸墨，蘸水研磨，以供书写，从河北望都的汉代壁画上可以看出其情状。铅是供临时记录或打草稿用的，有如现代的铅笔，不过古人用铅块。汉代扬雄采访各地的民俗语言撰《方言》一书，《西京杂记》说他“怀铅提椠”，即是说他用铅将采访所得写在椠上。书刀又名削，古人用来刮削简牍上误写的错字，以便在原处改正。这种改错的痕迹，在近代考古发现的简牍上可以清晰地看出来。《史记》称，孔子作《春秋》，“笔则笔，削则削”。“笔”指记述，“削”指删削，书刀并不是用来代替笔刻字的。

二、帛书

用竹木制作的简牍作为书写材料，固然廉价易得，但过于笨重。缣帛之用作书写材料，则远胜于竹木。不仅因其质地轻软，便于携带保管，吸收墨汁更优于竹简。近代楚帛书的发现，证明即使在地下的环境中，缣帛仍能长久保存。所以，在纸发明以前，缣帛便成为最佳的书写材料。古代的帛，其标准的尺度，据近代学者的考订，每匹长四丈，幅宽二尺二寸，故帛书长度在四十尺以内者，都不需缝接。写书时，视字数的多寡，随意裁截一段来抄写。写毕后，在末端附一根轴卷起来，称为一卷。

（一）帛书的年代

长沙出土的缯书，证明缣帛在战国时代已被用作书写材料了。目前虽尚无战国以前的帛书发现，但根据古籍的记载，可知缣帛之用于书写当在战国以前。《晏子春秋·外篇》卷七有一段记载：

> 景公谓晏子曰：“昔吾先君桓公，予管仲狐与谷，其县十七，著之于帛，申之以策。”

齐桓公与管仲是公元前七世纪的人，如这段记载所述内容属实，则春秋中期已经开始使用缣帛作为书写材料了。不过，《晏子春秋》是后人辑录晏婴言行编纂而成，并非晏子原著，所言桓公赐予管仲采邑，并著之于帛，未必是实录。但书中所载景公对晏子说话时曾提到“帛”字，倒有可能。景公与晏子是公元前五、六世纪的人，与孔子同时而略早。《论语·卫灵公篇》有“子张书诸绅”的记载，可以证知春秋末期已经使用缣帛作为书写材料了。到了战国时代，《墨子·明鬼篇》说：“书之竹帛，传遗后世子孙。”《韩非子·安危篇》亦说：“先王寄理于竹帛。”两书中竹、帛并称，可以看出当时用帛写书的事，已经相当普遍了。秦汉以后，更为普遍，西汉成帝时，刘向奉命整理雠校内府书籍，经过编定校勘以后，凡重要的典籍，或是书籍的附图，都用缣帛来缮抄。《汉书·艺文志》中所著录的作品，凡称为“卷”的，都是帛书。

（二）古书篇卷的分合

将简册的书转写成帛书，大概是一篇为一卷，但如书篇过短，也有将数篇合写为一卷的，如《汉志》所载《尔雅》三卷二十篇，即是将二十篇写成三卷。若一篇文字过长，则可分成几卷，如《尚书欧阳章句》三十一卷，即《尚书》二十九篇，其中的《盘庚篇》文字较长，故分成三卷，而成为三十一卷。古书篇卷的分合，大体类此情形。因为帛书系自简册转写，所以往往在帛上划界栏，展卷就好像简册一样。

（三）帛书的发现

战国时代及汉代的帛书，近代考古也迭有发现。一九三四年，长沙附近的楚墓中发现了一件帛书，通称为“楚缯书”。缯是帛的一种，较厚而色暗。此缯书宽四十七厘米，长三十八点七厘米，上有以毛笔黑墨书写的文字。主文分两段，各分八行及十三行，共约七百五十字，唯字迹多漫漶。其文四周有以彩色绘成的奇异图像，各有标题及简短说明，约二百五十四字。全帛通计一千多字，其上的文字和图画，与古籍所载，尤其是《山海经》中的神话相符，处处显示出古代楚文化的神秘色彩，对于研究我国古代历史甚有价值。据说，此帛书原贮以漆盒，藏于墓中，盒已损毁，但缣帛则保存良好。今原件已灰暗，几不可读，研读其文，得赖近人手摹本及以紫外线摄制之照片。长篇帛书的发现，当以公元一九七三年在长沙马王堆西汉墓中出土的一批数量最多也最重要。此次出土的古代图书计有二十余种，十二万余字，黑墨书写，字体为小篆和隶书，大概是西汉初年或更早所抄写的。其中有《老子》写本两种，甲本和卷后的四篇古佚书合抄成一个长卷，共四百六十三行，一万三千多字。字近篆体，根据书中不避汉高祖刘邦讳，推算抄写的年代最晚在汉高祖时期。乙本和卷前的四篇古佚书合抄在一幅宽帛上，折叠的边出土时已残断，分成三十二片。字为隶书，共二百五十二行，一万六千多字。根据书中避汉高祖刘邦讳，将“邦”改为“国”字，而不避惠帝刘盈讳，抄写年代可能在惠帝或吕后时期。两种《老子》写本大体相同，但和今本对照，文字有不少出入，上下篇次序与传世的通行本相反，即德经在前，道经在后。可见西汉时期通行的古本即是如此。

东汉时期出现的河上公注本，以及西晋的王弼注本，就改为道经在前，德经在后了。《周易》包括《系辞》在内，约五千二百字。卦辞和爻辞与今本基本相同，但六十四卦的排列次序则完全不同，保存了比较简单的原始形式。今本分上下经，帛书则不分上下经。类似《左传》的佚书一种——《春秋事语》，绢高二十三厘米，长约七十四厘米，横幅直行，墨书，残存十六章，凡九十七行，两千余字。绢帛的前半残断较甚。此帛书的书法由篆变隶，不避汉高祖刘邦讳，大约是秦二世元年至汉高祖四年左右的写本。内容为叙述春秋时代的史实，没有编年。史实有的与《左传》相合，但议论有所不同，也有《左传》所没有记载的内容。与《战国策》有关的佚书一种，即《战国纵横家书》。绢高约二十三厘米，长约一百九十二厘米，内有二十七章。全书共三百二十五行，每行三四十字，总计一万一千二百余字。绢首尾尚称完整。此部帛书原来折为二十四折，因此出土时即断为二十四片，且折处往往残破，以致文字也有残缺。此帛书用墨书而未划界栏，字体在篆、隶之间。避刘邦讳，其抄写年代大约在汉高祖五年至汉文帝十二年之间。书中有十一篇见于今本《战国策》，但文字有不少出入，以帛书和今本《战国策》对照，可以作为校勘工作的依据。此外，尚有天文星占、医经方等佚书和中国最早的地图。这一前所未有的大发现，不仅使我们对于古代帛书的形制更清楚，而且解决了校勘和目录学上的许多问题，为中国图书史加添了辉煌的一页。

帛虽然是纸发明以前最好的书写材料，但古代缣帛的价值较为昂贵，得之不易，孟子曾说："五亩之宅，树之以桑，五十者可以衣帛矣。"可见帛的产量不高。所以用帛写书虽然有许多优点，终不如竹木简册来得普遍。

西汉末年内府的藏书，据《汉书·艺文志》记载，以卷计者，仅为全部藏书的四分之一，这些大都是重要的典籍，或是有附图的书。即使贵为皇室，所藏的书也并不能全部用帛抄写。所以，纸发明以后，遂渐渐取代了缣帛抄书，但以绢帛作为绘画的材料，晋以后仍沿用不绝。

发现时，缯书折为八折，贮于竹匣中或云装漆盒内，盒已毁，但缯书保存良好，唯以灰暗，不易辨认。此据临摹本影印，原件现藏美国耶鲁大学图书馆。

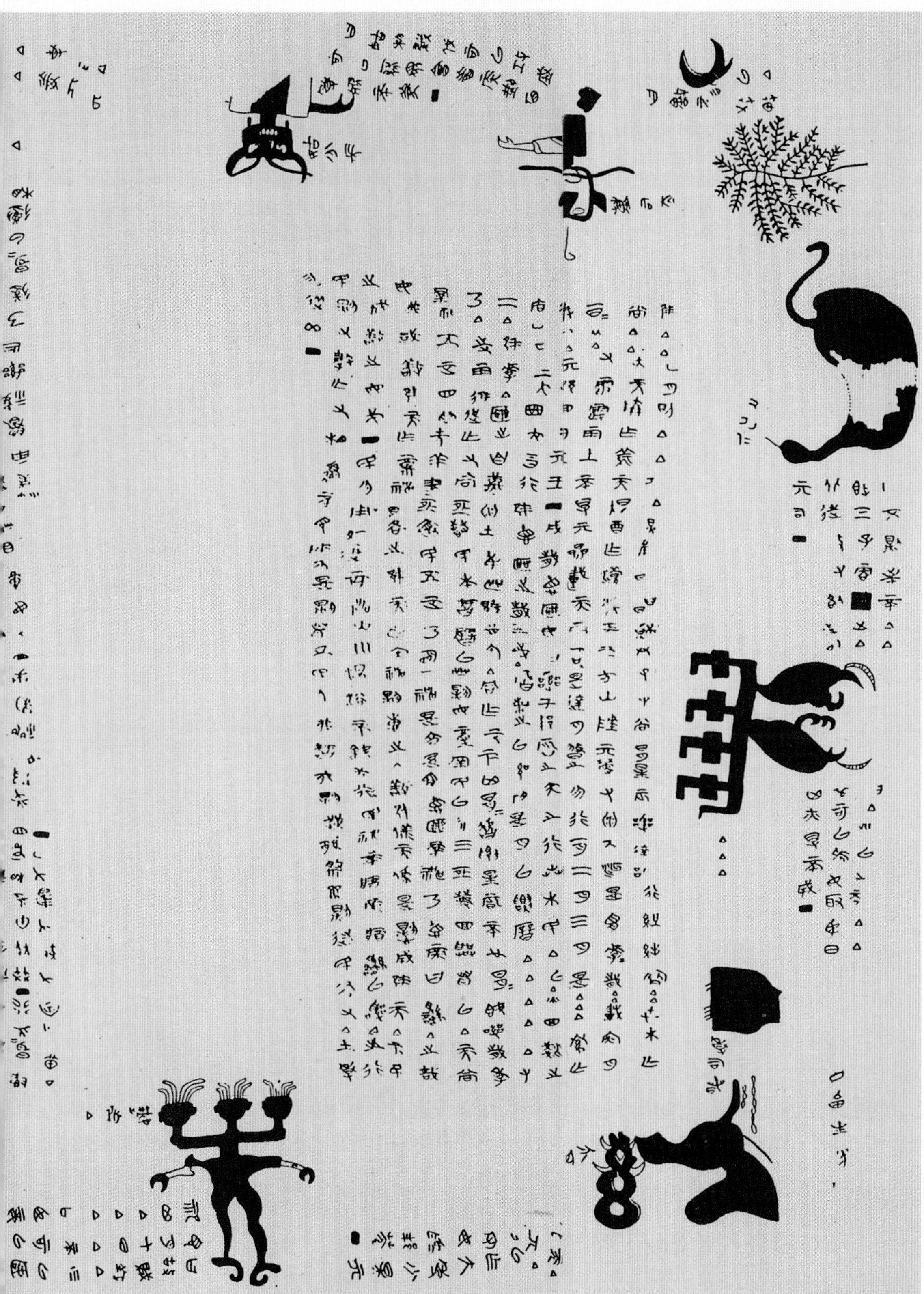

帛书《老子》甲本

一九七三年，在湖南长沙马王堆汉墓中发现，字近篆体，系汉高祖时期（约公元前二〇六年至公元前一九五年间）所抄写。

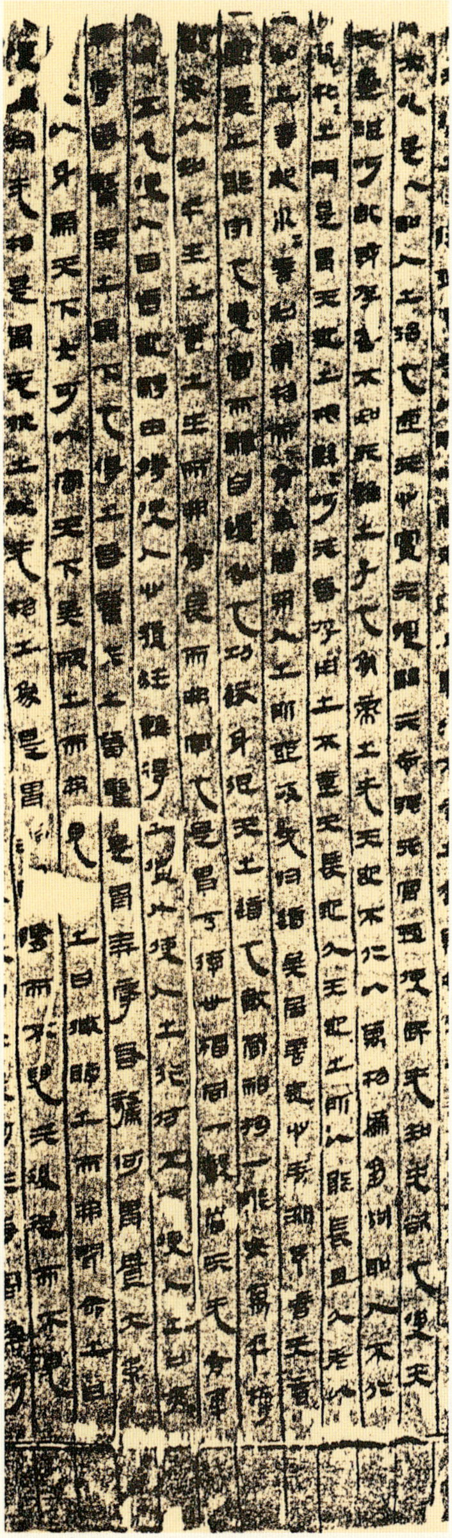

◀ 帛书《老子》乙本

一九七三年，在湖南长沙马王堆汉墓中发现，字为隶书，大概是西汉惠帝或吕后时（约公元前一九五年至公元前一八〇年间）所抄。折叠的边缘出土时已残断，分成三十二片。

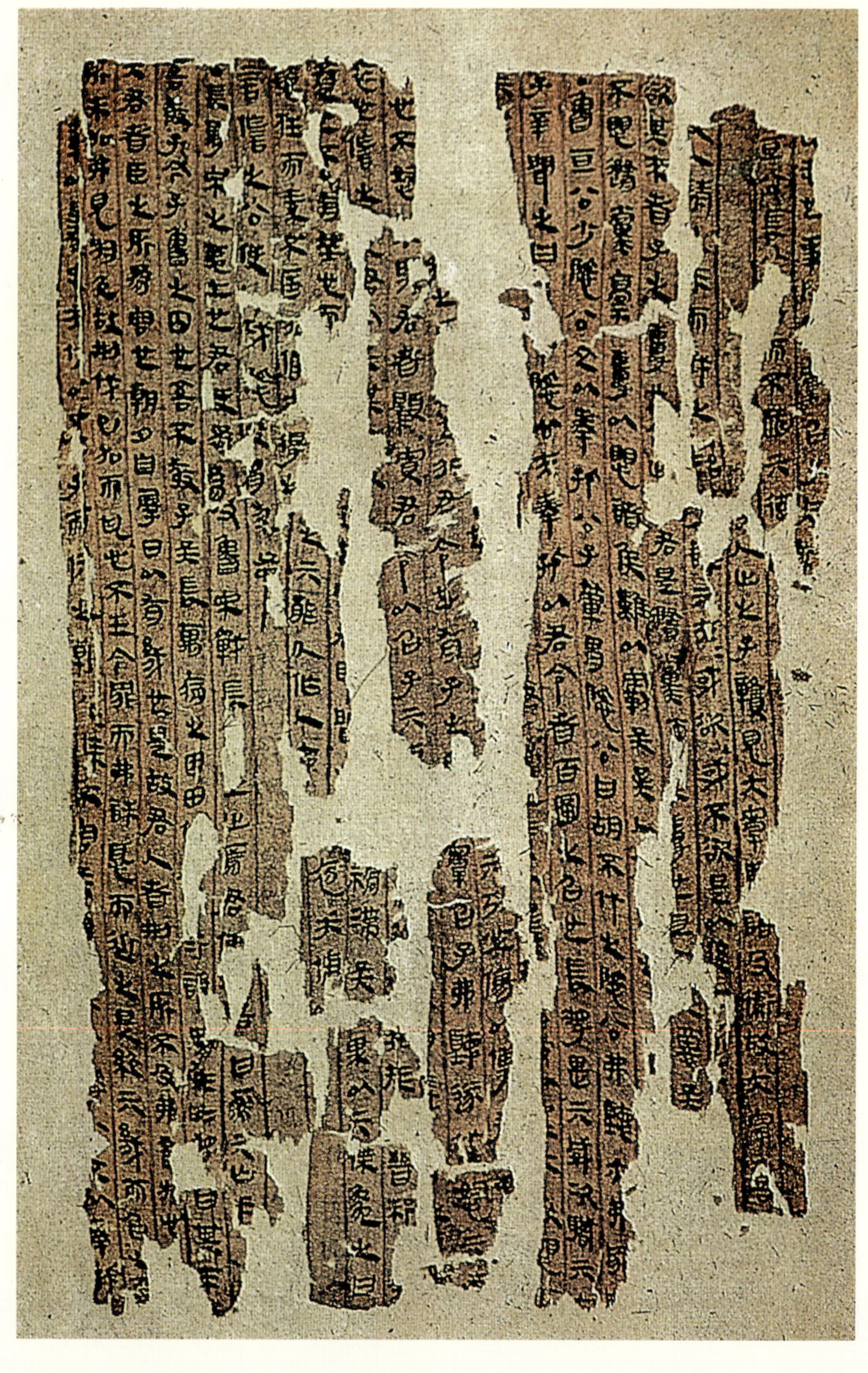

帛书《春秋事语》

一九七三年，在湖南长沙马王堆汉墓中发现。帛高二十三厘米，长约七十四厘米，已断折。书法由篆变隶，大约是秦二世元年至汉高祖四年的写本。

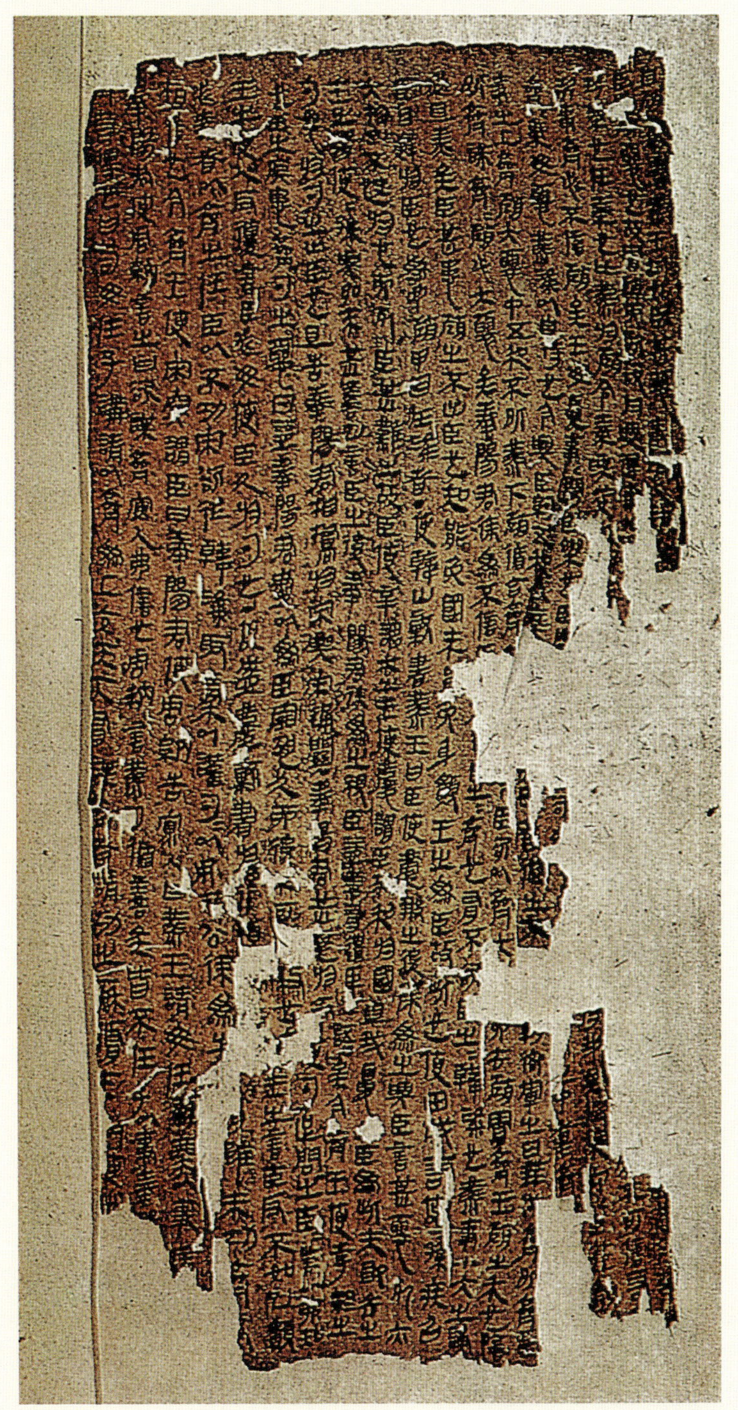

◀ 帛书《战国纵横家书》

一九七三年，在湖南长沙马王堆汉墓中发现。帛高二十三厘米，长约一百九十二厘米，已断折。未划界栏，字体在篆隶之间。其抄写年代大约在汉高祖五年至西汉文帝十二年之间。

第二章

纸的发明及盛唐以前的图书

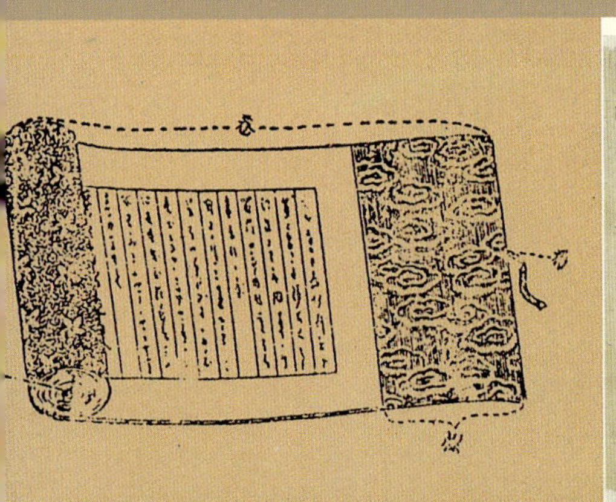

在纸发明以前，中国的书籍主要是由竹木及缣帛制成，但缣贵而简重，都不是书写的理想材料。轻便而价廉的纸发明以后，取代了昂贵的缣帛和笨重的竹木，成为古代文化传播的重要工具。东汉元兴元年（公元一〇五年），蔡伦将制纸之法奏闻和帝，此后得到推广。采用蔡伦的方法制造的纸，被称为“蔡侯纸”。但在蔡伦之前，中国人早已试用各种纤维造纸。

一、古纸的定义

“纸”这个名词在蔡伦以前就已经通行了。《三辅故事》中曾述及，汉太始四年（公元前九三年），“卫太子大鼻，武帝病，太子入省，江充曰：‘上恶大鼻，当持纸蔽其鼻而入。’”这则故事是“纸”在文献中年代最早的记载。又《汉书·外戚·孝成皇后传》曾述及，汉成帝元延元年（公元前一二年）赵飞燕派人送了一个绿色的小盒子给被成帝临幸而产下一子的女史曹宫，“中有裹药二枚，赫蹏书”，逼曹宫服下，将其毒死。赫蹏，按应劭注，是一种薄小的纸。又《后汉书》卷三六《贾逵传》谓，东汉章帝建初元年（公元七六年），诏贾逵进宫讲授《左氏传》，“令逵自选《公羊》严、颜诸生高才者二十人，教以《左氏》，与简纸经传各一通”。又同书卷十上《和熹邓皇后传》谓，邓贵人志在经典，和帝永元十四年（公元一〇二年）被立为皇后，“是时，方国贡献，竞求珍丽之物，自后即位，悉令禁绝。岁时但供纸墨而已”。这些早期的纸，究系何种质料所制成，则尚待实物上的证据，方能说明。

有人以为纸原是缣帛用于书写时的别称，其实最早的纸并非缣帛，当系与缣帛相近而并非纺织制成的一种薄页。在蔡伦奏进制纸之法的前五年，即和帝永元十二年（公元一〇〇年），许慎编撰的《说文解字》中给纸下的定义是："纸（紙），絮一箔也。从糸，氏声。"絮是一种比较差的蚕茧的丝，箔是放在水中用来打击絮的帘席。所以纸的意义就是在水中打击粗丝，而后用帘席提取出来的一种物品。漂絮是古代人民的副业之一，古代的蚕丝业相当发达，古人往往将所得较好的茧用来缫丝，织成帛供裁制衣裳，剩下的恶茧则只能制作丝绵。其制作过程是将恶茧先用草木灰水蒸煮，并浸泡数日，以脱去茧中的胶质，然后剥开，置于漂浮在水面的帘席上，边漂洗边用竹枝敲打，直至茧丝完全松解，晒干后即成丝绵。《庄子·逍遥游篇》曾说："宋人有善为不龟手之药者，世世以洴澼絖为事。"所谓"洴澼絖"，就是在水面上打絮。此外，《史记·淮阴侯列传》中有"漂母饭信"的故事，所谓"漂母"，就是在水上打絮的老妇人。在水上打絮免不了有些丝渣或碎絮落在竹席上，将帘席拿出水面晒干后，可以揭取下一层薄薄的丝片，后代的学者称之为"方絮"或"充纸"，认为蔡伦以前通行的"纸"就是这种方絮。清段玉裁注《说文解字》，解释"纸"字说：

> 按造纸昉于漂絮。其初丝絮为之，以箔荐而成之。今用竹质木皮为纸，亦有致密竹帘荐之是也。

这种在蔡伦之前已有的纸仅是丝纸的理论，因近年考古发掘中古纸的陆续被发现而发生动摇（详后）。此外，也有学者做过蚕丝造纸的试验，认为丝絮经脱胶后没有黏性，丝纤维分散在水中，用漏水的帘席捞出后只是一堆没有任何韧性的丝渣，根本成不了纸，只有加胶才能粘连成类似纸的薄片，因而否定了许慎"纸，絮一箔也"的解释。这种种虽然是事实，但是仍不能不承认造纸与漂絮间的关系。因为只有从漂絮中获得经验，进

漂絮图

此系清末画家吴嘉猷所绘。图中，两老妇人蹲在河边，手持竹枝敲打浮在水面上的竹筐中的丝絮。原图并附有文字说明，足以帮助我们了解漂絮过程对于造纸的启示作用。

而分解各种植物的纤维，以试验利用帘席来提取制纸。这种偶然的发现成为最初造纸的意念，乃是顺理成章的事。

二、纸的发明

中国有许多重要的发明，其发明年代与发明者在历史上大多无可考证。但对于“蔡侯纸”的发明情形，史书中却有明确的记载——不仅是人物的生平和上奏的日期，甚至包括所用的材料和制造的动机。《后汉书·宦者列传》中说：

蔡伦，字敬仲，桂阳人也。以永平末始给事宫掖。建初中，为小黄门。及和帝即位，转中常侍，豫参帷幄。伦有才学，尽心敦慎，数犯严颜，匡弼得失。每至休沐，辄闭门绝宾，暴体田野。后加位尚方令。永元九年，监作秘剑及诸器械，莫不精工坚密，为后世法。

自古书契多编以竹简，其用缣帛者谓之为纸。缣贵而简重，并不便于人。伦乃造意，用树肤、麻头及敝布、鱼网以为纸。元兴元年，奏上之，帝善其能，自是莫不从用焉，故天下咸称“蔡侯纸”。

虽然各种纤维造成的纸在蔡伦之前早已存在，但与正史所载蔡伦对于造纸的贡献，应无抵触之处。任何文化上的重要发明，本来就不是一蹴可及的，要经过无数人的试验改良。蔡伦虽然不是植物纤维造纸的最先发明者，但他造意用新的原料和特殊的方法，制成一种书写材料，使原料无缺，成本低廉，而应用得以更加普遍，这才是对于文化贡献的重要处。纸的发明促使典籍的增多与文化的推广，而图书的形制也逐渐改变。

三、古纸的发现

古纸的发现，最早是一九三三年在新疆罗布泊汉代烽燧遗址中发掘到一片约四厘米乘十厘米大小的古纸，经检验为麻质。因同时出土的有西汉宣帝黄龙元年（公元前四九年）的木简，故认为此纸也应是西汉时代的产物。第二次是一九四二年在额济纳河岸一个古代烽火台的废墟中所发现最早的有字的纸，经用显微镜检查，可能系树皮或麻类制成，其时代经考订大约与蔡伦同时或稍晚。第三次发现，是一九五七年在陕西西安东郊灞桥的一

▲|东汉古纸

一九四二年，在居延故地烽燧遗址中发现。以树皮或麻类制成，纸质粗厚。有隶书二十余字，约与蔡伦同时，为至今所发现的最早的有字的纸。

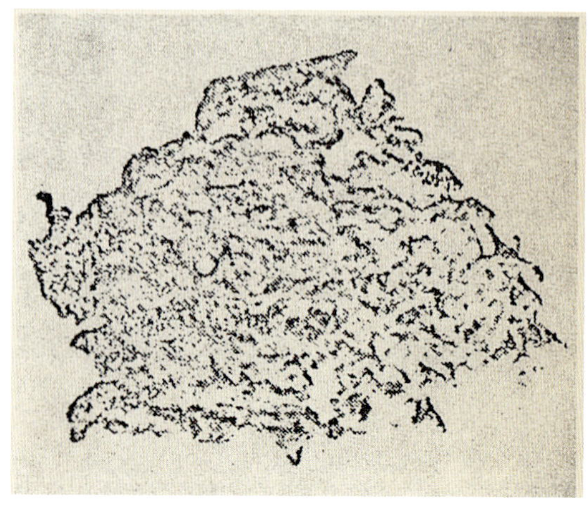

▲|西汉古纸

一九三三年，在新疆罗布泊汉代烽燧遗址中发现。麻质，纸质粗糙不匀，纸面尚有麻筋。

座汉墓中出土的纸，多裂成碎片，经分析，其原料是大麻与苎麻。据考订，这个墓葬不会晚于西汉武帝（公元前一四〇年至公元前八七年），这是世界上现存最早的植物纤维纸。第四次是一九七三年在额济纳河居延遗址的肩水金关故地发现的两片古纸，一片十二厘米乘十九厘米，一片十一点五厘米乘九厘米，经分析都属麻纸，为公元前一世纪中期的产品。第五次发现，是一九七四年在武威旱滩坡出土的东汉字纸，也是麻纸。这几次考古发现

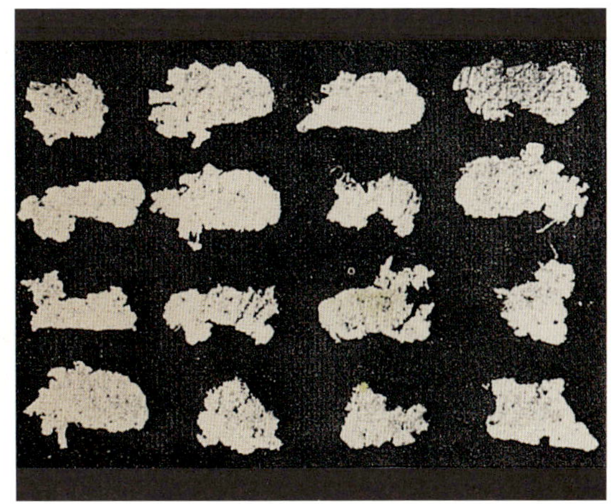

▲ | 西汉古墓残纸碎片

一九五七年，在陕西西安东郊灞桥西汉古墓中发现，为至今所发现的古纸中时代最早的。麻质，纸质粗厚，系供包裹物品之用。

的古纸，经过检查分析大都是用麻制成的，可见植物纤维造纸并不是蔡伦最先发明的。其次是所发现早于蔡伦的西汉古纸残片均无字，因此那时的纸是否适宜于书写，还不无疑问。但是所发现的与蔡伦约略同时或稍晚的东汉古纸上却已出现了字，这足以证明植物造纸经过蔡伦的研究改良，已能用来作为书写材料了。

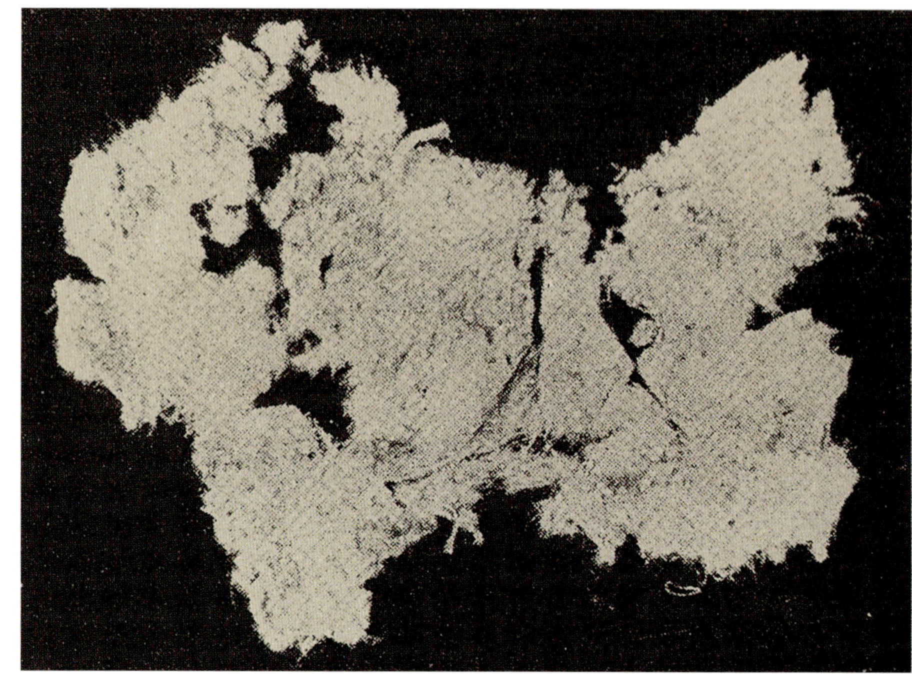

西汉末年古纸

一九七三年，在居延故地额济纳河汉肩水金关遗址发现。麻质，粗糙且多麻筋。

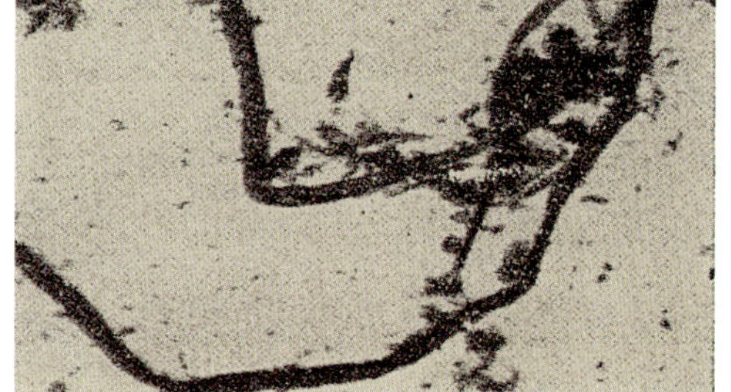

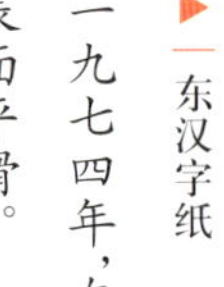

东汉字纸

一九七四年，在甘肃武威旱滩坡发现。麻质，纸质薄细，表面平滑。

四、古纸的制造方法

古人造纸的详细过程已不可知，现存有关造纸的最早的资料是明朝宋应星所著的《天工开物·杀青篇》。他说，竹纸的制法，是先截竹成段，置入水中漂浸。百日之后，捶去粗壳及青皮，取其纤维，混以石灰，下入楻桶，煮八昼夜。然后，取出竹浆，以水澄清，再用柴灰淋煮，直到竹丝完全糜烂为止。再后，取出竹糜，入臼受舂，碾成泥面状。漂白后，置入

▶古纸的制造方法

斩竹漂塘：将一定比例的楮（或桑）树皮、竹、麻等原料放置水塘中浸漂一百天，并加工捶洗，以去粗壳等。

煮楻足火：用石灰调汁，涂在楮皮及竹、麻上，放置蒸桶内，桶置铁锅中，锅下注水，下加火烧蒸八天，去火，再冷却一天，便可舂成泥浆。

荡料入帘：泥浆在槽内加药胶及清水拌匀，成纸浆，用手拿细竹丝帘放水中，荡起纸浆入帘内，纸的薄厚，视荡动的轻重而定。

覆帘压纸：将细竹帘上薄薄的一层纸浆，反过来落在一旁的板上，再放入水中取浆，纸叠积满若干张，则在上另加一板，并用棍绳收紧，将水压榨流出。

透火焙干：纸的水流干后，用轻细铜镊子将纸一张张揭起，贴在砖砌成的夹巷，中间烧火，巷外砖热，即可将纸焙干。

槽内，以清水浸浮，用竹帘抄其浆入于模内，覆帘落纸于木板上。如此叠积若干张后，压去水分，以铜镊逐张揭起，敷于砖墙上，隔壁以火烘干便得。用楮皮或桑皮做的皮纸，制法大致相同。

五、卷轴图书

蔡伦用廉价的原料造纸，使它更适宜于书写，可以说是我国文化史上的一项重大发明。然而，纸在发明的初期并没有立刻成为通行的书写材料。东汉崔瑗的《与葛元甫书》中说："今遣送《许子》十卷，贫不及素，但以纸耳。"（《北堂书钞》卷一〇四）可见流俗成习，以为用纸书写是不恭敬的。所以，纸发明以后，竹帛仍然没有完全废除。《后汉书·儒林传》记载，汉献帝西迁时，内府的缣帛图书，军人取为帷囊；《隋书·经籍志》也记载，晋秘书监荀勖所著《中经新簿》云："但录题及言，盛以缥囊，书用缃素。"一直到东晋，桓玄才下令说："古无纸，故用简，非主于敬也；今诸用简者，皆以黄纸代之。"（《初学记》卷二十一）从此以后，竹帛终归于淘汰。

（一）纸书的形制

纸写图书在形式上承袭了简册与帛书。汉、晋时代的纸幅大小如何，已不可考。唐代的纸幅，据宋代程大昌《演繁露》引唐《李义山集》之《新书》序言："治纸工率一幅以墨为边准，用十六行式，率一行不过十一字。"李商隐所说的字幅可写十六行、行十一字，虽与近世敦煌所出六朝以至唐代的写经纸幅不尽相同，但字有大小，李氏所指的或是通常的情形。唐以前的纸幅就前代的记载及近代发现的遗物来看，大抵高不过一尺，长度不过一尺半至两尺，古纸的幅度，大概也与之相若。这种标准的长度可印证当年荀勖用以抄写竹书的“二尺之纸”。为了模仿帛书的形制，于是将若干张纸以糨糊粘成长幅，纸与纸的接合处，通常有押缝或印章，在末端附一根轴卷起来收藏。每一卷是一单位，一本书可能是一卷或数卷，视内容长短而定。为了便于直行书写，使行与行有间隔空隙，用铅将纸上下划线分别界栏，宽度与简牍相仿，恰好能容一行，即唐人所谓的“边准”，宋人所谓的“解行”，明清以来所谓的“丝栏”，展开卷子，一行行的文字，就好像简册的编连一样。

卷子书写有一定的格式，通常每卷起首写篇名，如果一书不止一卷，还要写明卷次。下面空数字，再写全书总名，再空数字，写撰者姓名，这就是所谓“小题在上，大题在下，撰人姓名又在大题之下”。全书末尾，往往有一行，写着抄书者姓名、年月和地点，有时还记有写书的原因。这些都为印刷术发明后的雕版书籍承袭了下来。

（二）卷子的装潢

古人得书不易，故对书爱护备至，为了防止蛀蚀，多用黄檗木的汁来染纸，叫作“装潢”。北魏贾思勰《齐民要术》卷三中说：

> 凡打纸欲生，生则坚厚，特宜入潢。凡潢纸，灭白便是，不宜太深，深则年久色暗也。入浸檗熟，即弃滓，直至纯汁，费而无益。檗熟后，

漉滓捣而煮之，布囊压讫。复捣煮之，凡三捣三煮，添和纯汁者，其省四倍，又弥明净。写书，经夏然后入潢，缝不绽解。其新写者，须以熨斗缝缝，熨而潢之，不尔，入则零落矣。

这是对潢纸法最早最详细的记载。这个方法似早在纸普遍应用于书写后不久便开始了。黄檗是芸香科的乔木，皮外白，内呈黄色，能避蠹、杀蛀虫，被古人用来染纸，所以古纸多呈黄色。古人有“黄卷青灯”之语，对此卷轴，始知其言之亲切。

因为古纸多呈黄色，古人抄写书籍的时候遇有写错的地方，恐怕刮洗伤纸，贴纸又容易脱落，于是用雌黄涂抹在写错的字上面。雌黄是一种矿物，与雄黄相类，《齐民要术》中也记载了研制雌黄以供治书之用的方法：

先于青硬石上水磨雌黄令熟，曝干；更于瓷碗中研令极熟，曝干；又于瓷碗中研令极熟。乃融好胶清和于铁杵臼中，熟捣丸如黑丸，阴干。以水研而治书，永不剥落。

因它的颜色与装潢过的纸色相似，可以涂灭字迹。所以古人校书时，将改正的字写在所涂的雌黄上面。这与现代作水彩画，在画错的地方涂上铅粉，然后再画的情形相仿。晋人王衍善于谈论，遇到自己引经据典有错的时候，辄随口改正，当时人谓为“口中雌黄”，就是拿校勘图书来作类比。后代常用“信口雌黄”一语形容人胡乱发言，则已经失去雌黄原来的意义了。

（三）卷轴的装饰

卷子书需要时常阅读舒卷，纸张容易破裂，所以有时还要另用纸裱在卷子背面。裱背要做到不起皱、不厚硬，才算上乘。除了裱背以外，装治卷子还要制作轴、褾、带、签，今分别说明之：

» 轴

卷心用轴，为的是便于舒卷。卷子中间的轴，通常是竹木制的，露在外边的两端，往往用琉璃、玳瑁、象牙、珊瑚、紫檀、雕漆，甚至金玉等贵重材料来装饰。有些人甚至以此来区别书籍。据《隋书·经籍志》的记载，隋炀帝即位以后，将秘阁藏书区分为三品，上品用红琉璃轴，中品用绀琉璃轴，下品用漆轴。又据《玉海》所载，唐玄宗开元时藏于集贤院的书，经书用钿白牙轴、黄带、红牙签，史书用钿青牙轴、缥带、绿牙签，子书用紫檀轴、紫带、碧牙签，集部书用绿牙轴、朱带、白牙签。这也是清代《四库全书》用四种颜色的封面来区别经、史、子、集的张本。以上所举二例，乃是帝王用来表示阔绰，而其图书又全是珍品，所以装轴亦备极奢侈。至于一般人家，普通都用木质或竹质的轴。稍为讲究一点的，就把轴的两端镶饰起来。唐张彦远《法书要录》曾说：“褚河南监装背，率多紫檀轴首，白檀身……”此即是一例。近代在敦煌石室发现的南北朝时代的卷子，其中的轴有些是用漆木做的，有些是用细竹做的。

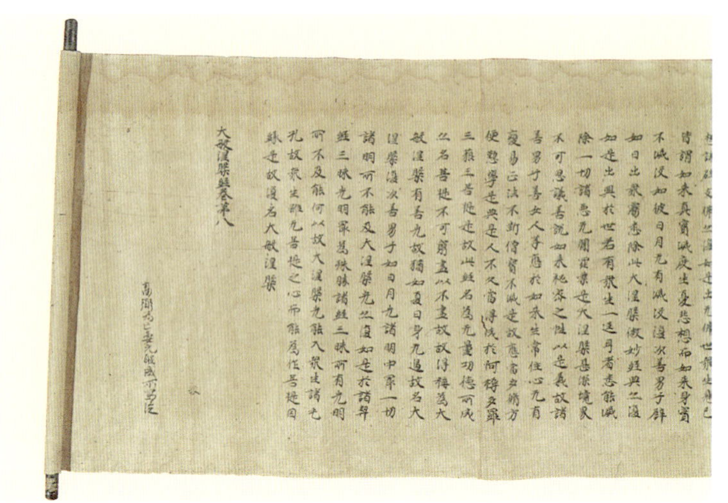

▲ | 《大般若涅槃经》

六朝高弼写卷子本。

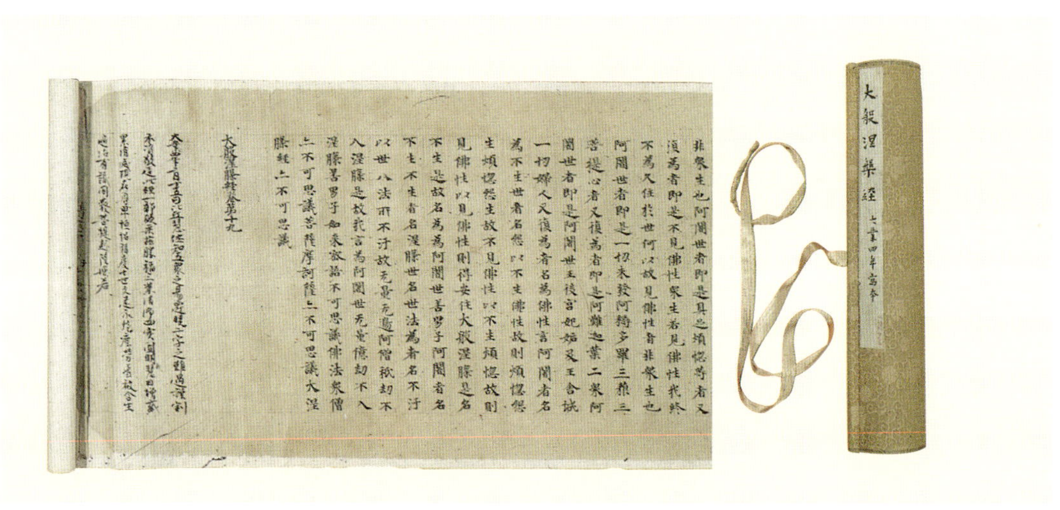

▲ | 《大般若涅槃经》

隋朝大业四年释慧休写卷子本。

» 褾

轴是在卷子的左端，也就是末端，经常卷在里面。卷子右端的开首部分常露在外面，容易污损破坏，所以较重要的书籍，就用其他质料粘连于卷首，以资保护，叫作“褾”，俗称“包头”。褾的材料通常用纸，也有用丝织品的，如绫罗绢锦等，颜色也各有不同。武平一《徐氏法书记》载唐太宗时所装的都是紫罗褾，梁朝所装的为青绫褾，安乐公主用黄麻纸褾。当卷轴演变成册叶（即册页）形式后，褾便成为书册的封面。

» 带

褾的前端，又系上一种丝织品，以便捆扎之用，叫作“带”。带亦分各种各样的颜色，有时亦代表书籍的性质和类别。陈徐陵《玉台新咏》序中有“散此绦绳”，“绦绳”指的就是带。

» 签

卷子平放在书架上，轴端向外，以便于抽出或插入（“插架”）。但是，这样就看不到书名了。古人为了便于检取，就在卷轴上悬挂写明书名、卷数的签牌，以资识别，叫作“签”，有如后代的书签。普通签是用骨头做的，也有用牙、玉或其他珍品做的。所分的颜色，其作用和褾、带相同。例如，唐朝李泌藏书三万卷，用红牙签表示经书，绿牙签表示史书，青牙签表示子书，白牙签表示文集。韩愈赠李泌的诗中说道：“邺侯家多书，插架三万轴。一一悬牙签，新若手未触。”可见当时对卷轴装饰的考究了。

《尚书》

敦煌所出唐人写卷子本《尚书》，每卷开始先写篇名、篇次，下注书名及作者，所谓『小题在上，大题在下，撰者姓名又在其下』。

王廣說王聞是已心生歡喜歎未曾有尒時
佛告菩提樹神善女天汝今當知昔時長者
子流水者即我身是持水長者即妙幢是彼
之二子長子水滿即銀幢是次子水藏即銀
光是彼天自在光王者即汝菩提樹神是十千
魚者即十千天子是因我往昔以水濟魚與
食令飽為說甚深十二緣起并此相應陁羅
尼呪又為稱彼寶髻佛名因此善根得生天上
今來我所歡喜聽法我皆當為授於阿耨多
羅三藐三菩提記說其名号善女天如我往昔
於生死中輪迴諸有廣為利益令無量眾生悉
令次第成無上覺與其授記汝等皆應勤求出
離勿為放逸尒時大眾聞說是已悉皆悟解由
大慈悲救護一切勤修苦行方能證獲無上
菩提咸發深心信受歡喜

《金光明最胜王经》

唐写本。

卷轴褾带

插架

（四）卷轴书外的附属品——帙

为了保护卷轴以防磨损，则在卷子外包裹以“帙”。《说文解字》中说：“帙，书衣也。”古时用丝织品做帙的例子很多，如《后汉书·杨厚传》中说：“（厚祖父）春卿自杀，临命戒子统曰：‘吾绨帙中，有先祖所传秘记，为汉家用，尔其修之。’”又《太平御览》引晋《中经簿》云：“盛书，有缣帙、青缣帙、布帙、绢帙。”此外更有以细竹织成的，如罗振玉《鸣沙山石室秘录》中说：“敦煌所出卷子，其外皆用细竹织帘包之。”

古时每帙所包裹的卷数，依卷轴的大小而定。大约每帙可包十卷。东晋葛洪《西京杂记》跋说：“刘子骏《汉书》一百卷，无首尾题目，但以甲乙丙丁纪其卷数……始甲终癸，为十帙；帙十卷，合为百卷。”梁《昭明太子集》前有梁简文帝序云：“凡二帙，二十卷。”唐陆德明《经典释文》序说：“合为三帙，三十卷，号曰《经典释文》。”亦有一帙五卷者，如《北堂书钞》引梁阮孝绪《七录》说：“大抵五卷以上为一帙。”总之，卷轴形式的书不管有多少卷，通常都是以各种不同花色的布帛包裹保护。后来卷轴书改为册子，但其装置的形制仍由书画卷轴保留了下来。

六、叶子

自从东汉和帝时蔡伦改进了造纸的方法，直到唐代以前，我国的图书都作卷轴形式。纸写卷子图书比起简册来固然要轻便得多，然而经过长时间的使用，也渐渐感到不便。主要是卷子本身很长，往往长达数丈，如反复诵读，连舒卷都相当费事。假如从头到尾顺读，舒卷的麻烦倒也可以忍受；倘若仅需检查一件记载，或是查对一个字，也必须把全卷或大半卷轴展开，在时间上则很不经济。古代有几种仅供查检的书籍。一种是类似现代字典的字书，例如汉许慎的《说文解字》、梁顾野王的《玉篇》等。一种是类似现代的百科全书的类书，例如曹魏时编的《皇览》、梁刘孝标的《类苑》，到了唐代更出现了许多大部头的类书，例如《艺文类聚》、《北堂书钞》、《初学记》、《白孔六帖》等，这些都是平常参考用的书，作卷轴式查阅是极不方便的。一种是音韵方面的书，如隋陆法言的《切韵》、唐孙愐的《唐韵》等，在诗学发达的唐代，使用相当频繁，唱酬咏哦之际，需要随时翻检。卷轴式图书既然不便于查检，于是不得不谋求改良。改良的第一步则是变“卷子”为“叶子”。

（一）“叶子”名称的由来

唐代以前，印度尚不知造纸。《大唐西域记》卷十一“恭建那补罗国”条载：

> 王宫城北不远，有多罗树林，周三十余里，其叶长广，其色光润，诸国书写莫不采用。

多罗树又名贝多树等，它的叶子简称为贝叶。印度的佛教经典都是用当地盛产的贝多罗树叶裁成长方形，经过制作后来书写的。自汉明帝时佛教传入我国后，历经南北朝，至隋唐而极盛。印度及西域的僧人来我国传教，以及我国僧人往印度求经，所携来的都是这种贝叶梵文经。例如北齐文宣帝请那连提黎耶舍翻释佛经，将宫中所藏梵本一千余夹送往天平寺中（《续高僧传》卷二）；唐玄奘法师自印度运回佛经六百五十七部、五百二十夹（《慈恩法师传》），即是两个比较显著的例子。贝叶经的装置法，是在积若干叶后，上下用板夹住，再以绳捆扎。佛经系用梵文书写，所以这种装置又称为梵夹装。这种一张张单叶的经，如果要查某一段或某一句或某一字时，只要检出那一叶就可以了，不必像卷轴一样把全卷或大半卷都展开。中国卷轴图书的改良，第一步就是模仿印度的贝叶经，不再将一张张的纸粘成长幅，只要保持原来的单张积起来收存，这就是宋人所谓的“叶子”。关于“叶子”名称的起源，明末潘之恒在《叶子谱》题词中说：“叶子，古贝叶之遗制。”（《续说郛》卷三十九）清末叶德辉亦曾加以考证，《书林清话》卷一云：

> 吾尝疑叶名之缘起，当本于佛经之梵贝书。释氏书言西域无纸，以贝多树叶写经，亦称经文为梵夹书。此则以一翻为一叶，其名实颇符。不然，草木之叶，于典册之式何涉哉！

这种推论，相当可信。中国图书称一张为一叶，即源于此。

（二）叶子之制起始的时代

“叶子”起始于什么时候，尚无记载可考。宋欧阳修《归田录》卷二云：

> 叶子格者，自唐中世以后有之。说者云：“因人有姓叶，号叶子青（一作清，或作晋）者，撰此格，因以为名。”此说非也。唐人藏书，皆作卷轴，其后有叶子，其制似今策子。凡文字有备检用者，卷轴难数卷舒，故以叶子写之，如吴彩鸾《唐韵》、李郃《彩选》之类是也。骰子格本备检用，故亦以叶子写之，因以为名尔。

根据欧阳修的说法，叶子格自唐中世以后才有，其制系仿“叶子”而作，则“叶子”的起始必较早，至迟应当在唐中世以前。再根据其他记载来看，大约在唐代初年，中国图书就已经有作“叶子”式的。唐释道宣的《续高僧传》及宋释赞宁的《宋高僧传》中记载，自唐太宗贞观以后，有一个特异的现象，即和尚诵经，每每以诵若干纸来计数，与所记唐以前的和尚读经以卷数计不同，这可能与“叶子”有关。道宣《续高僧传》卷三十五云：

贞观二十一年，海盐县鄱阳府君神，因常祭会，降祝曰：“为我请聪法师讲《涅槃经》。”道俗奉迎，幡花相接，遂往就讲，余数纸在。

这段记载中值得注意的是“余数纸在”四个字。假如他的《涅槃经》是卷子的话，一卷首尾相连，必不至于留下几张纸。可见这不是卷轴，而是散叶，才有遗落的事情发生。《宋高僧传》卷五《释一行传》载：

玄宗闻之，诏入。谓行曰：“师有何能？”对曰：“略能记览，他无所长。”帝遂命中官取宫籍以示之。行周览方毕，覆其本，记念精熟，如素所习。唱数幅后，帝不觉降榻稽首曰：“师实圣人也！”

此处说“覆其本”，不言掩卷，下并云“唱数幅”，可见内府典籍也有作“叶子”式的。唐代的“叶子”，大概是由佛教经典首先采用，后渐及于其他书籍。

唐孙樵《读开元杂报》云：

樵曩于襄汉间，得数十幅书，系日条事，不立首末。（《孙可之文集》卷十）

可见孙樵所藏的《开元杂报》是作幅叶装的。唐李贺《送沈亚之歌》云：

白藤交穿织书笈，短策齐裁如梵夹。（《歌诗编》卷一）

可见沈亚之的藏书是作梵夹装的。此类例子在唐人著作中还有很多，足以证明“叶子”制在初唐已经开始，盛唐以后渐渐推广。

（三）叶子的装置

“叶子”既然是一张张的散叶，必须加以装置，才不容易散失。装置的方法，一种是用夹，一种是用函。夹是仿印度贝叶经的方法，函的本意为容，有如盒子。古代有所谓玉函、石函，都是用来盛装珍贵物品的。唐以前用来护书的只有书帙，并无书函的记载。根据文献，用函装书最早起始于唐。唐代诗人孟郊《读经》诗云：

垂老抱佛脚，教妻读黄经。经黄名小品，一纸千明星……拂拭尘几案，开函就孤亭。儒书难借索，僧签饶芳馨。（《孟东野诗集》卷九）

用函装书，当在改卷轴为叶子以后。后来书册盛行，尚一直沿用这种方法来保护图书。

（四）叶子的形制

唐代的“叶子”，虽说是仿自印度贝叶经，但形制则略有改变。贝叶经的形式，因贝叶的大小受天然的限制，而梵文是由左向右横写，所以形成上下甚窄的狭长形。但是这种形式，对于我国由上而下直行的文字而言，写读起来就不太适合了，所以唐代的“叶子”不能不变其制。根据前人的记载及近代发现的遗物来看，大约有两种形式。

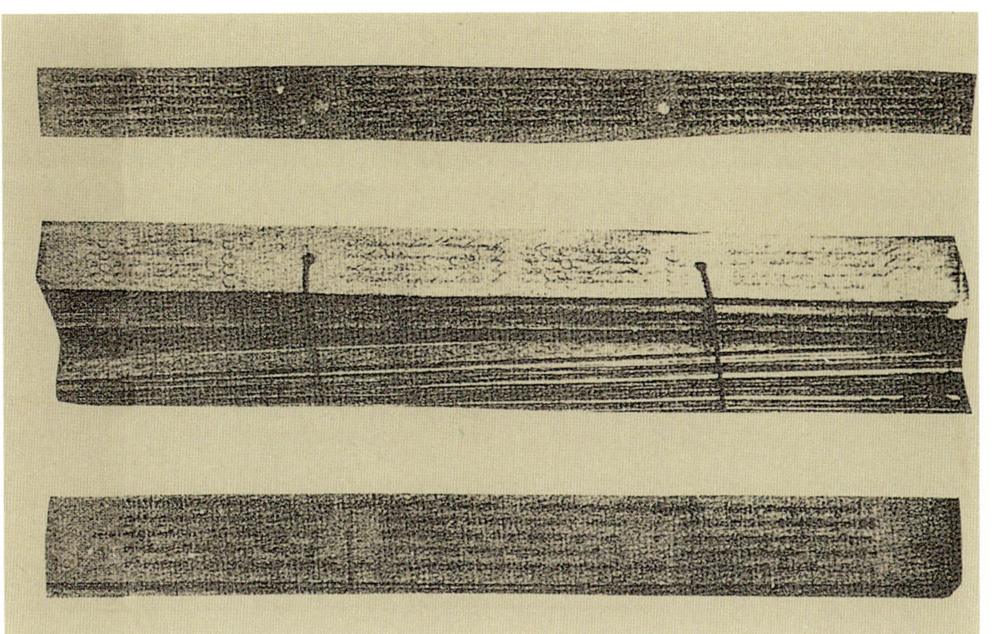

图为以梵文抄写的贝叶经装置情形，每页穿有两孔，以绳缚扎。

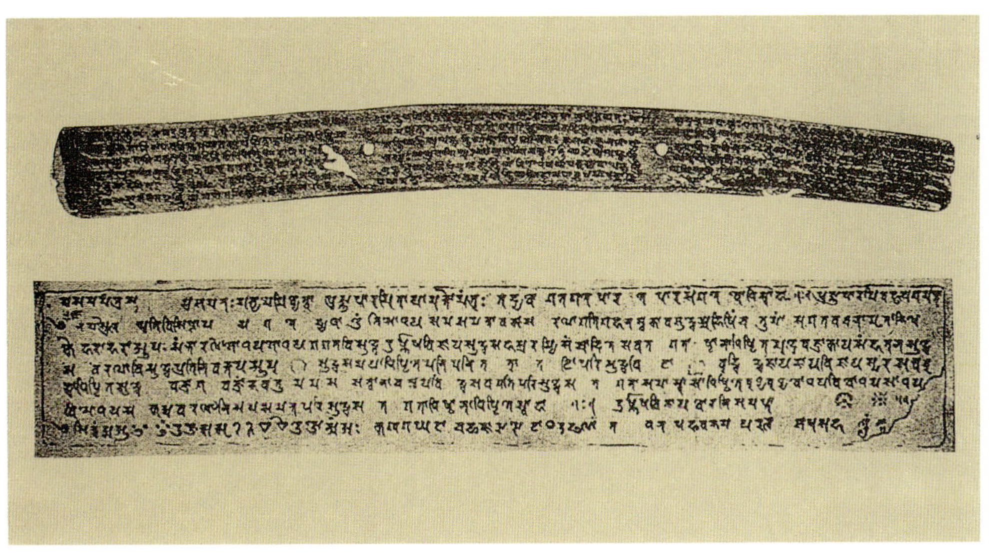

图为以梵文书写的贝叶经单页，中有两孔，以备穿绳。

一种虽然作扁长方形，但是上下加高。宽与高的比例约在二比一至三比二之间。而唐代纸幅宽与高的比例，亦大约为三比二，“叶子”大概就是以一幅为一叶。这种“叶子”纸幅比较宽大，为了便于翻阅，唐人多采用硬黄纸。清卞永誉《式古堂书画汇考》卷八著录了一部唐贞元十一年释义道所写的《法华经》，卞氏注云：

小楷书，硬黄笺本。高八寸，阔一尺六寸，凡二十七幅，每行四十字。

又元虞集《写韵轩记》云：

世传吴仙尝写韵于此轩，以之得名。予昔在图书之府及好事之家，往往有其所写《唐韵》。凡见三四本，皆硬黄书之，纸素芳洁，界画精整……（《道园学古录》卷三十八）

所谓硬黄的意义，宋张世南《游宦纪闻》卷五说：

硬黄，谓置纸热熨斗上，以黄蜡涂匀，俨如枕角，毫厘必见。

硬黄纸本来是供临摹书法用的，唐人以叶子写佛经及韵书往往用硬黄笺者，似乎是取其硬挺，翻阅收检都比较方便，如后代书画作册叶装置时必裱在硬纸上一般。

叶子的另一种形式，与贝叶无异，所不同的只是变贝叶的横式为竖式，成为上下高阔，左右狭窄。如清乾隆十一年（公元一七四六年）四川潼川琴泉寺宝塔中所出王蜀时代（公元九〇七年至九二五年）宰相王锴手写的叶子《法华经》，沈清任为潼川知府时购到了五叶，每叶五行，每行十六字，后归于缪荃孙（《艺风藏书续记》卷二）。又，伯希和在敦煌石室中获得了后汉乾祐三年（公元九五〇年）刻印的陀罗尼咒七叶，此七叶咒文系用一块印版一次印成，而后裁开的[1]。上面所举的两种贝叶式叶子，虽然是五代时的遗物，不过五代时所采用的这种形式，很可能渊源于唐代。

（五）叶子的演变

“叶子”比起卷轴来，无疑进了一步，查检起来要方便得多。但是它不像卷子粘连在一起，当然比较容易散失错乱。所以欧阳修说，常备检阅的书才用叶子来写，这恐怕是叶子不太流行的主要原因。于是又从而改进，这种改进，系沿着两种不同形式的叶子分途发展，由贝叶式的叶子演进成为折叠本，幅叶式的叶子则演进成为宋元通行的蝴蝶装。这时，雕版印刷早已发明，并且相当普遍了。

1 见《中国印刷术的发明和它的西传》第八章注二十，卡特原注，富路特增订。

第三章

印刷术的发明及唐、五代的图书

凡欲讀經先念淨口業真言一遍
脩唎　脩唎　摩訶脩唎　脩
奉請除災金剛　奉請辟毒金剛
奉請白淨水金剛　奉請赤聲金剛
奉請紫賢金剛　奉請大神金剛
金剛般若波羅蜜經
如是我聞一時佛在舍衛國祇
比丘衆千二百五十人俱尒時世

一、印刷术的发明

印刷术是我国对于世界文明的贡献之一。我们都知道，在印刷术发明之前，一切书籍全靠抄写来流传，一本书如果我们需要一百部，就得抄写一百次。因此，在那个时期，书籍的传布非常缓慢，读书人想得到一部书也非常困难。但是，自从印刷术发明以后，只要将书籍雕成版片，就可以通过版片成千成万的刷印出来。这样一来，书籍可以大量生产，读书人不用自己抄写，也能得到自己所需要的书了。我们生在印刷事业极度发达的今日，把印刷书籍看作很平常自然的事情，很难想象古时候的人读书的艰难困苦。五代蜀相毋昭裔为布衣时，家贫，曾向人借《文选》、《初学记》，人有难色，遂发愤他日若显贵，一定要刻书赠送学者，后来他果然实现了自己的誓愿。由这一则故事，我们就可以体会到印刷术对世界文明的贡献是如何的伟大了。我们可以断言，如果没有印刷术的发明，那么我们的学术和文化绝不会像今天这样光辉灿烂，人类的生活内容也不会像现在这样丰富多彩。

（一）何谓印刷术

印刷术就是将文字制成印版，在它上面加墨，印到纸上而成为读物的方法。印刷术通常可分为两种。一种是雕版印刷，也叫作整版印刷，方法是先将文字反刻在一块木版上，再在这整块木版上加墨印刷。一种是活字印刷，方法是先刻出一个个带有反写单字的印模，再将每个单字拼凑成印版，加墨印刷。这两种印刷方法都是中国人发明的，我们先发明了雕版印刷，后来又发明了活字印刷。虽然活字印刷是现代印刷术的主要方法，绝大多数现代书籍是用活字印刷术印成的，所以它的发明与现代文明的关系更加密切。但是，如果没有雕版印刷术作为先驱，是不会有活字印刷术的发明的。可以这样说，雕版印刷术是我国古代人民在长期使用印章和石刻的基础上发明出来的。

（二）印章对于雕版印刷术发明的影响

印章对于雕版印刷的发明无疑有直接的影响，我们可以说，雕版印刷乃是印章的扩大。至迟自殷商以来，我国就已经习惯把姓名或职衔反写后刻在木、石、玉、铜、象牙等载体上成为印章，以之作为凭信。在印章上雕刻文字有两种方式：一种是凹入的，叫作阴文；另一种是凸起的，叫作阳文。印章初期施用于封泥上，作为封缄之用。阳文印施于封泥，便成凹字；阴文印施于封泥，便成凸字。汉代用封泥最盛，而封泥凸字较凹字清晰，这是汉印以阴文为主的原因。南北朝时封泥与简牍废而不用，一切文书全改用纸，始用红色印泥在纸上盖用朱印。反字阳文印用红色印泥印于白纸上，则呈正文红字，故又称朱文。反字阴文印，用红色印泥印于白纸，则呈正文白字，故又称白文。朱文比白文醒目且美观，这是六朝官印多用阳文的原因。反字阳文印章可以说是雕版印刷的直接祖先，从某种意义上说，雕版印刷所用的印版就是一块放大的印章。早在东晋初年，葛洪在其著作《抱朴子》中就说到一种可以容纳一百二十字的印章。可见那时印章的面积已经逐渐扩大了，这种大印章几乎与后来的雕版相似，只是那时仅知钤盖，尚不知刷印的方法。

（三）摹拓对于雕版印刷术发明的影响

把文字正写刻在石碑上，在中国可以说很早就有了。现存最古的石刻有先秦时代的石鼓文，石鼓文乃是秦襄公凯旋纪功之文。秦始皇以后刻石纪功的事情更为普遍。东汉熹平四年（公元一七五年），灵帝命令当时书法最好的蔡邕会同一些学者，将七种儒家经典（《易》、《书》、《诗》、《仪礼》、《春秋》、《公羊传》、《论语》）的文字加以校正，并写在石碑上，由工人加以刊刻，作为官校的定本，竖立于洛阳太学门前，供全国读书人校勘或传抄。这批石刻被称为“熹平石经”，曹魏正始年间曾重刻一次。但抄写终究是一件缓慢而费工的事，而且还可能抄错，于是人们就想寻找一种可以从石上直接将文字迻录下来的方法。他们将白色薄纸覆于碑文上，以毛刷或软拍稍加压力于纸面，使之进入所有碑之凹陷部分，再用棉球醮墨在纸上细打，由于石刻的字都是凹入石内的正写的文字，经过这样的处理，附着在字上的纸便凹入石内，不能受墨，揭下来就成为黑底白字的拓本。这种方法叫作摹拓。摹拓方法何时发明，虽然不太清楚，但最早应在纸的发明及其使用以后。《隋书·经籍志》中记载：“梁有《今字石经郑氏尚书》八卷，亡。”此处石经既称卷，当属石经的纸拓本，足证萧梁时代拓碑已普遍使用。摹拓在技术方面虽然与雕版印刷不同，但对于墨的使用多少可以提供一点技术。它对于雕版印刷的启发是间接的。中国的雕版印刷术，就是在上述两种技术的联合运用下产生的。

（四）唐代以前尚无雕版印刷

中国的印刷术究竟起始于什么时候，史册上没有明白的记载。唐代已有雕版印刷，不但有文献可考，而且有实物证明（详后）。然而，唐代以前是否已有雕版印刷？历来研究这个问题的人，有主张雕版印刷术是隋代发明的。这种看法，发端于明朝的陆深。他在《河汾燕闲录》卷上中说：

> 隋开皇十三年十二月八日敕：废像遗经，悉令雕造，此印书之始。

明朝的胡应麟不但认为陆深的话系指印书之始，而且把“雕造”改为“雕版”。《少室山房笔丛·经籍会通》卷四说：

> 载阅陆深《河汾燕闲录》云：隋文帝开皇十三年十二月八日敕废像遗经，悉令雕版，此印书之始。据斯说则印书实自隋朝始。

又说：

> 遍综前论，则雕本肇自隋时，行于唐世，扩于五代，精于宋人，此余参酌诸家确然可信者也。

他们所根据的是隋朝费长房的《历代三宝记》。但《历代三宝记》卷十二的原文是：

> 开皇十三年十二月八日，隋皇帝佛弟子姓名，敬白：“……属周代乱常，侮蔑圣迹，塔宇毁废，经像沦亡……弟子往籍三宝因缘，今膺千年昌运；作民父母，思拯黎元。重显尊容，再崇神化。颓基毁迹，更事庄严；废像遗经，悉令雕撰。”

隋朝以前，北周武帝大毁佛教，很多经像被毁坏。隋文帝承北周武帝之后，乃大兴佛教，雕佛像，撰佛经，大建寺庙。引文中的“雕撰”即指雕像撰经，陆深误以撰为造，而认为是雕造经版，到了胡应麟又改为雕版。从陆深以后，明清有许多记载都说雕版印刷自隋朝已经开始，其实《历代三宝记》的“废像遗经，悉令雕撰”与雕版印刷毫无关系。

孙毓修在他的《中国雕版源流考》一书里，曾引《敦煌石室书录》，说有太平兴国五年翻雕隋刊本《大隋求陀罗尼经》，因此雕版印刷开始于隋朝，其实这是错误的。因为这《陀罗尼经》原是法国人伯希和（Paul Pelliot）于敦煌千佛洞中所发现的，现藏法国巴黎图书馆。“大隋”仅是“大随”的另一写法，“大随求”乃佛教语，就是陀罗尼的意思，并非指隋朝，而且经末有太平兴国五年六月二十五日雕版毕工手记一行，并无翻雕字样，所以这完全是北宋刻本，而不是翻刻隋朝的。

此外，公元一九一三年至一九一六年，斯坦因（M. A. Stein）曾在吐鲁番发现一张残纸，上有两行残文，曰：“……官私……延昌三十四年甲寅……家有恶狗，行人慎之。”这一残片现藏英国。延昌三十四年即隋开皇十四年（公元五九四年）。当时，英国人认为这是中国的印刷品，因而认为那时期以前中国就已经发明印刷术了。但后来辛德勒（B. Schindler）利用紫外线及红内线将此纸照相，用显微镜检查，并与英国国家博物馆所存最古印本《金刚经》及其他写本分别做比较研究，结果证实这不是印刷品。而且，根据这张纸片的文字内容来看，它像是贴在门口或墙上的，似乎没有雕印许多份的必要。

总之，无论文献，还是实物，全找不出隋朝已经发明雕版印刷的证据。

我们现在可以作一结论，即唐朝以前尚无雕版印刷。

（五）印刷术发明的时期问题

现在许多学者都认为雕版印刷的发明是在唐朝，但唐朝经历了三百年之久，究竟雕版印刷的发明是在哪一时期呢？我们只有从唐人文献或现存的唐刻本中去寻找可靠的资料。

在中国现存的文献中，叙及印书的事，最早不过九世纪初期的中唐时代，现存的印刷品中，亦无早于盛唐时代的。但据文献，在唐代初年却有印佛像的事。唐冯贽《云仙杂记》卷五引《僧园逸录》说：

> 玄奘以回锋纸印普贤象，施于四众，每岁五驮无余。

虽然前人对《云仙杂记》一书多有怀疑，以为是宋人伪作，但据唐释慧立所撰《大慈恩寺三藏法师传》载，玄奘法师曾“造像十俱胝”。“俱胝”是梵文中一个数目字的音译，《一切经音义》中解释为一亿，即一千万，也有解释作十万或百万的。无论俱胝作十万、百万，还是千万来解释，十俱胝总是一个相当庞大的数字。造十俱胝的像绝不可能为雕像或绘像，只有一种情形，用印刷的方法，才可能有那么多。故《云仙杂记》引《僧园逸录》所说玄奘印普贤像施人的事，实与《玄奘传》的记载相合。玄奘法师生于隋仁寿二年（公元六〇二年），卒于唐高宗麟德元年（公元六六四年）。公元六九二年，义净寄回中国的《南海寄归内法传》有“印绢纸”之记载。玄奘圆寂之年，不过在义净寄归该传的二十八年以前，然则玄奘印施佛像自极可能。玄奘以回锋纸印普贤像，可能是将佛像刻成印章式样，醮墨钤盖在纸上，印成佛像。在方法上虽然还没有脱离印章使用的范畴，但由仅是凭信的作用，演进到可使图像印制迅速的概念，在人类的思维上，却有了不同的意义。虽然距离文字的印刷可能还有一段历程，但有这种思想作为动力，相信不会太远。若说在七世纪末，中国雕版印刷术已经开始萌芽，应该是可以相信的。

现存唐人文献中提到雕版印刷的有好几处，最明确而有年月可考的是冯宿所上的奏文。《全唐文》卷六二四冯宿《请禁印时宪书疏》中说：

> 准敕禁断印历日版。剑南两川及淮南道，皆以板印历日鬻于市。每岁司天台未奏颁下新历，其印历已满天下，有乖敬授之道。

唐文宗太和九年（公元八三五年），冯宿出为剑南东川节度使，这个奏文可能就在这一年上的。恰好，《旧唐书·文宗本纪》记载：

> （太和九年）十二月丁丑敕：诸道府不得私置历日板。

由此可知，在此时已有印刷的日历了。长庆四年（公元八二四年），元稹替白居易的《白氏长庆集》作序说：

> 然而二十年间，禁省、观寺、邮候墙壁之上无不书，王公妾妇、牛童马走之口无不道。其缮写模勒，炫卖于市井，或因之以交酒茗者，处处皆是。

元氏又自注说：

> 杨越间，多作书，模勒乐天及予杂诗，卖于市肆之中也。

“模勒”就是印刷，可见在那个时候不仅有印刷的日历，而且已有印刷的诗文集。《司空表圣文集》卷九《为东都敬爱寺讲律僧惠确化募雕刻律疏》中说：

今者以《日光旧疏》，龙象弘持，京寺盛筵，天人信受。□迷后学，竞扇异端。自洛城罔遇，时交乃焚，印本渐虞散失，欲更雕锓。

这里所谓“洛城罔遇，时交乃焚”之语，是指唐武宗会昌五年（公元八四五年）毁佛像的事情而言，可见在会昌以前就有印刷的佛经了。范摅《云溪友议》卷下《羡门远篇》说：

纥干尚书泉，苦求龙虎之丹，十五余稔。及镇江右，乃大延方术之士。作《刘弘传》，雕印数千本，以寄中朝及四海精心烧炼之者。

考纥干泉在唐宣宗大中年间（公元八四七年至八五九年）为江西观察使，雕印《刘弘传》当在此时，可见那时已有印刷的道教作品了。王谠《唐语林》卷七说：

僖宗入蜀。太史历本不及江东，而市有印货者，每差互朔晦。货者各征节候，因争执。

唐僖宗逃入成都是在中和元年（公元八八一年），可知那个时候江东的印刷活动已经非常兴盛了。随着唐僖宗到成都的柳玭，在他的家训序里说：

中和三年癸卯夏，銮舆在蜀之三年也。余为中书舍人。旬休，阅书于重城之东南，其书多阴阳、杂记、占梦、相宅、九宫、五纬之流，又有字书、小学。率雕版印纸，浸染不可尽晓。（据《旧五代史》卷四十三《唐明宗纪第九》注引）

从这段记载我们知道，当时成都不仅有印刷的历书，而且有其他印刷的书籍。自中唐以来，刻书之风非常盛行，我国最早刻书的地方是吴蜀。这两处皆森林茂盛，也是当时生产纸张的地方。唐懿宗咸通年间在长安留学的日本和尚宗睿携带回国的书籍目录《新书写请来法门等目录》中，录

▲ | 雕版印刷的书版

▲ | 印章

红底白字，为白文印；白底红字，为朱文印。

▲ | 封泥

由阴文印钤在泥上而成突出的“新野丞印”四字。

有西川印子《唐韵》一部五卷，《玉篇》一部三十卷。“西川印子”即四川刻本的古称，由此可见四川印书之多，雕版印刷之盛。四川很可能就是雕版印刷的发源地。

从以上资料可以看出中晚唐时刻书地域之广与刻书事业之盛，由此可以推测在中唐以前印刷术就已发明了，只是早期的印刷术可能只流行于民间，因此没有史料记载。现存记有年代的最早的印刷品系唐懿宗咸通九年（公元八六八年）王玠刻印的《金刚经》，出自敦煌，现藏英国国家博物馆。

▲ | 秦代山东琅琊石刻拓本

▲ | 秦代石刻

左：石鼓文拓本

右：石鼓全形

根据其雕印之精美，可以证明当时的印刷术已经经历了长期的演进，至少可以往前推一百年以上。邻近中国的日本与韩国是受唐代文化熏陶最深的两个国家，都曾派遣许多学生到当时唐朝的首都长安留学。日本现存最早的印本，是由称德天皇于公元七六四年下令着手，迄七七〇年印毕的《百万塔陀罗尼经》。这项工作由曾在长安留学达十九年之久的东宫学士吉备真备主持。吉备真备之建议以印刷来代替手写，极可能是由于他在留学期间曾目睹这种新方法，而回国仿效。韩国现存最早的印本是一九六六年十月

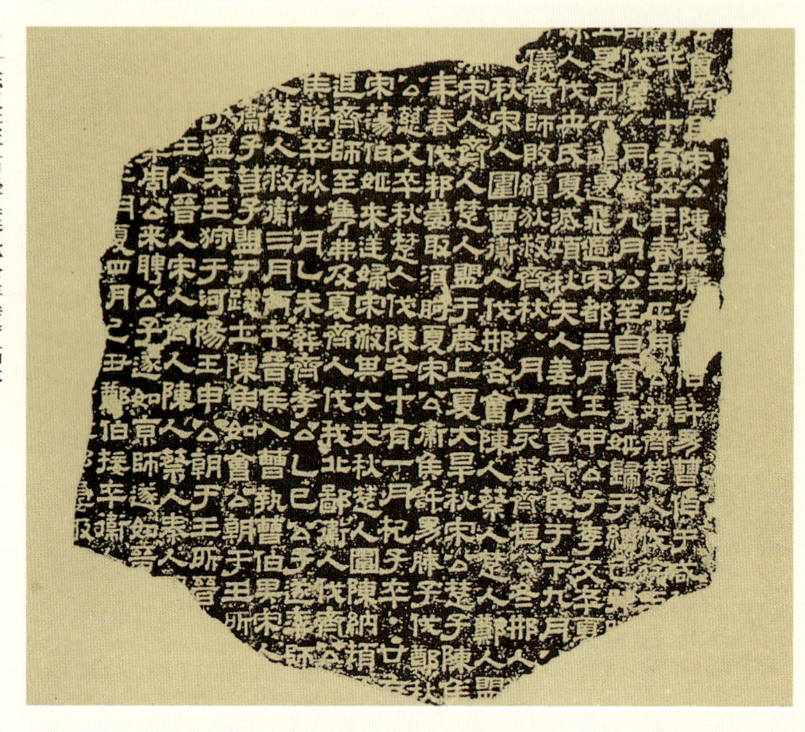

东汉熹平石经《春秋公羊传》拓本

一九三四年，在河南洛阳出土。

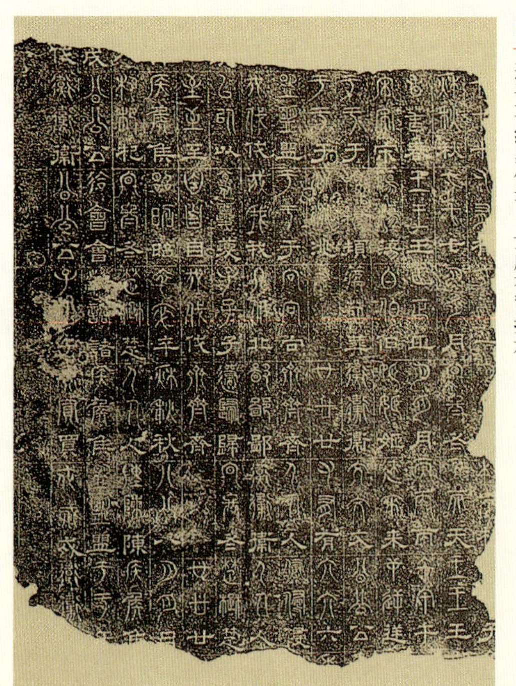

三国魏正始石经《春秋传》拓本

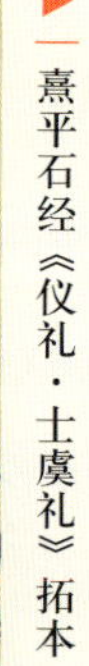

熹平石经《仪礼·士虞礼》拓本

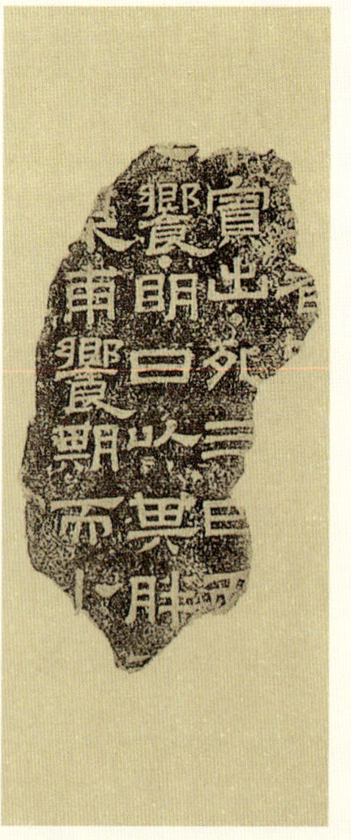

斯坦因发现的高昌告白

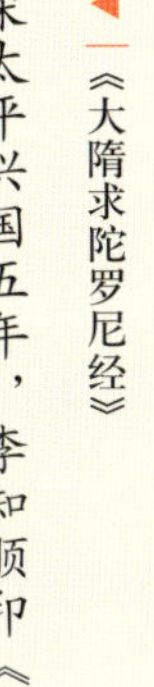

《大隋求陀罗尼经》

宋太平兴国五年，李知顺印《大隋求陀罗尼经》，孙毓修误以为翻雕隋刻本。

金属佛像印章及其钤盖出的佛像纸卷

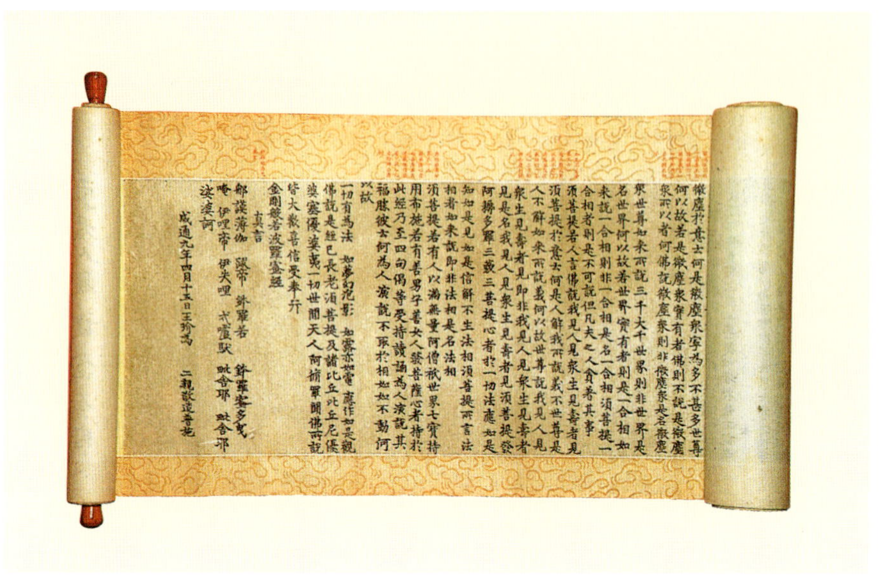

▲《金刚经》

唐咸通九年（公元八六八年）刻本，卷尾有“咸通九年四月十五日王玠为二亲敬造普施”题记一行。

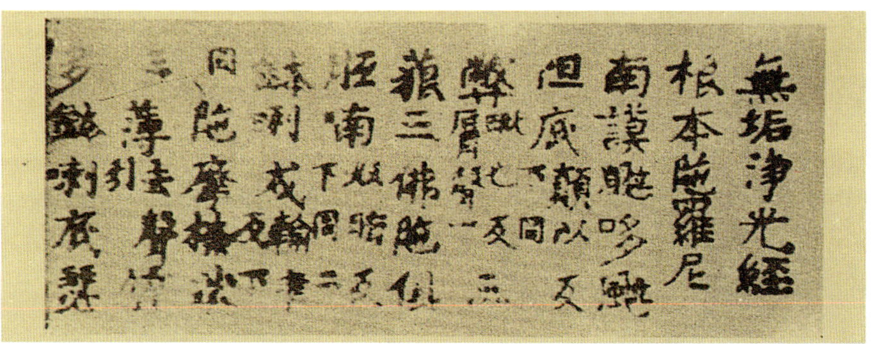

▲日本百万塔中《根本陀罗尼经》之一部分

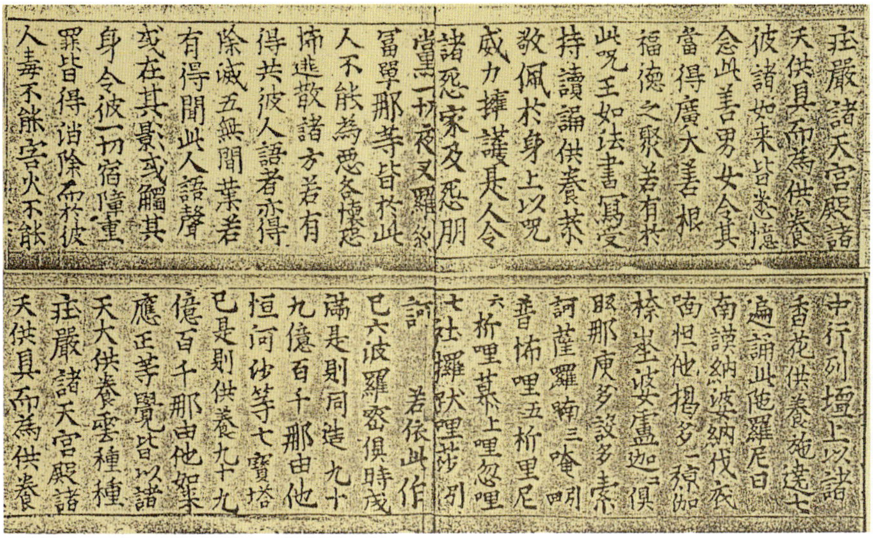
莊嚴諸天宮殿諸
天供具而為供養
彼諸如來皆悉憶
念此善男女令其
當得廣大善根
福德之聚若有於
此咒王如法書寫受
持讀誦供養恭
敬佩於身上以咒
威力擁護是人令
諸惡家及惡朋
黨一切夜叉羅刹
富單那等皆於此
人不能為惡各懷恐
怖進散諸方若有
得共彼人語者亦得
除滅五無間業若
有得聞此人語聲
或在其影或觸其
身令彼一切宿障
罪皆得消除而於彼
人毒不能害火不能

中行列壇上以諸
香花供養施遶七
遍誦此陁羅尼曰
南謨納婆納伐底
喃怛他揭多二殑伽
捺些婆盧迦三俱
胝那庚多設多索
訶薩羅喃三唵四唎
普怖哩五析里尼
六析哩慕上哩忽哩
七社攞代哩莎訶
若依此作
已六波羅蜜俱時成
滿是則同造九十
九億百千那由他
恒河沙等七寶塔
已是則供養九十九
億百千那由他架
應正等覺皆以諸
天大供養雲種種
莊嚴諸天宮殿諸
天供具而為供養

▲ 韩国发现的《无垢净光大陀罗尼经》印本

十三日在庆州市佛国寺释迦塔中所发现的《无垢净光大陀罗尼经》。据考证，此经卷雕印于公元七〇四年至七五一年。以新罗与唐代文化关系之密切，则此经之雕印也极可能是受中国的影响。由此旁证来推测，在七世纪末、八世纪初叶，我国一定已经发明了印刷术。

总之，我国雕版印刷术的起源，至迟也应该是在盛唐，因为当时我国的国力和文化都已发展到鼎盛状态，很可能发明了印刷术。后来因安禄山之乱，唐朝逐渐衰微，又经唐武宗会昌五年的禁佛，以及唐末的黄巢起事，许多唐代珍贵的印刷品便毁于兵燹，难于保存。因此，盛唐的印本也就没有流传下来。

二、唐代的图书

中国的雕版印刷在盛唐以前就已经发明了，到了唐代后期，不但文献中有不少关于雕版印刷的记载，而且敦煌发现了雕印的《金刚经》与日历，成都出土了雕印的《陀罗尼经》。文献的记载与实物的发现，均可证明唐代后期的印刷已相当发达。

（一）文献的记载

元稹《白氏长庆集序》中曾提到，在那二十年间，白居易的诗备受读者喜爱，已到了“禁省、观寺、邮候墙壁之上无不书，王公妾妇、牛童马走之口无不道”的地步。于是，扬越一带的人民便雕印了白居易及元稹的诗文。元稹此序作于长庆四年（公元八二四年），可见在长庆四年以前就有雕版印刷的诗文集，这是《元氏长庆集》及《白氏长庆集》最早的刻本。

《册府元龟》卷一六〇及《全唐文》卷六二四有冯宿所上的奏文。冯宿于唐文宗太和九年（公元八三五年）出为剑南东川节度使，他指出，当时剑南两川及淮南道的人民常用木版印刷日历，在市场出售，每年司天台（即天文台）还没有颁发新日历，这种民间印刷的日历已经布满天下了。由此可知，公元九世纪上半期四川及长江下游一带版印日历的风气极盛，并且出售印历已遍及全国。

《司空表圣文集》卷九《为东都敬爱寺讲律僧惠确化募雕刻律疏》一文，题下小注曰“共八百纸”。文中提到，此前寺中原有雕版印刷的《日光疏》，在唐武宗禁佛时散失。武宗禁佛是在会昌五年（公元八四五年），可见在九世纪中叶《日光疏》已有印本了。

日本僧人惠运律师书目录中著录《降三世十八会》印子一卷，“印子”即印本。惠运于唐宣宗大中元年（公元八四七年）归国，可见在此之前，《降三世十八会》已有印本了。

范摅《云溪友议》卷下提到纥干泉镇江右，作《刘弘传》，雕印数千本。唐大中元年至三年（公元八四七年至八四九年），纥干泉任江西观察使。由此可知，其间江西雕印了《刘弘传》，且多达数千本，可见当时江西雕版印刷之盛。

日本僧人宗睿《新书写请来法门等目录》中著录西川印子《唐韵》一部五卷，同印子《玉篇》一部三十卷。宗睿于咸通三年（公元八六二年）到中国留学，咸通六年（公元八六五年）返回日本时，携去经卷凡一百四十三卷，经卷之外，复携去西川印子《唐韵》及《玉篇》。可见，在公元八六五年以前，五卷的《唐韵》、三十卷的《玉篇》已有四川刻本了。

宋王谠《唐语林》卷七记载，唐僖宗逃到成都，因交通不便，所以太史历书不颁发江东。而日历乃民间所急切需要，因而私自印售者甚多。各家所印日历朔望有不相合者，于是发生了争执。僖宗入蜀在中和元年（公元八八一年），可知那个时候江东有不同的各种印本历书。

宋叶寘《爱日斋丛钞》引柳玭家训序云，中和三年（公元八八三年）夏，柳玭（随着唐僖宗到成都，时为中书舍人）于旬休（唐时十日有一日之休息，与今之星期日休息相似）时，在成都东南所阅之书，多为雕版印刷的阴阳、杂说、占梦、相宅、九宫、五纬与字书、小学等，可见当时四川雕印的书籍种类繁多。

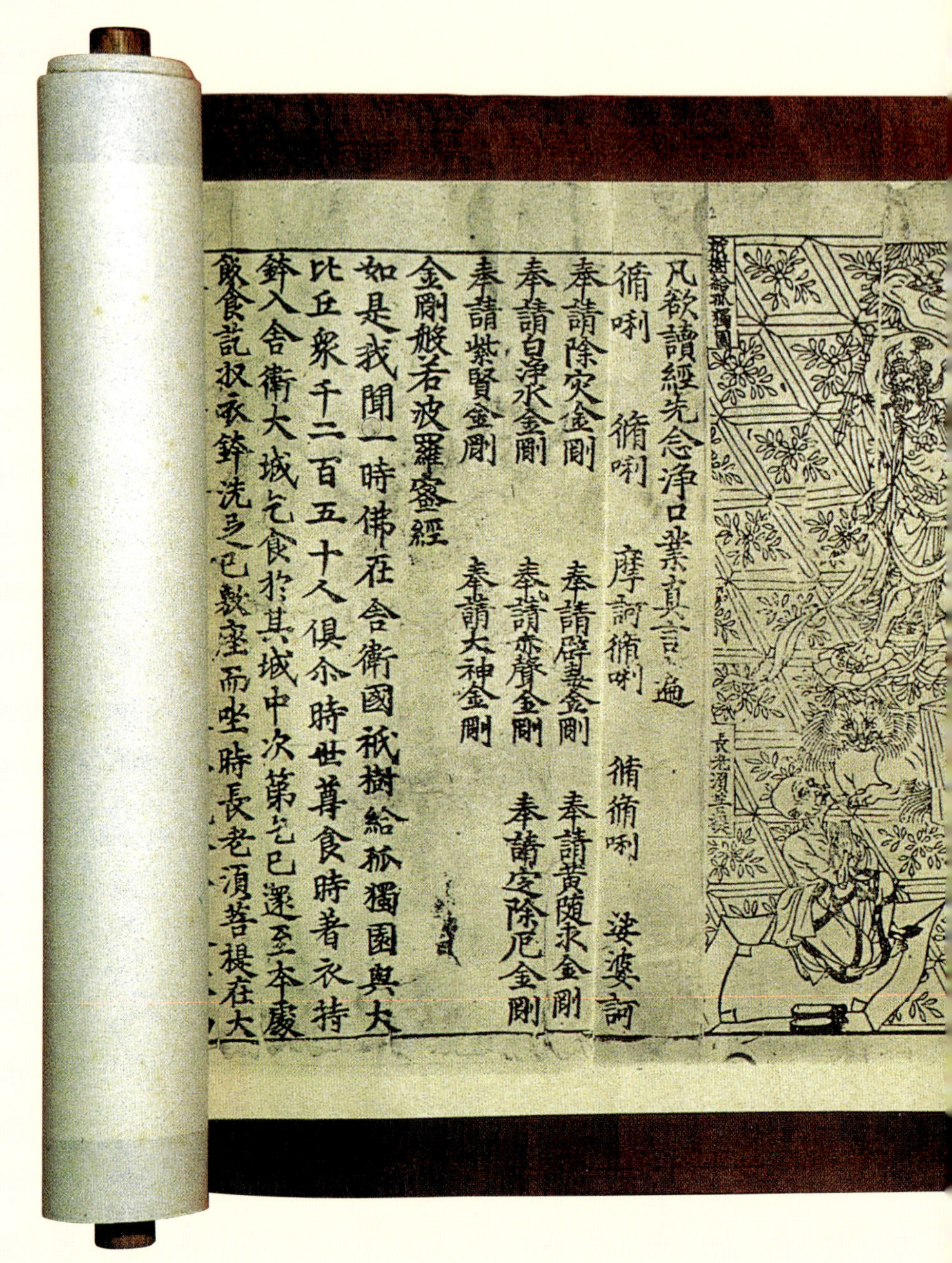

凡欲讀經先念淨口業真言遍

脩唎　脩唎　摩訶脩唎　脩脩唎　娑婆訶

奉請除災金剛　奉請辟毒金剛　奉請黃隨求金剛

奉請白淨水金剛　奉請赤聲金剛　奉請定除厄金剛

奉請紫賢金剛　奉請大神金剛

金剛般若波羅蜜經

如是我聞一時佛在舍衛國祇樹給孤獨園與大比丘眾千二百五十人俱尒時世尊食時著衣持鉢入舍衛大城乞食於其城中次第乞已還至本處飯食訖收衣鉢洗足已敷座而坐時長老須菩提在大

▲ | 唐咸通九年刻本《金刚经》卷首

（二）实物的发现

» 唐咸通九年（公元八六八年）刻本《金刚经》

十九世纪末叶，西方考古之学大盛，有些外国考古学家来到中国新疆、甘肃一带。一九〇七年，在英属印度政府做事的匈牙利人斯坦因发现了敦煌千佛洞莫高窟石室的秘藏，向王道士贿购经卷、图书及其他古物，带回英国，藏在英国国家博物馆。一九〇八年，法国汉学家伯希和也到敦煌石室取得写本十余箱，运往法国，藏在巴黎图书馆。余下的部分于一九〇九年归当时的京师图书馆收藏。敦煌石室所藏大部分是写本，印本很少。此咸通本《金刚经》就是斯坦因在千佛洞所获得，现藏伦敦。末有刊印年月日一行："咸通九年四月十五日王玠为二亲敬造普施。"此为全世界现存刊有年代的最古的雕版印本书。这部《金刚经》共有六叶经文及一叶雕版画，每叶长约二尺半，高近一尺，各叶粘合成一长十六英尺的卷子。首页为雕版印画，释迦佛坐于正中莲花座上，对其老徒弟须菩提长老作讲话状。长老居右侧，右膝着地。雕版印画后，系鸠摩罗什所译之《金刚般若波罗蜜经》全文，经首冠以净口真言，经末亦附真言。唯其随文施刻，每行字数不一，每纸行数亦不一致，且长篇不分序次，与宋人版式相距甚远。然字迹古拙质朴，表现出中国早期刻本自然率真之气。

» 唐乾符四年（公元八七七年）刻本历书

此亦斯坦因于千佛洞所得，现藏英国国家博物馆。据李书华《中国印刷术起源》中的记载，这是一卷不完全的印版日历，长约三点五英尺，宽约十点八英寸。此日历上印月日节气，如六月小，大暑六月中，八月大，秋分等；附有乾坤八卦等；并有鼠、牛、虎、兔、龙、蛇、马、羊、猴、鸡、狗、猪等图。鼠、蛇、猴上注有“吉”字。此日历上未载刊刻年代，但日历为丁酉年，并附有年表。翟林奈由这些线索考订出此日历为乾符四年的印历，这是世界上现存最古的印本历书。

» 唐中和二年（公元八八二年）樊赏家刻本历书

此亦斯坦因于千佛洞所得，现藏英国国家博物馆。据李书华《中国印刷术起源》中的记载，斯坦因的敦煌搜集品中，有一张浅黄色纸残历，长二十六厘米，宽八厘米，系一印历。其上印字粗黑，印刷技术较乾符四年印历为佳。所刊年代为“中和二年”，标明为“剑南西川成都府樊赏家历”。

» 唐成都卞家刻本《陀罗尼经咒》

一九四四年四月，四川大学修筑校内的道路，于距离江边约五六十米的地方发现了小型坟墓四座，其中相连的三座为小型南宋墓，另外一座就是发现印本《陀罗尼经咒》的唐墓。《陀罗尼经咒》装在骨架右臂上戴着的银镯里，最初发现时并不知道里面有东西，后来因银质已朽，有小处破损，觉得其中装有弹性的物品，将银镯剖开，才知道是纸。此为唐代茧纸，系以茧、桑皮、麻加檀木浆所制，在光线下视之，表面有光泽，甚薄而有韧性，虽在潮湿中浸润千余年之久，仍能将其舒展。此印本框高三十一厘米，广三十四厘米。中央为一小方框，框中刻一菩萨像坐于莲座之上，六臂手中各执法器。框外围绕刻一种梵文，咒文外又雕双框，四角刻菩萨像各一，

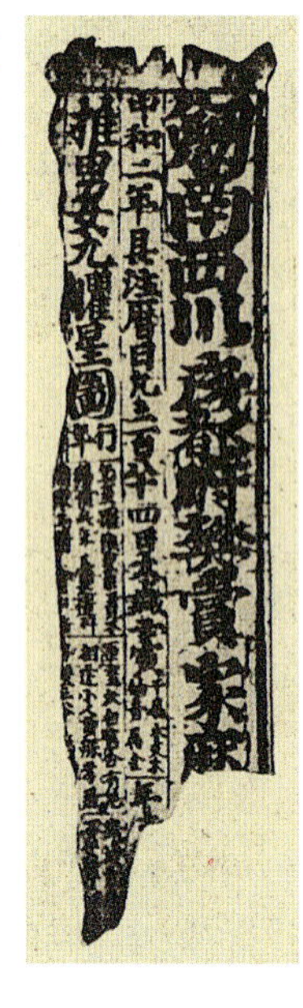

历书残页

唐中和二年樊赏家刻本。

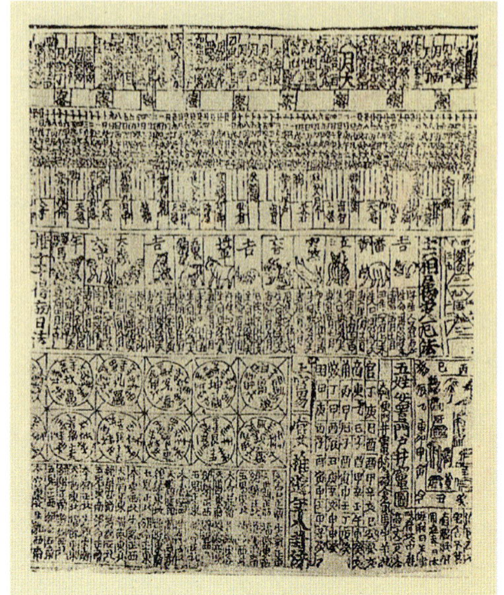

历书

唐乾符四年刻本。

每边各刻菩萨像三，而间以佛教供品的图像。印本右边首题汉文一行，有“成都府成都县□龙池坊□□□近下□□印卖咒本□□□”等字，字体圆活秀劲，饶具唐人书法的风格，虽系雕版，不若北宋本之方版而显示雕凿痕迹。以字体及刻法论，亦当系唐代的刻本。此为国内现存最古的印刷品。

“成都府”三字已漫漶其半。唐代成都称府，始于唐肃宗至德二年（公元七五七年），依唐代惯例，凡是天子行幸之地，则改称为府。天宝十五载（公元七五六年），玄宗逃到成都，第二年回到长安后，遂改蜀郡为成都府。五代时，成都为前蜀和后蜀的都城，故仍称府。宋初屡有变动，如太平兴国六年（公元九八一年）降为州，端拱元年（公元九八八年）又复为府等。

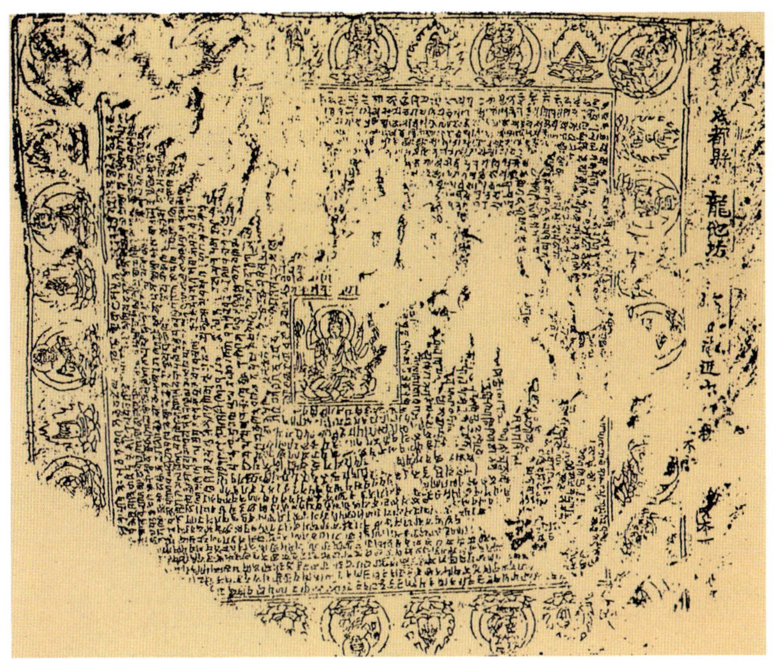

《陀罗尼经咒》唐成都卞家刻本。

“龙池坊”今不可考，大概在今成都的东北部。

根据印本出土的情况及印本本身推断，它可能是中唐或晚唐的印刷品，这从四川当时雕版发展的情况中亦可得到一些旁证。唐朝末期，四川刻书的风气既十分兴盛，佛教徒利用雕版来印刷经咒，也是极为可能的。而论印刷史者，以为雕印之起始多为印刷宗教上的宣传品，以现今所发现的早期印刷品多为佛教经咒及佛像可证。蜀中在唐末能刊刻比较大部的日历、阴阳、杂记、占梦、相宅、九宫、五纬之流及字书、小学之书，那么比较简短的佛像经咒的刊刻应在其前，亦是自然之势。此印本中详记有雕版及印卖的地方，在研究中国印刷史的掌故上，自是一种很珍贵的资料。

» 唐光化三年（公元九〇〇年）刻本《切韵》

此乃伯希和于千佛洞所得，仅存数页，现藏巴黎图书馆。卡特在《中国印刷术的发明和它的西传》中认为，这可能是四川刻印的世俗书籍之一。上面没有刊刻日期，据伯希和的鉴定，此乃公元九〇〇年（唐昭宗乾宁七年）[1]雕印的。

此外，卡特认为的唐代刻本，还有《廿四孝经》卷子，形如《金刚经》，今存英国国家博物馆；《陀罗尼经》，今藏巴黎，其经文每将“国”字空白，以避唐讳，当是唐朝雕印的；又有《观音经》[2]。

另外，敦煌还出了一件佚了纪年的印本残历，但保存有“上都东市大刁家大印”字样（翟理斯编号八一〇一）。上都即长安，这应是晚唐长安东市刁家所印的日历。此历为斯坦因所得，现藏伦敦。

由以上各种记载及实物看来，唐代后期的印刷已经相当发达，当时雕印的书籍，有历书、文集、字书、小学、佛经，还有与道教有关的《刘弘传》以及阴阳、占卜等，范围相当广泛。这些刊印的书籍大多是人民日常所需要的。当时刻书的地点包括今四川、江苏、安徽、江西、湖南、河南等地，可以推知当时的刻书事业颇为盛行，并由此遂逐渐走向了后来的印刷全盛时代。

1 公元九〇〇年应为唐昭宗光化三年。

2 见《中国印刷术的发明和它的西传》第八章注五。

三、五代的图书

从前有些学者认为雕版印刷术是五代时期发明的，但根据文献记载及实物发现，证明这种说法是错误的。不过，国子监刻书倒是从五代开始的。五代十国时期虽然是一个战乱频繁的年代，但在雕版印刷术的发展上却有它的重要性，兹分述于后。

（一）文献的记载

» 监刻九经三传

唐代后期的印刷事业虽然已经相当发达，然而直至唐末儒家经典尚无印本。儒家经典的雕印，始于后唐明宗长兴三年（公元九三二年）。《旧五代史·唐明宗纪》说：

> （长兴三年二月）辛未，中书奏："请依石经文字刻九经印板。"从之。

这是我国官刻经书的开始，而提倡刻印经典的是后唐宰相冯道。《册府元龟》卷六〇八《学校部》说：

> 后唐宰相冯道、李愚重经学，因言："汉时崇儒，有三字石经；唐朝亦于国学刊刻。今朝廷日不暇给，无能别有刊立。尝见吴蜀之人鬻印板文字，色类绝多，终不及经典。如经典校定，雕摹流行，深益于文教矣。"乃奏闻。敕下儒官田敏等考校经注。敏于经注，长于《诗》、《传》，孜孜刊正，援引证据，联为篇卷，先经奏定，而后雕刻。

冯道历事后唐、后晋、辽、后汉、后周五朝十二帝，其人品虽不足称道，然而当五代乱世，对于发展印刷，流布经典，贡献特多，影响于后世者亦甚大，这是应该大书特书的。

五代国子监雕印儒家经典是以唐开成石经[1]为蓝本。宋王溥《五代会要》卷八说：

> 后唐长兴三月二日，中书门下奏："请依石经文字刻九经印板。"敕："令国子监集博士儒徒，将西京石经本，各以所业本经句度抄写注出，子细看读。然后雇召能雕字匠人，各部随帙刻印板，广颁天下。如诸色人要写经书，并须依所印敕本，不得更使杂本交错。"其年四月，敕："差太子宾客马缟，太常丞陈观，太常博士段颙、路航，尚书屯田员外郎田敏充详勘官；兼委国子监于诸色选人中，召能书人端楷写出，旋付匠人雕刻。"

由此可知，监刻九经三传是根据开成石经，而加入注文。校勘者都是专业之博士或儒生，足见刊刻非常谨慎。

九经三传之外，又附刻五经文字及九经字样。《册府元龟》卷六〇八《学校部》又说：

> 广顺三年六月，田敏献印板九经、《五经文字》、《九经字样》各二部，一百三十策。

根据这段记载，知九经三传从后唐长兴三年开始刊刻，此一浩大工程到后周广顺三年（公元九五三年）才全部完成，历时二十二年之久。这就

1　开成石经所刻的是《周易》、《尚书》、《毛诗》、《周礼》、《仪礼》、《礼记》、《春秋左传》、《公羊传》、《穀梁传》、《论语》、《孝经》和《尔雅》，即九经三传。

是后人所称的旧蓝本，可惜后来都失传了。

上述各经传及《五经文字》、《九经字样》等书印成后数年，复雕印《经典释文》。《五代会要》卷八说：

（后周）显德二年二月，中书门下奏：“国子监祭酒尹拙状称：准敕校勘《经典释文》三十卷，雕造印板，欲请兵部尚书张昭、太常卿田敏同校勘。”敕：“其《经典释文》，已经本监官员校勘外，宜差张昭、田敏详校。”

五代国子监刊本，宋时已颇珍贵。王明清家存有李鹗书印本五经（见《挥麈录》）；洪迈家有旧监本《周礼》（见《容斋续笔》）；邵博家先人遗书，皆长兴刻本，后仅存《仪礼》一部（见《邵氏闻见后录》）；陈振孙家有古京本《九经字样》一卷，为其家所藏书籍之最古者（见《直斋书录解题》）。五代监本书，现今已无任何全本或残本存世。

» 毋昭裔刻书

后蜀雕印九经，倡于宰相毋昭裔。《资治通鉴》“后周广顺三年”（公元九五三年）条载：

自唐末以来，所在学校废绝，蜀毋昭裔出私财百万营学馆，且请刻板印九经。蜀主从之。由是蜀中文学复盛。

关于毋昭裔于后周广顺三年雕印九经的行动，宋孔平仲《珩璜新论》、清吴任臣《十国春秋·毋昭裔传》均有记载。

毋氏又自行雕印《文选》、《初学记》及《白氏六帖》等书。《宋史》卷四七九《毋守素传》说：

（守素父）昭裔性好藏书，在成都令门人勾中正、孙逢吉书《文选》、《初学记》、《白氏六帖》镂板。守素赍至中朝，行于世。

此段但记毋氏刻书之事，宋王明清还说出了毋氏刻书的原因。《挥麈馀话》卷二说：

毋丘俭[1]贫贱时，尝借《文选》于交游间，其人有难色。发愤异日若贵，当板以镂之遗学者。后仕王蜀为宰，遂践其言刊之。

明焦竑《焦氏笔乘续》卷四记载毋氏刻书的始末更为详尽，他说：

蜀相毋公，蒲津人。先为布衣，尝从人借《文选》、《初学记》，多有难色。公叹曰："恨余贫不能力致，他日稍达，愿刻板印之，庶及天下学者。"后公果显于蜀，乃曰："今可以酬宿愿矣。"因命工日夜雕板，印成二书。复雕九经诸史。两蜀文字，由此大兴。洎蜀归宋，豪族以财贿祸其家者什八九。会艺祖（宋太祖）好书，命使尽取蜀文籍诸印本归阙，忽见卷尾有毋氏姓名，以问欧阳炯。炯曰："此毋氏家钱自造。"艺祖甚悦，即命以板还毋氏。是时，其书遍于海内。初，在蜀雕印之日，众多嗤笑，后家累千金，子孙禄食，嗤笑者往往从而假贷焉。

根据以上资料，知毋昭裔刻有九经、诸史、《文选》、《初学记》、《白氏六帖》，可惜都没有流传下来。

1 "毋丘俭"乃毋昭裔之误。

» 其他公私刻书

五代十国刻书，除长兴九经及毋昭裔所刻诸书外，其他刻书掌故记载很少。今可考的，有下列几种。

◇ 《道德经广圣义》

岛田翰《古文旧书考》卷二《雕版渊源考》一文中记载：

> 《道德经广圣义》永平三年任知玄印板后序云："大蜀广德先生细志十秋，编成三十卷，题曰'广圣义'焉。盖章轴既多，卒难缮写，知玄遂月抽职俸，旋赁良工，雕刻印文，成四百六十馀枚。"

由此可知，前蜀王建永平三年（公元九一三年），任知玄曾雕印杜光庭的《道德经广圣义》三十卷。

◇ 《禅月集》

贯休《禅月集》，有前蜀乾德五年（公元九二三年）昙域后序，云：

> 寻检稿草及暗记忆者，约一千首，乃雕刻板部，题号"禅月集"。昙域虽承师训，艺学无闻，曾奉告言，辄直序事。时大蜀乾德五年癸未岁十二月十五日序。

由此可知，前蜀乾德五年，昙域和尚雕印其师贯休和尚诗稿约一千首，题为"禅月集"。

◇ 《道德经》

《旧五代史》卷七九《晋书·高祖纪》说：

> （天福五年五月）癸亥，道士崇真大师张荐明赐号通元先生。是时，帝好《道德经》，尝召荐明讲说其义，帝悦，故有是命。寻令荐明以《道》、《德》二经雕工印板，令学士和凝别撰新序，冠于卷首，

俾颁行天下。

由此可知，后晋天福五年（公元九四〇年），晋高祖曾令张荐明雕印《道德经》。

◇ 《和凝集》

《旧五代史》卷一二七《周书·和凝传》说：

（和凝）平生为文章，长于短歌艳曲，尤好声誉。有集百卷，自篆于板，模印数百帙，分惠于人焉。

由此可知，后周时和凝曾自刻文集一百卷。

◇ 《史通》及《玉台新咏》

明丰坊《真赏斋赋》卷一说：

暨乎刘氏《史通》、《玉台新咏》，上有建业文房之印，则南唐之初梓也。

由此可知，南唐时曾雕印《史通》及《玉台新咏》二书。

以上五代十国所刻各书，现今无任何全本或残本存世。

（二）实物的发现

◇ 后晋开运四年（公元九四七年）曹元忠雕印观音像

此乃斯坦因于千佛洞所得，现藏英国国家博物馆。此印本上部观音像右边有“归义军节度使检校太傅曹元忠雕造”一行，左边有“大慈大悲救苦观世音菩萨”一行。印本下部的刻像记有中文十三短行，末刻“于时大晋开运四年丁未岁七月十五日纪”及“匠人雷延美”。翟林奈谓此印本，系在一张粗厚的纸上，长四十六厘米，宽二十六厘米半。巴黎图书馆所藏者相同。

◇ 后晋开运四年曹元忠雕印大圣毗沙门天王像

此亦斯坦因在千佛洞所得到的，现藏英国国家博物馆。此印本上部印有佛像，旁注“大圣毗沙门天王”一行。印本下部刻有像记，共九十八字。其中有“弟子归义军节度使特进检校太傅谯郡曹元忠请匠人雕此印板”及“于时大晋开运四年丁未岁七月十五日纪”。据翟林奈称：印本乃棕黄色粗纸，长五十五点五厘米，宽三十二厘米。巴黎图书馆所藏者相同。

◇ 五代刻本文殊师利菩萨像

清光绪年间出自敦煌莫高窟，现藏中国国家图书馆。据《中国版刻图录》记载，此印本框高二十六点八厘米，广十五点八厘米，四周双边，分上下栏，上栏镌文殊师利菩萨像，下栏镌五字心真言。

◇ 后汉隐帝乾祐二年（公元九四九年）曹元忠刻本《金刚经》

此亦斯坦因于千佛洞所得，现藏英国国家博物馆。据李书华《中国印刷术起源》中的记载，翟林奈称：原书乃三十二卷的《金刚经》，此仅为残本，只有序言、第一卷、第二卷的一部分及第三十二卷的最后一部分。其结尾处有：

> 弟子归义军节度使特进检校太傅兼御史大夫谯郡开国侯曹元忠普施受持。天福十五年己酉岁[1]五月十五日记。雕板押衙雷延美。

1 己酉年当为公元九四九年，后汉隐帝乾祐二年。

翟林奈又称：此印本并非卷子式样，乃是八页小书一册，计长十四厘米，宽十厘米。卡特在《中国印刷术的发明和它的西传》一书中说："一部印刷粗滥的佛经，代表进步到一种新型书籍过渡的形式，不是卷子，而是折子，这是此种形式书籍中最初的一部分。这部新型的书籍，显示了卷册装订方式的改变。"巴黎图书馆藏有两部，均属残本。

◇ 后汉隐帝乾祐三年（公元九五〇年）刻本《陀罗尼经》

此乃伯希和于千佛洞所得，现藏巴黎图书馆。此《陀罗尼经》共有七页，是用一块雕版一次印刷的[1]。

◇ 五代刻本《唐韵》及《切韵》

《图书版本学要略》载："逊清光绪间，法人伯希和，曾在敦煌鸣沙山石室，得《唐韵》及《切韵》两书，均五代刻本，现藏巴黎图书馆。"李书华《中国印刷术起源》中亦说："此外伯希和在敦煌所得印本，尚有《切韵》残本，未注明年代。罗振玉所记称：未见原书，又称：伯君言乃五代刊本，细书小板。"

◇ 后周显德三年（公元九五六年）刻本《宝箧印陁罗尼经》

此乃一九一七年于湖州天宁寺金涂塔中（或云在该寺石幢下象鼻中）所发现。据王国维《显德刊本宝箧印陁罗尼经跋》记载，此经高工部营造尺二寸五分，版心高一寸九分半，每行八字或九字。经文共三百三十八行，

1 据《中国印刷术的发明和它的西传》第八章注八。。

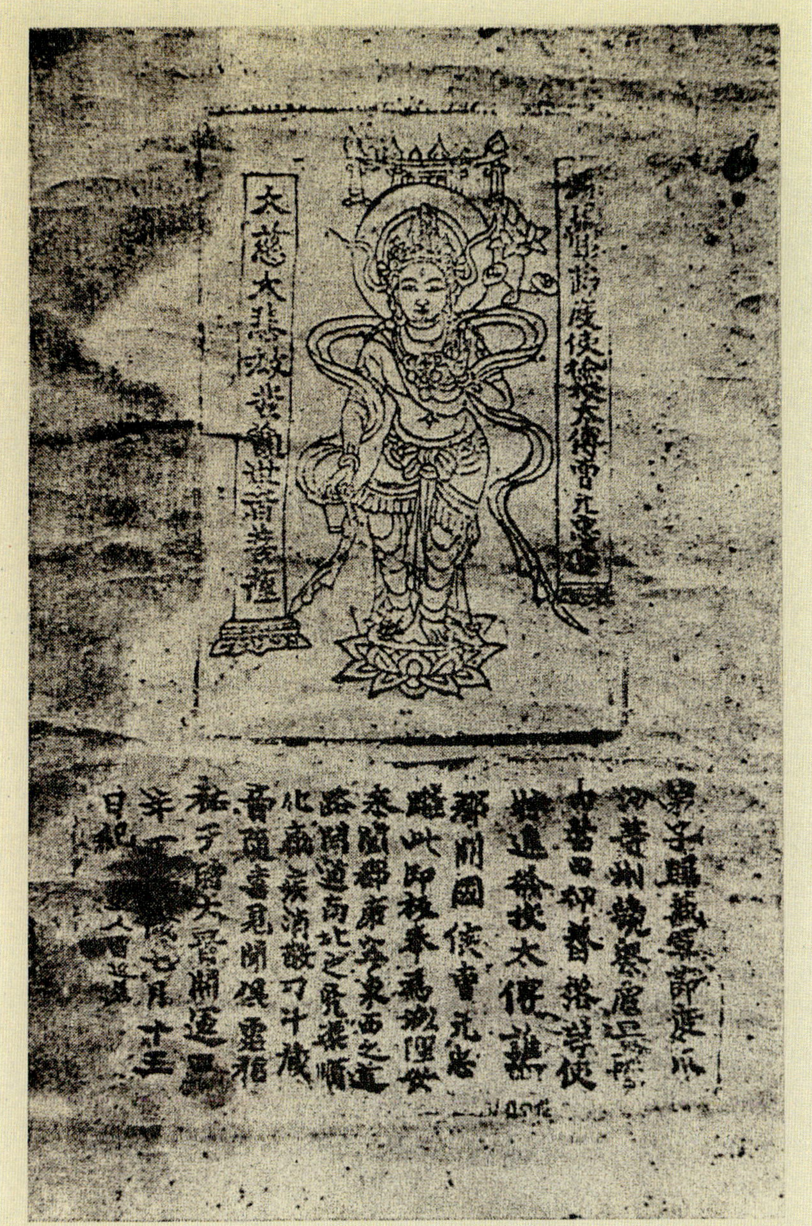

观世音菩萨像

后晋开运四年（公元九四七年）刻本。

▶ 毗沙门天王像

唐乾符四年刻本。

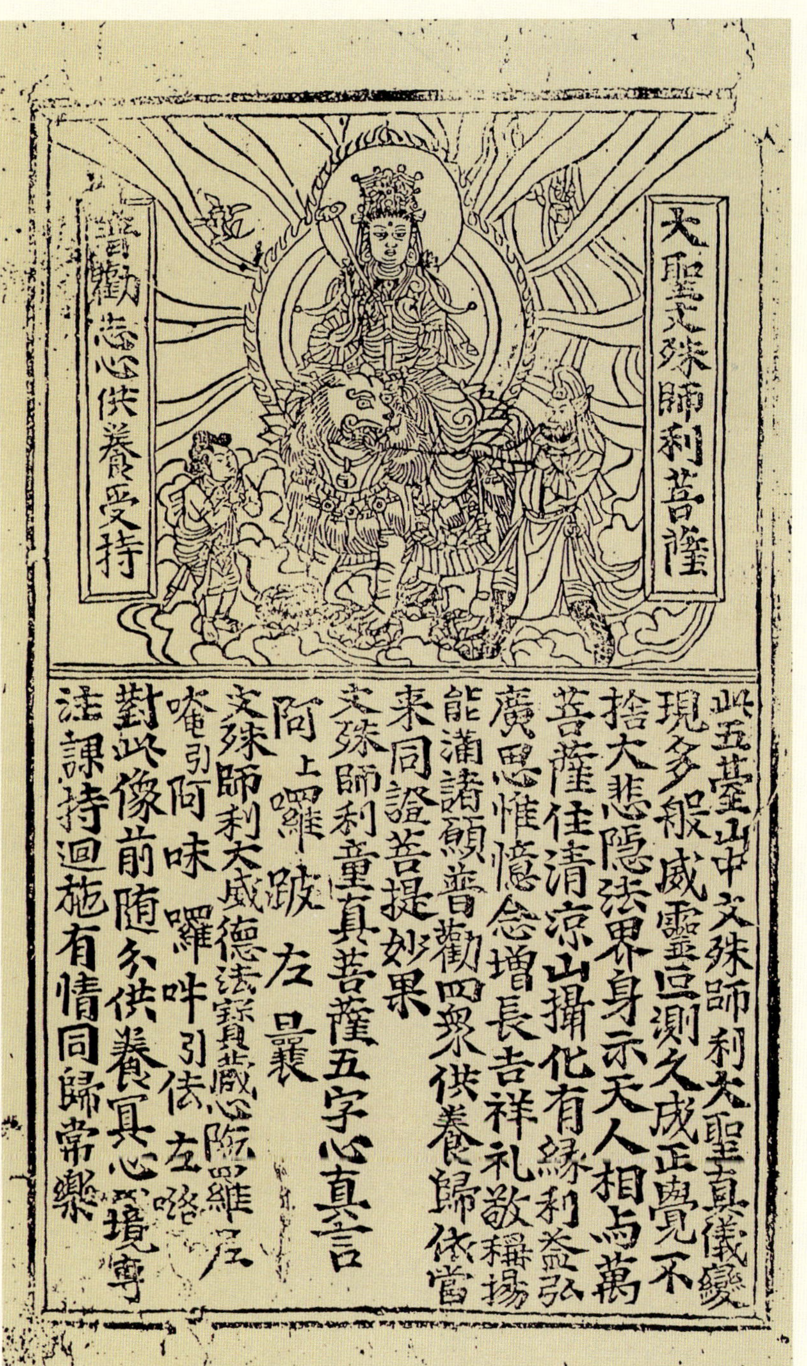

文殊师利菩萨像
五代刻本。

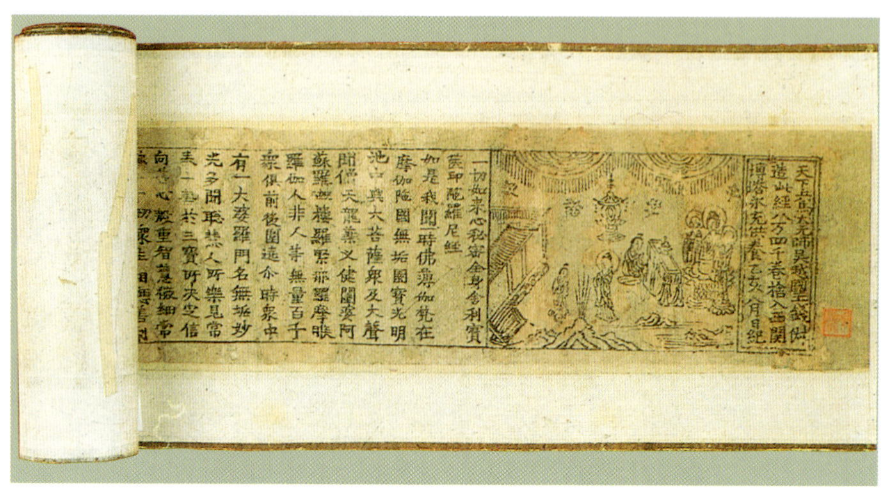

天下兵馬大元帥吳越國王錢俶
造此經八万四千卷捨入西關
塼塔永充供養乙亥八月日紀

一切如来心秘密全身舍利寶
篋印陀羅尼經
如是我聞一時佛薄伽梵在
摩伽陀國無垢園寶光明
池中與大菩薩眾及大聲
聞僧天龍藥叉揵闥婆阿
蘇羅迦樓羅緊那羅摩睺
羅伽人非人等無量百千
眾俱前後圍遶尒時眾中
有一大婆羅門名無垢妙
光多聞聰慧人所樂見常
行十善於三寶所決定信
向善心慇重智慧微細常

《陀罗尼经》后周显德三年（公元九五六年）刻本。

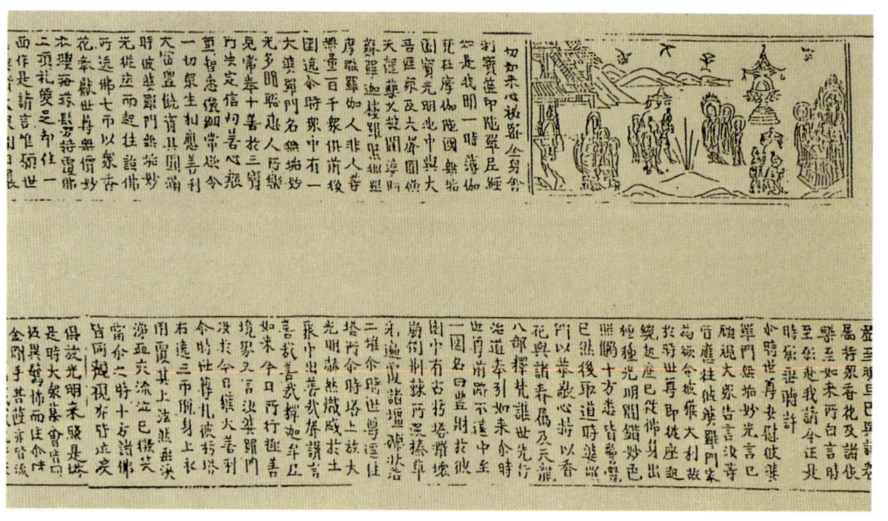

《宝箧印陀罗尼经》北宋开宝八年刻本。

后空一行，题“宝箧印陁罗尼经”，并前后题共三百四十二行。图前有题记四行，曰：“天下都元帅吴越国王钱弘俶[1]，印《宝箧印经》八万四千卷，在宝塔内供养。显德三年丙辰岁记。”

中国大陆地区存世的有年代的古印本，以此卷为最古。卡特说美国藏有一卷，据闻在纽约私人手中。瑞典皇室曾收得一卷，现藏于斯德哥尔摩市立博物馆，曾刊载于《远东古物博物馆馆刊》第四十四期。一九七一年，安徽无为县的一座宋墓中也曾发现一卷，可见此经卷流传之广。

1 后改名为俶。

◇ 宋乾德三年（九六五年）刻本《宝箧印陁罗尼经》

一九七一年十一月，浙江绍兴出土了金涂塔一座。塔内有一木筒，内有藏经一卷，亦《陁罗尼经》，首题“吴越国王敬造八万四千卷，永充供奉。时乙丑岁记”。乙丑当宋太祖乾德三年，则印时比显德本晚九年，而比开宝本早十年。

◇ 宋开宝八年（九七五年）刻本《宝箧印陁罗尼经》

此乃一九二四年杭州西湖雷峰塔倒塌后所发现的。据《庄严雷峰塔藏宝箧印陁罗尼经跋》记载，此经用薄麻纸印，裹以黄绫，高一寸二分，版心高六分，长六尺三寸五分。凡二百六十八行，并前后题记六行。共二百七十四行，行十字（间有十一字者）。图前题记三行，曰：“天下兵马大元帅吴越国王俶造此经八万四千卷，舍入西关砖塔，永充供奉。乙亥八月日纪。”乙亥年乃宋太祖开宝八年，而其时钱俶犹未纳土，视作五代刻本亦可。

中外各图书馆博物馆藏有雷峰塔《陁罗尼经》者不少，例如台湾“中央图书馆”即藏有该经。英国国家博物馆、美国国会图书馆及哈佛燕京图书馆亦各藏一份。

◇ 吴越钱俶雕印应现观音像

王国维《晋开运刻毗沙门天王像跋》中记载，他曾见过日本久原文库藏日本僧玄证所摹吴越国印造应现观音像，下录真言共二十四行，末云“天下大元帅吴越国王钱俶印造”[1]等语。

综合以上各种资料，可以看出，到了五代时期中国印刷事业已经相当发达，其中以河南、四川及浙江等处最为兴盛，所刻书籍已遍及经、史、子、集各部。最值得注意的是，唐末印刷术只流行于民间，当时刊印的书籍范围虽然广泛，但仅限于大多数人民日常所需要的。到了五代，儒家经典才开始雕印。当时，不但有了官刻的经典，并且在士大夫阶层内也有了出资刻书的人，可见在上位者及知识分子已经开始利用这新兴的印刷技术了。其中，以监刻九经三传在中国印刷史上占了最重要的地位，它为宋代的国子监刻书开辟了一条道路，这是值得大书特书的。

四、图书形制的演变

叶子比起卷轴，查阅起来要方便得多，但是它不像卷子粘接在一起，容易散失错乱，于是便有经折装的出现。经折装由贝叶式的叶子发展而来，其装置的方法是将纸粘成长幅，每隔五行或六行为一折，再在前后加上两张硬纸板作为封面、封底。经折装又称折叠本或梵夹本，其缺点是容易折断散开。于是，人们就想办法，将一张大纸对折起来，一半粘在书的最前页，另一半从书的右边包裹背面，粘在书的末页。如果从第一页翻起，直翻到最后，仍可接连翻到第一页。这样回环翻阅，不会间断，因此又被称为旋风叶。

1 见《观堂别集》卷三，《海宁王静安先生遗书》第十二册。

叩頭謝上
起走就衣
前漢
見尊不名
賜將軍列
董君貴寵
客輻湊師古音
北宮馳逐
曰角猶校也上大
宣室使謁
師古曰持戟列陛側辟
三安得入

第四章

两宋时代的图书

两宋时代是雕版印刷术的黄金时代，当时出版的图书可以说遍及各个知识部门。儒家经典、历史、地理、医药、农业、工业、天文算法、诗文集、词集、小说、佛教和道教的经典，以及民间日用必需的书籍，都陆续有了刻本。宋代刻书地点几乎遍及全国，其中以浙江、四川、福建最为有名。北宋初年，刻书业以四川为最盛，这是沿袭唐、五代的风气。到了北宋末期，杭州刻版最为精美。南宋建都临安后，杭州也随之成为刻书业的中心。南宋末期，福建刻书最多，虽质料最差，但流传最广。这个时期所出版的书籍是有名的“宋版书”。它们在书籍制度上给后代以深刻的影响。除了雕版印刷外，北宋仁宗时还发明了活字印刷。

一、雕版印刷的图书

宋代雕印的图书大体上分为官刻本、家刻本及坊刻本三类。

（一）官刻本

官刻本指的是政府各机关所刻的书，有中央政府和地方政府的区别。中央政府所刻的书以国子监刻本最为著名，北宋开宝四年（公元九七一年），宋太祖命张从信到成都筹刻全部汉文大藏经，历十三年，至太平兴国八年才全部完成，共计一千零七十六部，五千零四十八卷。这是历史上刊印的第一部大丛书，而且是北宋国子监所主持的，可惜现在仅存一卷。由于五代国子监所刻群经有注无疏，所以北宋国子监于太宗端拱元年（公元九八八年）开始雕印群经正义。《玉海》卷四三《艺文部》云：

> 端拱元年三月，司业孔维等奉敕校勘孔颖达《五经正义》百八十卷，诏国子监镂板行之。《易》则维等四人校勘，李说等六人详勘，又再校，十月板成以献。《书》亦如之，二年十月以献。《春秋》则维等二人校，王炳等三人详校，邵世隆再校，淳化元年十月板成。《诗》则李觉等五人再校，毕道升等五人详勘，孔维等五人校勘，淳化三年壬辰四月以献。《礼记》则胡迪等五人校勘，纪自成等七人再校，李至等详定，淳化五年五月以献。

此次所刻《五经正义》，即《周易正义》十四卷、《尚书正义》二十卷、《毛诗正义》四十卷、《礼记正义》七十卷、《春秋左传正义》三十六卷，共一百八十卷。从端拱元年至淳化五年，历时七年之久。真宗咸平四年（公元一〇〇一年），继续刻《周礼》等七经正义。《玉海》卷四一《艺文部》云：

> 至道二年，判监李至请命李沆、杜镐等校定《周礼》、《仪礼》、《公羊》、《穀梁》传疏，及别纂《孝经》、《论语》、《尔雅》正义，从之。咸平三年三月癸巳，命祭酒邢昺代领其事。杜镐、舒雅、李维、孙奭、李慕清、王焕、崔偓佺、刘士元预其事。凡贾公彦《周礼》、《仪礼》疏各五十卷，《公羊》疏三十卷，杨士勋《穀梁》疏十二卷，皆校旧本而成之。《孝经》取元行冲疏，《论语》取梁皇侃疏，《尔雅》取孙炎、高琏疏，约而修之，又二十三卷。四年九月丁亥以献。赐宴国子监，进秩有差。十月九日，命杭州刻板。

此次所刻七经正义，即《周礼疏》五十卷，《仪礼疏》五十卷，《春秋公羊传疏》三十卷，《春秋穀梁传疏》十二卷，《孝经正义》三卷，《论语正义》

十卷，《尔雅疏》十卷，共一百六十五卷。加上端拱、淳化间所刻五经正义，共十二经（即九经三传），三百四十五卷。这是北宋国子监刻书的开始，也是群经义疏有刻本的开始。史籍之刊印，则始于太宗淳化五年，先刻《史记》、《汉书》、《后汉书》，此即正史有刻本的开始。真宗咸平五年刻《三国志》及《晋书》。仁宗嘉祐七年刻南北朝七史。此外，又刻了《南史》、《北史》、《隋书》、《唐书》、《五代史记》等。子部书籍，除开宝四年所刻大藏经外，又于太平兴国六年刻《太平广记》，以后又陆续刻了不少儒、道、兵、农等书，哲宗时代又刻了许多重要的医书。此外，又刻了不少类书。集部方面，可考的只有真宗大中祥符四年所刻的《文苑英华》及李善注《文选》。

北宋国子监所刻书版，大多储存于汴京国学，靖康之祸后遂不可问。宋徐梦莘《三朝北盟会编》卷九八引赵子砥《燕云录》云：

> 靖康丙午冬，金人既破京城，当时下鸿胪寺取经板一千七百片。是时，子砥实为寺丞，兼是宗室，使之管押，随从北行。丁未五月，至燕山府。

又《靖康要录》卷十五云：

> （靖康二年二月）二日，坏司天台浑仪，输军前。虏图明堂九鼎，观之，不取。止索三馆文籍图书、国子书板。

由以上记载我们知道，汴京陷后，北宋三馆文籍图书、国子监书版全部为金人掳掠而去。因此，宋高宗南渡以后，遂计划复刻北宋监本。《玉海》卷四三《艺文部》云：

> 绍兴九年九月七日，诏下诸郡，索国子监元颁善本校对镂板。十五年闰十一月，博士王之望请群经义疏未有板者，令临安府雕造。二十一年五月，诏令国子监访寻五经三馆旧监本刻板。上曰："其他阙书，

亦令次第镂板，虽重修所费亦不惜也。”由是经籍复全。

又宋李心传《建炎以来朝野杂记》亦云：

> 监本书籍，绍兴末年所刊。国初艰难以来，固未暇及。九年九月，张彦实待制为尚书郎，始请下诸道州学取旧监本书籍镂板颁行。从之。然所取者多有残缺，故胄监刊六经无《礼记》，正史无《汉书》。二十一年五月，辅臣复以为言。上谓秦益公曰："监中其他阙书，亦令次第镂板。虽重有费不惜也。”由是经籍复全。

根据以上资料，知北宋监本至绍兴年间均曾复刻。王国维《五代两宋监本考》认为，南宋国子监曾刻九经三传正文、经注本及单疏本。此说是否可以尽信，现今已无法作肯定的论断。不过，今世流传的单疏本九经三传及三朝本诸史，可以确定是南宋绍兴年间国子监刻本。唯宋高宗南渡以后，内府物力艰难，所谓国子监本，其实都是临安府及各州郡所刻，所以魏了翁《六经正误序》及岳珂《九经三传沿革例》都说“南渡监本，尽取诸江南诸州”。

北宋地方政府刻书，尚未兴盛。根据清代藏书志的记载，则司、库、军、郡、府、县均有刻书。南宋偏安江左，而江南本为刻书极盛的地区，内府既倡之于上，于是地方政府亦相率刻书，风起云涌，极一时之盛。地方政府所刻的书有种种不同的名目，用地方政府公库钱刻印的总称为公使库本。公使库刻的书很多，叶德辉《书林清话》所载的，即有苏州公使库、吉州公使库、明州公使库、沅州公使库、舒州公使库、抚州公使库、台州公使库、信州公使库、泉州公使库、鄂州公使库十个。每一个公使库，都刻有几种书，其中以抚州公使库刻的《郑注礼记》最为有名。又可依其官署名称分为各路茶盐司、漕司、转运司、安抚司、提刑司等，其中，两浙东路茶盐司所刻群经注疏本是合刻经文注文及义疏的开始，最为学者所重视。此外，有州军学、郡斋、郡庠、郡学、县斋、县学、学宫、頖宫以及各州府县等，又有各处书院，如婺州丽泽书院、象山书院、泳泽书院、龙溪书院、竹溪书院、环溪书院，建宁府建安书院，吉州白鹭洲书院等，都有刻本。南宋地方刻本传世的很多，大都校勘精审，为后世所重。

（二）家刻本

家刻本指的是私人出资校刻的书。由于校刻人对于本书进行精细的校订，所以这种书在质量上一般是很可靠的。两宋私家刻书，据叶德辉《书林清话》所录，有岳珂相台家塾、廖莹中世彩堂、蜀广都费氏进修堂、临安进士孟琪、建邑王氏世翰堂、建安蔡子文东塾之敬室、瞿源蔡潜道宅墨宝堂、清渭何通直宅万卷堂、麻沙镇水南刘仲吉宅、麻沙镇南斋虞千里、建溪三峰蔡梦弼傅卿家塾、吴兴施元之三衢坐啸斋、锦溪张监税宅、建安陈彦甫家塾、梅山蔡建侯行父家塾、建安黄善夫宗仁家塾之敬室、建安魏仲举家塾、建安魏仲立宅、建安刘日新宅、建安刘叔刚宅、建安虞氏家塾、眉山程舍人宅、姑苏郑定、钱唐王叔边家、茶陵谭叔端等家。其中以岳珂相台家塾所刻五经最为著名，被后代推为模范善本。其他如廖莹中世彩堂刻五经及《韩柳集》、蜀广都费氏进修堂刻《资治通鉴》、建溪三峰蔡梦弼家塾刻《史记》、建安黄善夫家塾刻《史记》及《汉书》、建安魏仲立宅刻《新唐书》、建安刘叔刚宅刻《附释音毛诗注疏》及《礼记注疏》、眉山程舍人宅刻《东都事略》、建安魏仲举家塾刻《韩柳集》、钱唐王叔边家刻《汉书》及《后汉书》，皆极有名。

（三）坊刻本

坊刻本指的是一般书商所刻的书。两宋书坊刻书，以浙江、福建、四川三处为最盛。三处坊肆甚多，浙江最有名的是临安府棚北大街陈宅书籍铺。在图书版本学上，我们常见到“书棚本”之名，所谓“书棚本”，就是南宋临安陈起父子所刻的书。陈起所开书肆名芸居楼，在棚北大街睦亲坊，因此陈氏刻书之木记多题“临安府棚北大街陈宅书籍铺印行”或“临安府棚北大街睦亲坊南陈宅刊本”等。“书棚本”之名，即由此而来。陈氏父子刻书甚多，几乎遍及唐宋人小说和诗文集，唐人集可能刻了百种以上，宋人集则分编为《江湖前集》、《江湖后集》、《江湖续集》、《中兴江湖集》各若干卷。书棚本今尚传世的有《常建诗集》、《王建诗集》、《张司业诗集》、《周贺诗集》、《朱庆馀诗集》、《李群玉诗集》、《碧云集》等唐人集及《南宋群贤小集》（今名）。临安著名之书坊，尚有尹家书籍铺，所刻书末往往有木记题“临安府太庙前尹家书籍铺刊行”或“临安府太庙前经籍铺尹家刊行”等。尹氏所刻书籍，以笔记小说较多。此外，浙江又有杭州大隐坊、杭州猫儿桥河东岸开笺纸马铺钟家、杭州钱唐门里车桥南大街郭宅经铺、临安府众安桥南贾官人经籍铺、金华双桂堂等坊肆。福建书坊的雕版事业，自南宋淳熙以来似乎比临安还要发达。它们大多集中在麻沙、崇化两镇。其中最有名的是余仁仲万卷堂，其雕版时间最长，所刻《春秋》三传，为坊肆刻本中之上品，至今为学者所重视。此外，尚有建宁府黄三八郎书铺、建宁书铺叶琪一经堂、武夷詹光祖月厓书堂、建安江仲达群玉堂、闽山阮仲猷种德堂、建阳陈八郎崇化书坊等坊肆。为了引人购买，这些书坊对许多通行的经史文集进行了加工，编刊了许多所谓纂图互注重言重意的经书和子书，以及科举考试需用的书，例如字书、韵书、类书文选等。值得注意的是，他们还刻了许多需要面较广泛的医卜星相书和日用百科全书。此外，这些书坊普遍附刻刊记，刊记文字日趋复杂。刊记原来是刊书人对本书表示负责的简单文字，这里却发展为纯商业性的宣传广告。而这个发展也正好说明建宁书坊的商品生产较临安书坊更活跃、更发达，从而形成了“福建本几遍天下”的局面。尽管当时一些士大夫嘲笑麻沙本质量低劣，但他们也不能不承认“建阳版本书籍行四方者无远不至”。所以，今日我们所见到的宋刻本，以福建刻本为最多。四川的刻书业自唐代印刷术发明以后就非常兴盛，北宋初年，四川刻印的书籍已传布全国，宋太祖开宝四年中央政府雕印的大藏经，全由成都工人担任。南宋时代，眉山的刻书业在成都的影响下，逐渐发展起来，到了南宋中叶，四川刻书业的中心已经由成都逐渐转移到眉山。当时眉山刻了不少唐宋诗文集总集，如《唐六十家文集》、《三苏文集》、《山谷后山诗注》、《淮海先生闲居集》、《国朝二百家名贤文粹》等。眉山书坊的字号较少，仅知道有书隐斋及万卷堂两处而已。字号少，一般可以表明规模较大的书坊数量少，这也可以看出眉山书坊虽盛，总还是不及建宁和临安。眉山以外四川的坊肆，尚有西蜀崔氏、广都裴氏，裴氏所刻《六家文选》相当有名。

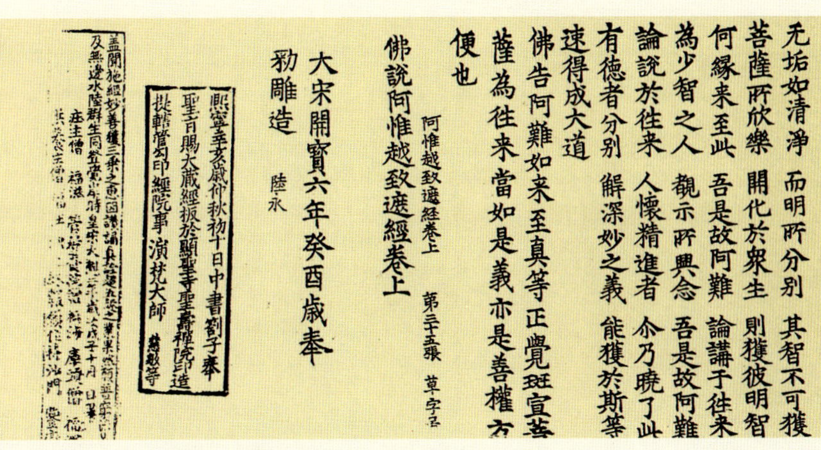

▲ | 《开宝藏·佛说阿惟越致遮经》

北宋开宝六年刻本，卷尾有“大宋开宝六年癸酉岁奉敕雕造”题记二行，原藏太原崇善寺。

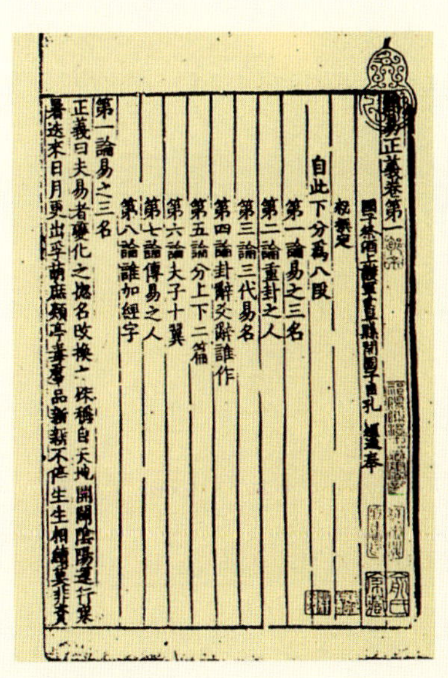

▲ | 《周易正义》

南宋绍兴间国子监刻本。

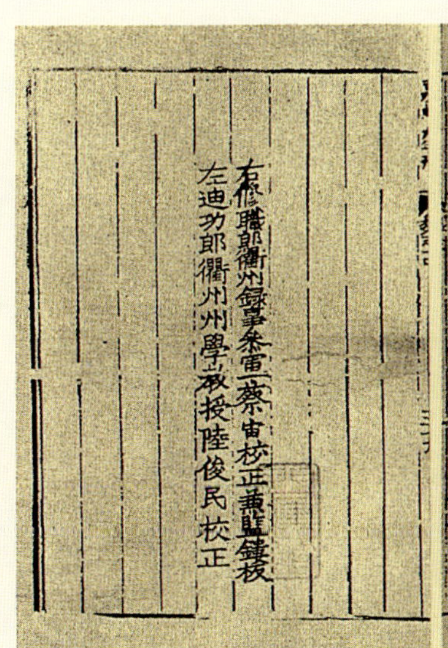

▲ | 《三国志》

南宋绍兴间衢州刻本，卷末有校勘人衔名。

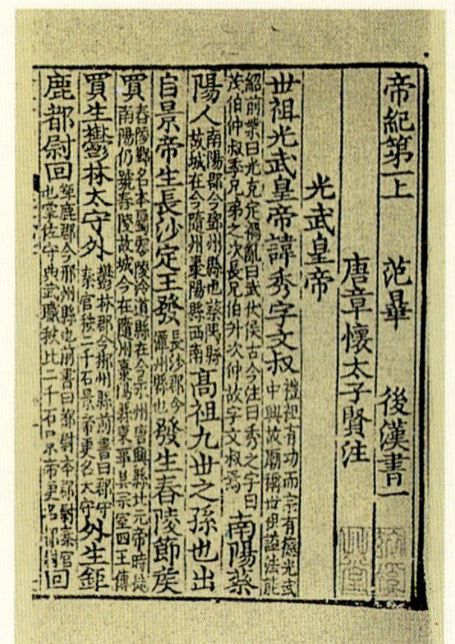

▲ | 《后汉书》

南宋福唐郡庠刻本。

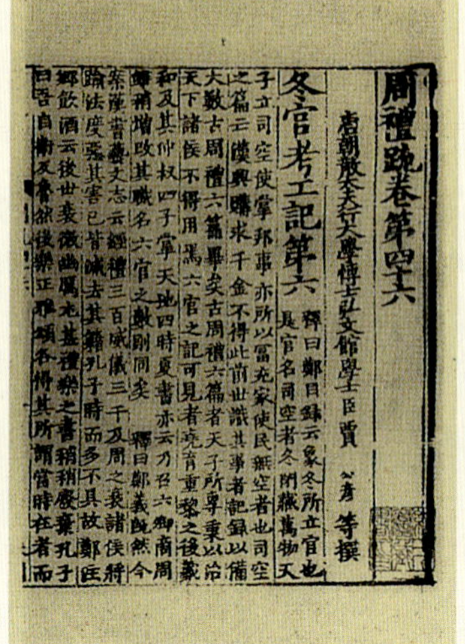

▲ | 《周礼疏》

南宋两浙东路茶监司刻本。

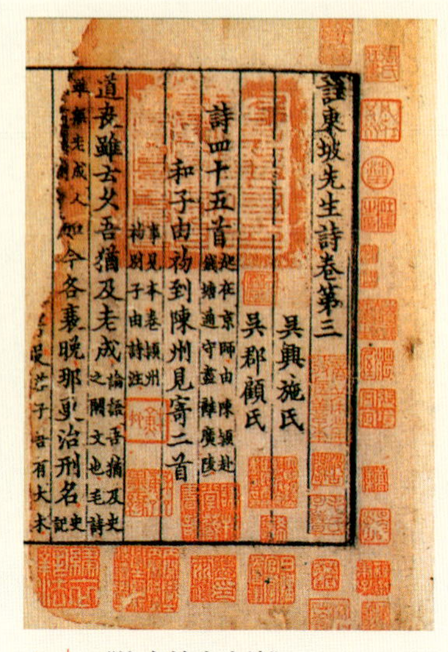

▲ | 《注东坡先生诗》

南宋淮东仓司刻本。

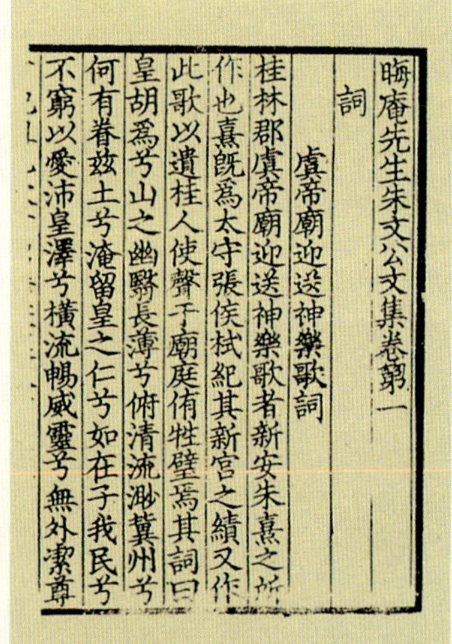

▲ | 《晦庵先生集》

南宋建安书院刻本。

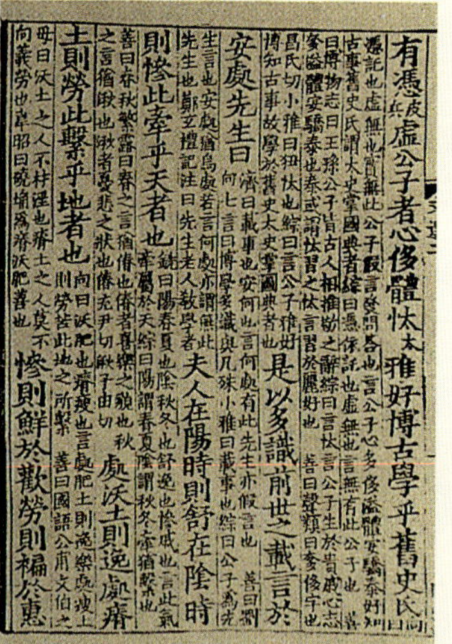

▲ | 《文选注》

南宋绍兴间明州刻本。

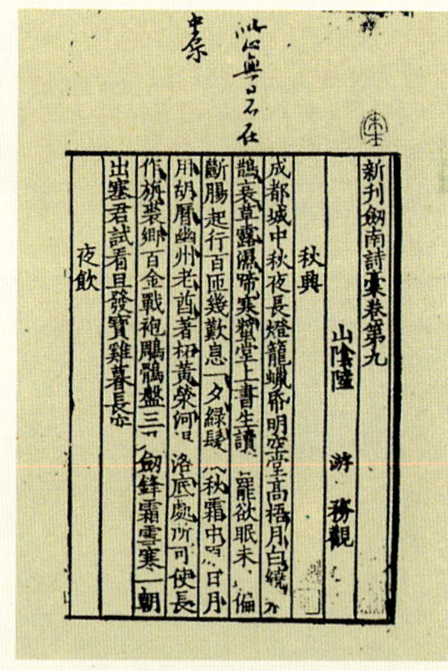

▲ | 《新刊剑南诗稿》

南宋淳熙十四年严州郡斋刻本。

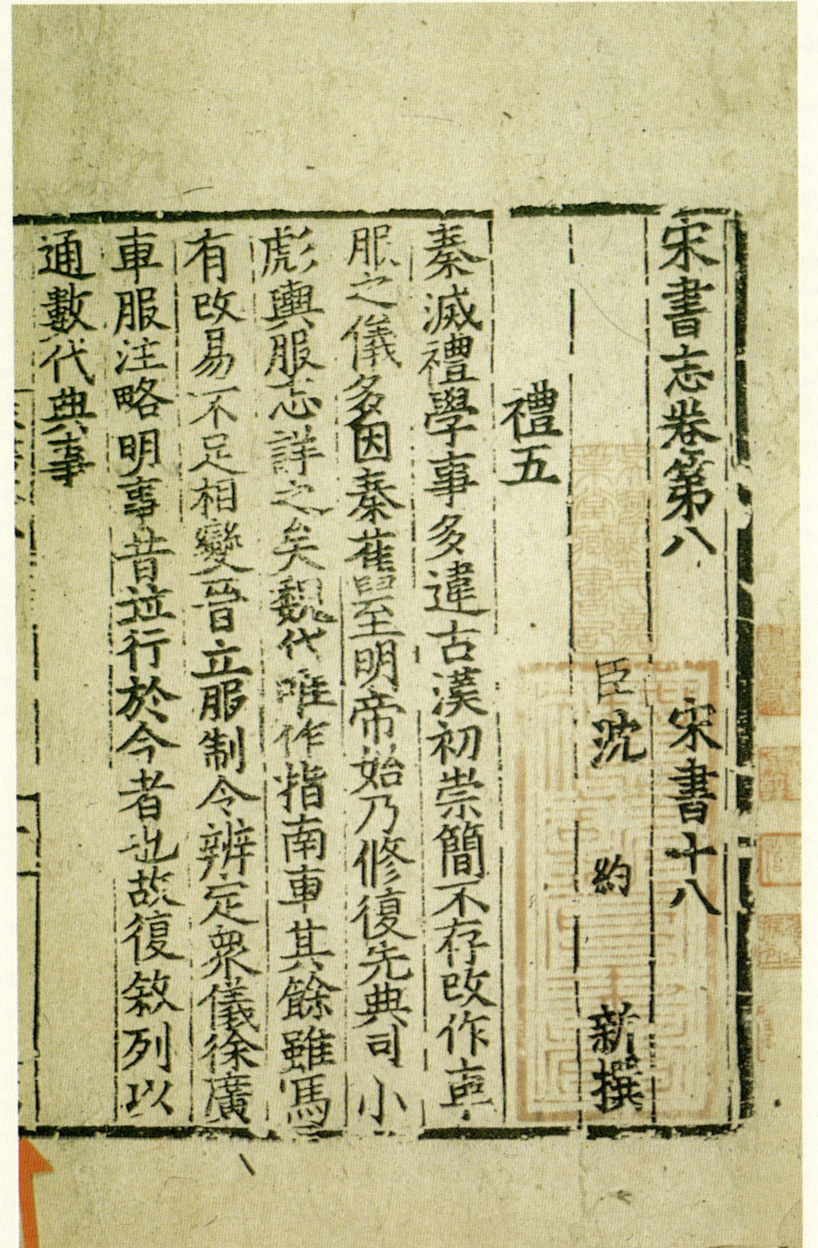

宋書志卷第八　　宋書十八

臣沈約新撰

禮五

秦滅禮學事多違古漢初崇簡不存改作車

服之儀多因秦舊至明帝始乃修復先典司小

彪輿服志詳之矣魏代唯作指南車其餘雖馬

有改易不足相變晉立服制令辨定衆儀徐廣

車服注略明事目竝行於今者也故復敍列以

通數代典事

《宋书》

南宋绍兴间国子监刻本。

《汉书》

南宋绍兴间两淮江东转运司刻本。

見尊不名稱爲主人翁飲大驩樂主迺請

賜將軍列侯從官金錢雜繒各有數於是

董君貴寵天下莫不聞郡國狗馬蹵鞠劒

客輻湊師古曰蹵音千六反鞠音鉅六反解在蓺文志董氏常從游戲

北宮馳逐平樂觀雞鞠之會角狗馬之足師古

曰角猶校也上大歡樂之於是上爲竇太主置酒

宣室使謁者引內董君是時朔陛戟殿下

師古曰持戟列陛側辟戟而前曰師古曰辟音頻亦反董偃有斬罪

三安得入乎上曰何謂也朔曰偃以人臣

頓首謝曰妾無狀師古曰狀形皃也無狀猶言無顔面以見人也一曰自言
所行醜惡無善狀負陛下身當伏誅陛下不致之法
頓首死罪有詔謝主贊履起之東箱自引
董君師古曰之往也董君綠幘傅韝應劭曰宰人服也韋昭曰韝形
如射韝以縛左右手於事便也師古曰綠幘賤人之服也傅著也韝即今之臂韝也傅讀曰附韝音工侯
反隨主前伏殿下主迺贊師古曰贊進也進傳謁辭館
陶公主胞人臣偃昧死再拜謁師古曰胞與庖同因
叩頭謝上爲之起有詔賜衣冠上師古曰上上坐偃
起走就衣冠主自奉食進觴當是時董君

南宋淳熙四年抚州公使库本。

《礼记》

人言水人所沐浴自絜清者至於深淵洪波所當畏慎也由近人之故或泳之游之褻慢而無戒心以取溺焉有德者亦如水矣初時學其近者小者以從人事自以爲可則侮狎之至於先王大道性與天命則遂扞格不入迷惑無聞如溺於大水矣

難親親之當畏敬如臨深淵口費而煩易出難悔易以溺人費猶惠也言口多空言且須繳也過言一出駟馬不能及不可得悔也口舌所覆亦如溺矣費或爲哱或爲悖夫民

閉於人而有鄙心可敬不可慢易以溺人言民不通於人道而心鄙詐難卒告喻人君敬慎以臨之則可若陵虐而慢之分崩怨畔君無所尊亦如溺矣故君子不

可以不慎也慎所可褻乃不溺矣太甲曰毋越厥命以自

覆也若虞機張往省括于厥度則釋越之言蹷也厥其也覆敗也言無自顛蹷女之政教以自毀敗虞主田獵之地者也機弩牙也度謂所擬射也虞人之射禽弩已張從機間視

敗大作毋以嬖御人疾莊后毋以嬖御士疾莊士大夫卿士葉公楚縣公葉公子高也臨死遺書曰顧命小謀小臣之謀也大作大臣之所爲也嬖御人愛妾也疾亦非也莊后適夫人齊莊得禮者嬖御士愛臣也莊士亦謂士之齊莊得禮者今爲大夫卿士子曰大人不親其所賢而信其所賤民是以親失而教是以煩親失失其所當親也教煩由信賤也賤者無壹德也詩云彼求我則如不我得執我仇仇亦不我力言君始求我如恐不得我既得我持我仇仇然不堅固則不力用我是不親信我也君陳曰未見聖若已弗克見既見聖亦不克由聖克能也由用也子曰小人溺於水君子溺於口大人溺於民言人不溺於所敬者溺

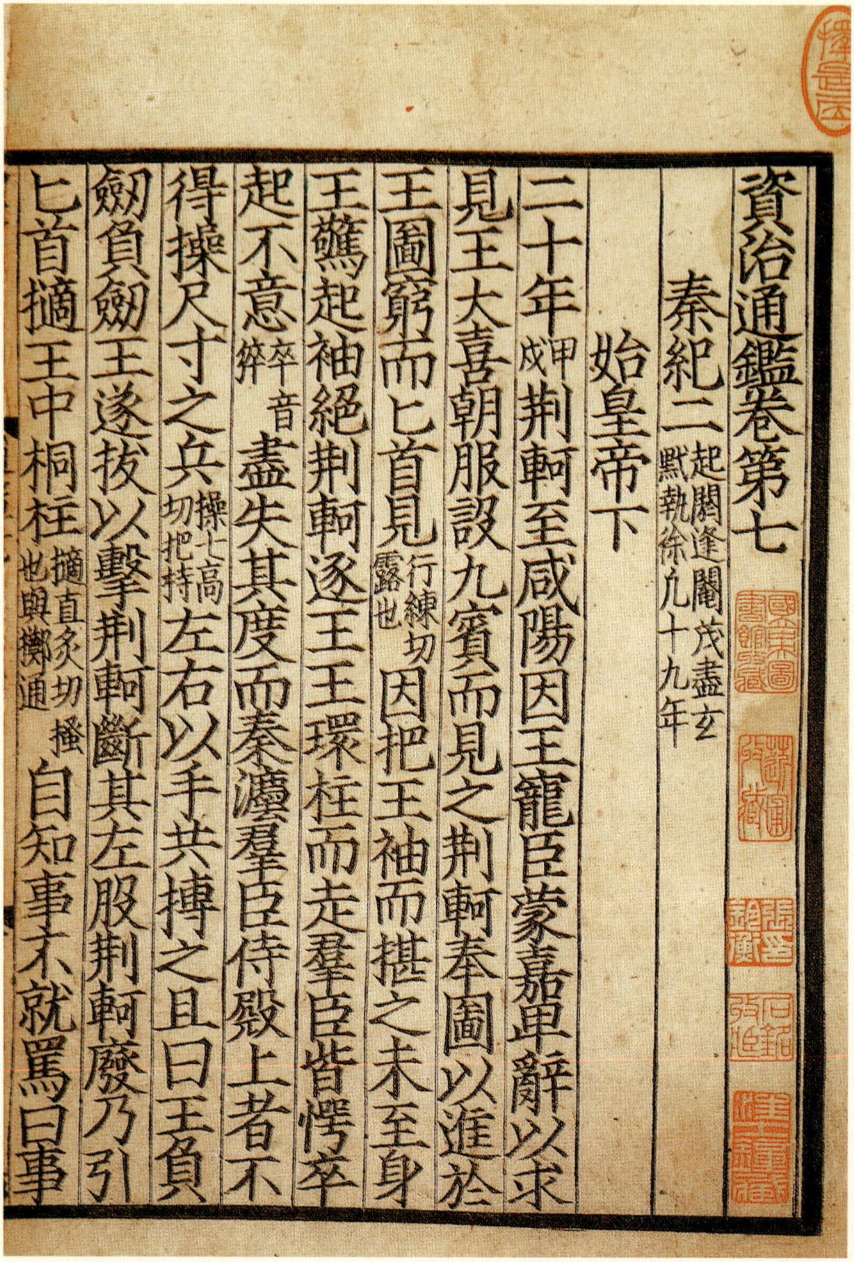

資治通鑑卷第七

秦紀二（起閼逢閹茂盡玄黓執徐九十九年）

始皇帝下

二十年（甲戌）荆軻至咸陽因王寵臣蒙嘉卑辭以求見王大喜朝服設九賓而見之荆軻奉圖以進於王圖窮而匕首見（行練切露也）因把王袖而揕之未至身王驚起袖絕荆軻逐王王環柱而走羣臣皆愕卒起不意（卒音猝）盡失其度而秦法羣臣侍殿上者不得操尺寸之兵（操七高切把持）左右以手共搏之且曰王負劒負劒王遂拔以擊荆軻斷其左股荆軻廢乃引匕首擿王中桐柱（擿直炙切擲也與擲通）自知事不就罵曰事

►—《资治通鉴》

南宋初期鄂州复北宋刊龙爪本。

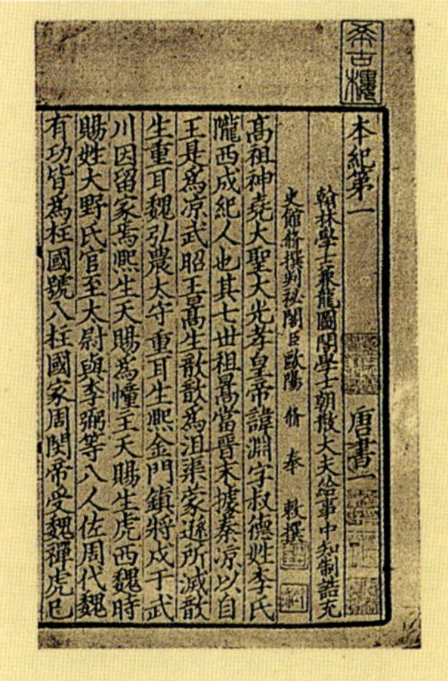

▲ |《唐书》

南宋中期建安魏仲立宅刻本。

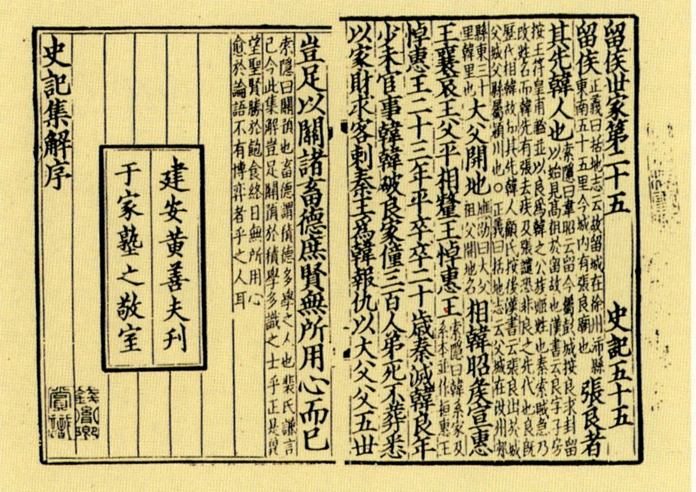

▲ |《周礼疏》

南宋乾道七年蔡梦弼东塾刻本。《三皇本纪》后有“建溪蔡梦弼傅卿亲校刻梓于东塾时岁乾道七年春王正上日书”题记二行。

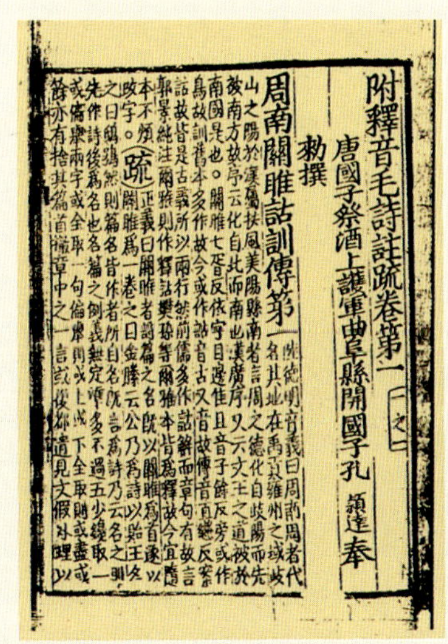

▲ |《附释音毛诗注疏》

南宋建安刘叔刚宅刻本

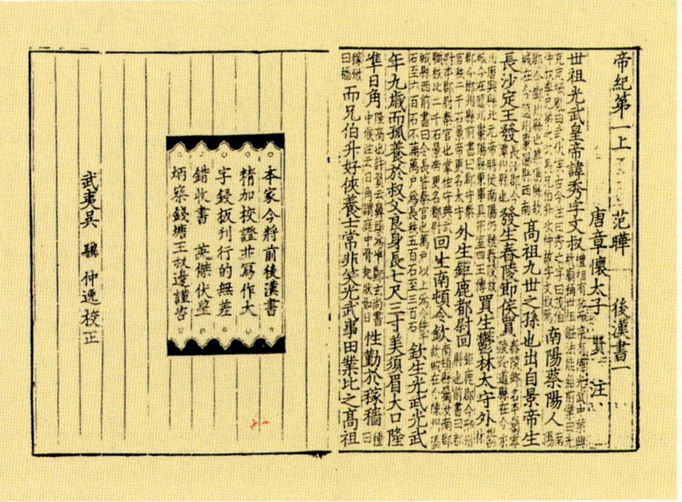

▲ |《后汉书》

南宋钱唐王叔边刻本。目录后有王叔边刻书牌记。

附録七

西蕃

第一百三十卷

附録八

交趾

東都事略目録終

眉山程舍人宅刊行
已申上司不許覆板

▶《东都事略》

南宋眉山程舍人宅刻本。目录后有『眉山程舍人宅刊行已申上司不许复板』牌记二行。

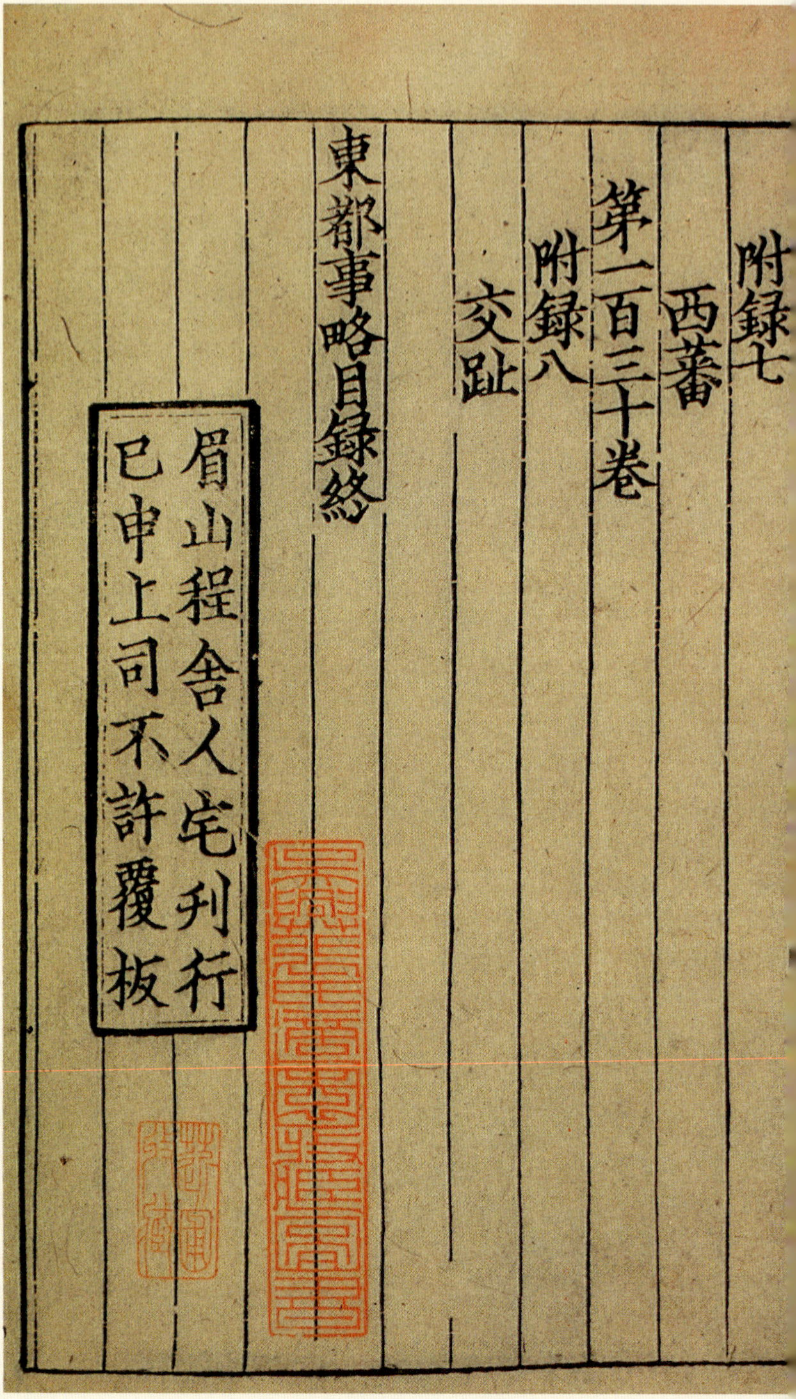

東都事略卷第一

承議郎新權知龍州軍州兼管内勸農事管界沿邊都巡檢使借紫臣王稱上進

本紀一

太祖啓運立極英武睿文神德聖功至明大孝皇帝其先出于帝高陽氏之後造父爲周穆王御破徐偃封趙城因氏焉自漢京兆尹廣漢居涿郡遂爲涿郡人至唐而　高祖僖祖皇帝生焉　僖祖仕至文安令　曾祖順祖皇帝仕歷藩府從事兼御史中丞　皇祖翼祖皇帝少有大志仕至涿州刺史贈左驍衛上將軍　皇考宣祖皇帝少驍勇善騎射而雅好儒素起家事趙王王鎔時梁晉爭天下晉求援於鎔鎔命　宣祖以五百騎赴之莊宗嘉其勇敢因留之命掌禁軍爲飛捷指揮使自同光

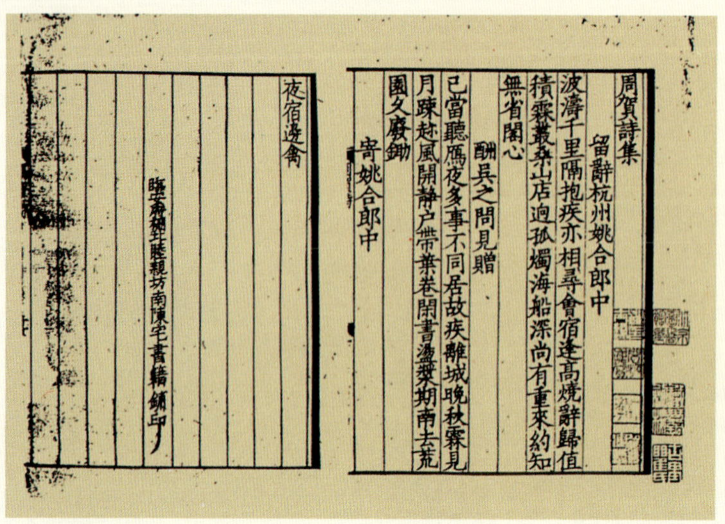
周賀詩集
留辭杭州姚合郎中
波濤千里隔抱疾亦相尋會宿逢高燒辭歸值
積霖叢衆山店迥孤燭海船深尚有重來約知
無省閣心
酬吳之問見贈
已當聽鴈夜多事不同居故疾離城晚秋霖見
月疎趍風開靜户帶棄卷閑書邊遊期南去荒
園又廢鋤
寄姚合郎中

臨安府棚北大街睦親坊南陳宅書籍鋪印

▲ |《周贺诗集》

南宋临安府陈宅书籍铺刻本。卷末有“临安府棚北大街睦亲坊南陈宅书籍铺印”牌记一行。

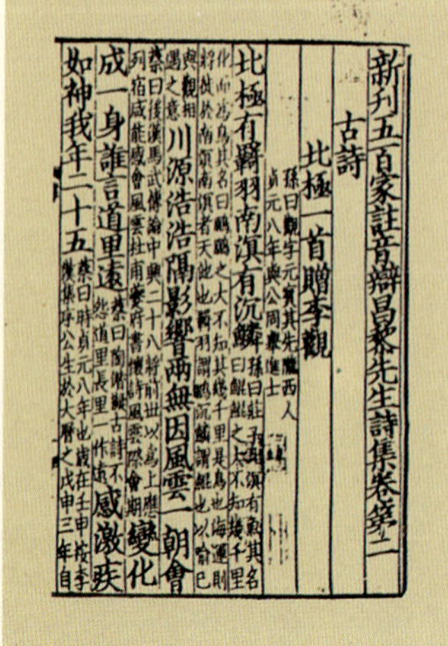
新刊五百家註音辯昌黎先生詩集卷第一
古詩
北極一首贈李觀
北極有羈羽南溟有沉鱗
川源浩浩隔影響兩無因風雲一朝會變化
成一身誰言道里遠感激疾
如神我年二十五

▲ |《新刊五百家注音辩昌黎先生集》

南宋建安魏仲举家塾刻本。

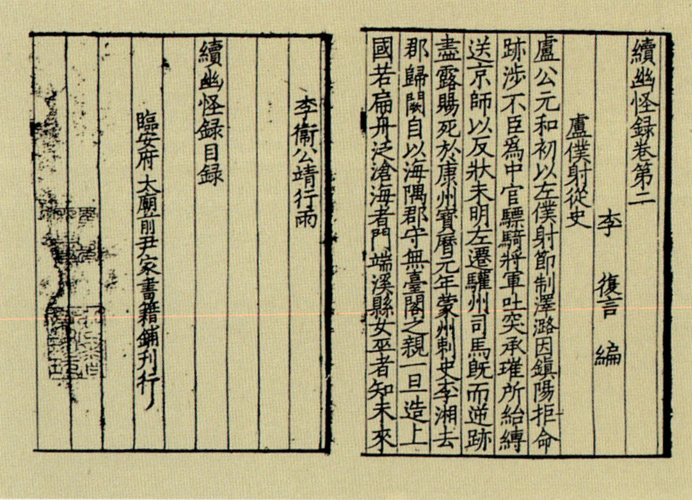
續幽怪録卷第二
李復言 編
盧僕射從史
盧公元和初以左僕射節制澤潞因鎮陽拒命
跡涉不臣爲中官驃騎將軍吐突承璀所給縛
送京師以反狀未明左遷驩州司馬既而逆跡
盡露賜死於康州寶曆元年蒙州刺史李湘去
郡歸闕自以海隅郡守無臺閣之親一旦造上
國若扁舟泛滄海者門端溪縣女巫者知未來

李衛公靖行雨
續幽怪録目録
臨安府太廟前尹家書籍鋪刊行

▲ |《续幽怪录》

南宋临安府尹家书籍铺刻本。目录后有“临安府太庙前尹家书籍铺刊行”牌记一行。

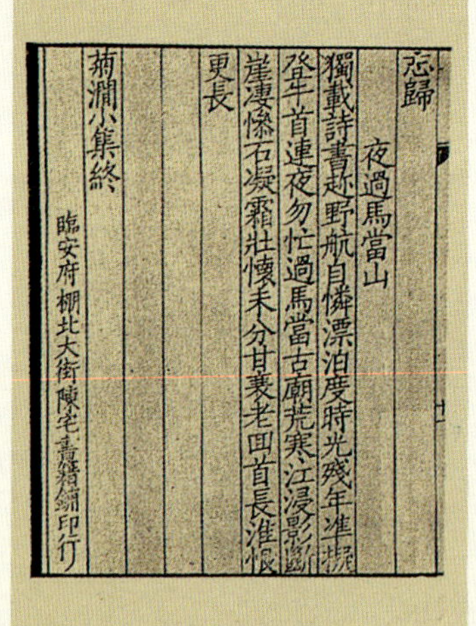
忘歸
夜過馬當山
獨載詩書赴野航自憐漂泊度時光殘年準擬
登年首連夜匆忙過馬當古廟荒寒江浸影斷
崖淒慘石凝霜壯懷未分甘衰老回首長淮恨
更長
菊澗小集終
臨安府棚北大街陳宅書籍鋪印行

▲ |《南宋群贤小集》

南宋临安府陈宅书籍铺刻本。卷末有“临安府棚北大街陈宅书籍铺刻行”牌记一行。

春秋公羊經傳解詁隱公第一。陸曰解詁佳買反下音古訓也

何休學。學者言爲此經之學即注述之意

元年春王正月。正月音征又音政後放此 元年者何 諸據疑問所不知故曰者何 君之始年也 以常錄即位知君之始年君魯侯隱公也年者十二月之總號春秋書十二月稱年是也變一爲元元者氣也無形以起有形以分造起天地天地之始也故上無所繫而使春繫之也不言公言君之始年者王者諸侯皆稱君所以通其義於王者惟王者然後改元立號春秋託新王受命於魯故因以錄即位明王者當繼天奉元養成萬物 春者何 獨在王上故執不知問 歲之始也 以上繫元年在王正月之上知歲之始也春者天地開辟之端養生之首法象所出四時本名也昬斗指東方曰春指南方曰夏指西方曰秋指北方曰冬歲者總號其成功之稱尚書以閏月定四時成歲是也。辟婢亦反本亦作闢稱尺證反下之稱甲稱同 王者孰謂 孰誰也欲言時王則無事欲言先王又無謚故問誰謂 謂文王也 以上繫王於春知謂文王也文王周始受命之王天之所命故上繫天端方陳受命制正月故假以爲王法不言謚者法其生不法其死與後王共之人道之始也 曷爲先言王而後言正月 據下秋七月天王先言月而後言王 王

績失據之過哉。余竊悲之久矣。往者略依胡毋生條例。毋音無 多得其正。故遂隱括。使就繩墨焉。隱括古奪反結也

公羊穀梁二書書肆苦無善本謹以家藏監本及江浙諸處官本參校頗加釐正惟是陸氏釋音字或與正文字不同如此序釀嘲陸氏釀作讓隱元年嫡子作適歸含作哈召公作邵桓四年曰蒐作廋若此者衆皆不敢以臆見更定姑兩存之以俟知者紹熙辛亥孟冬朔日建安余仁仲敬書

▶ 一《春秋公羊传解诂》

南宋绍熙二年余仁仲万卷堂刻本。

序后有绍熙二年建安余仁仲刻书广告六行。

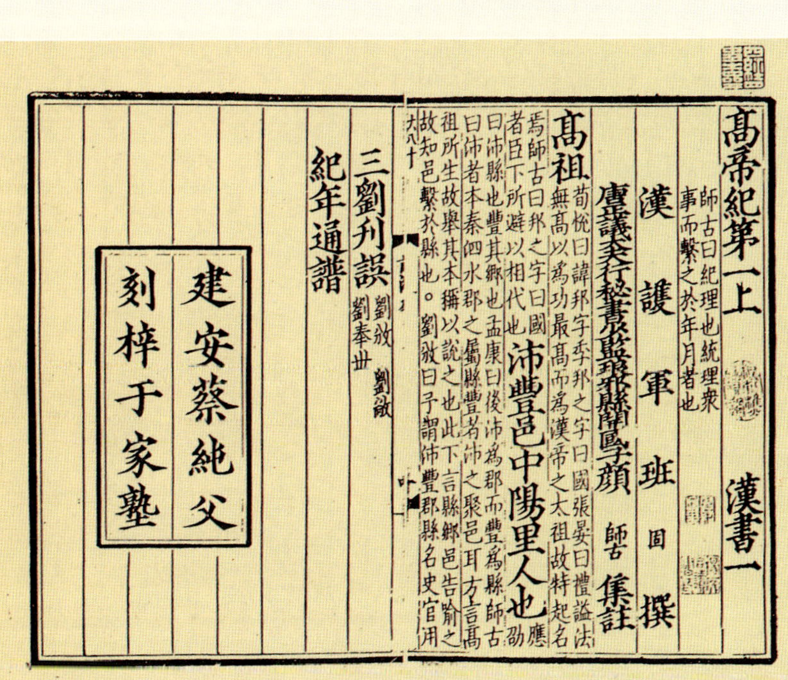

高帝紀第一上　漢書一

師古曰紀理也統理衆事而繫之於年月者也

漢　護軍　班　固　撰

唐正議大夫行秘書少監琅邪縣開國子顏　師古　集註

高祖 荀悅曰諱邦字季邦之字曰國張晏曰禮謚法無高以爲功最高而爲漢帝之太祖故特起名焉師古曰邦之字曰國者臣下所避以相代也 沛豐邑中陽里人也 應劭曰沛縣也豐其鄉也孟康曰後沛爲郡而豐爲縣師古曰沛者本秦泗水郡之屬縣豐者沛之聚邑耳方言高祖所生故舉其本稱以說之也此下言縣鄉邑告喻之故知邑繫於縣也。劉攽曰予謂沛豐郡縣名史官用

三劉刊誤 劉敞 劉攽 劉奉世

紀年通譜

建安蔡純父刻梓于家塾

▶ 一《汉书集注》

南宋蔡琪家塾刻本。

目录后有『建安蔡纯父刻梓于家塾』牌记二行。

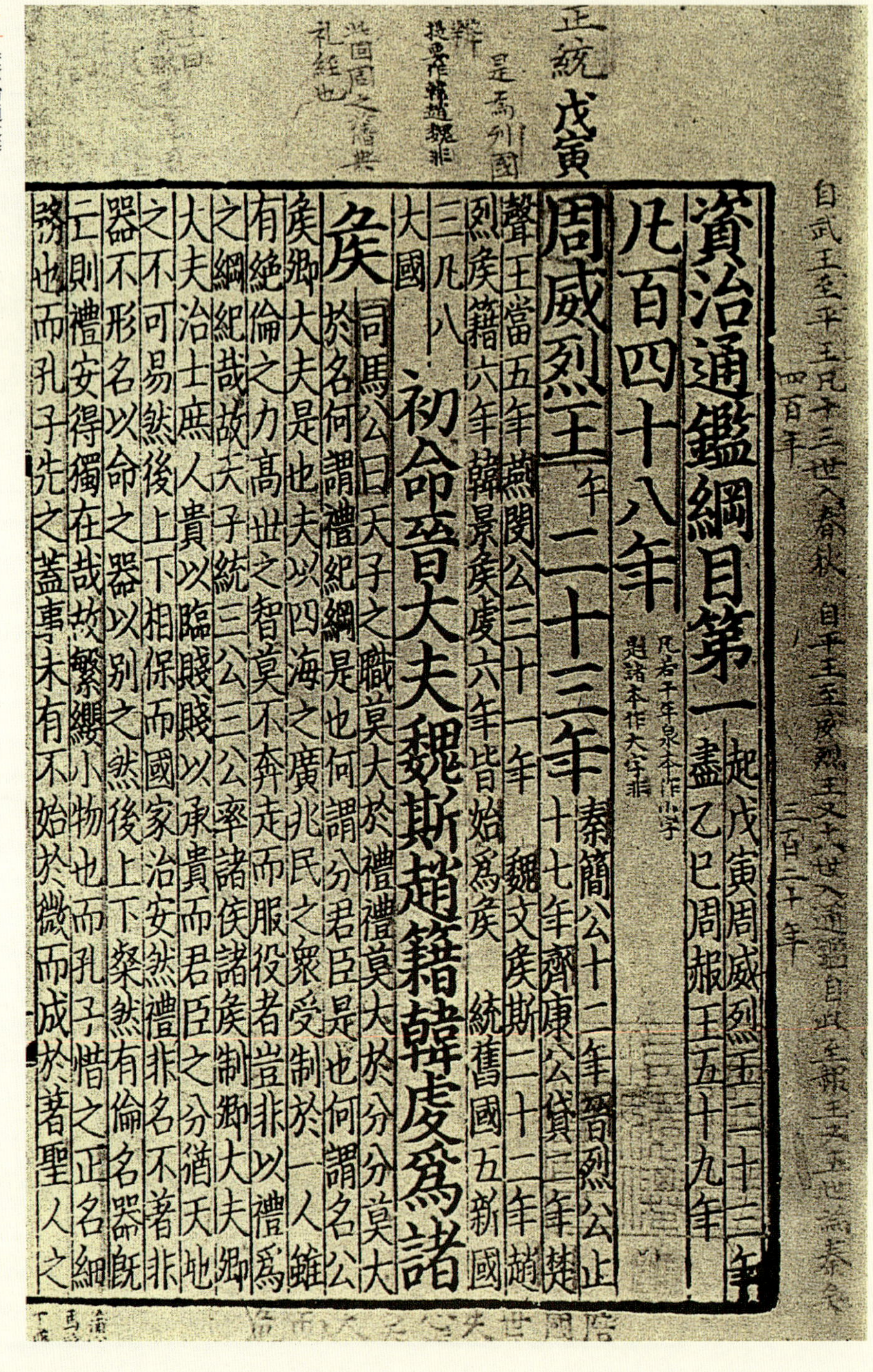
資治通鑑綱目第一 起戊寅周威烈王二十三年盡乙巳周赧王五十九年

凡百四十八年 凡右千年泉本作小字題諸本作大字非

周威烈王午二十三年 秦簡公十二年晉烈公止十七年齊康公貸三年楚聲王當五年燕閔公三十一年魏文侯斯二十一年趙烈侯籍六年韓景侯虔六年皆始爲侯 統舊國五新國三凡八大國

初命晉大夫魏斯趙籍韓虔爲諸侯

司馬公曰天子之職莫大於禮禮莫大於分分莫大於名何謂禮紀綱是也何謂分君臣是也何謂名公侯卿大夫是也夫以四海之廣兆民之衆受制於一人雖有絶倫之力高世之智莫不奔走而服役者豈非以禮爲之綱紀哉故天子統三公三公率諸侯諸侯制卿大夫卿大夫治士庶人貴以臨賤賤以承貴而君臣之分猶天地之不可易然後上下相保而國家治安然禮非名不著非器不形名以命之器以別之然後上下粲然有倫名器既亡則禮安得獨在哉故繁纓小物也而孔子惜之正名細務也而孔子先之蓋事未有不始於微而成於著聖人之

《资治通鉴》
南宋武夷詹光祖月厓书堂刻本。

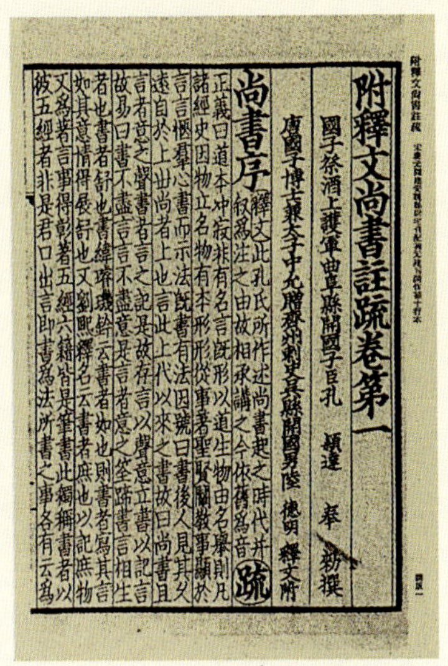

附釋文尚書註疏卷第一

國子祭酒上護軍曲阜縣開國子臣孔 穎達 奉 勑撰

唐國子博士兼太子中允贈齊州刺史吳縣開國男陸 德明 釋文附

尚書序【釋文】此孔氏所作述尚書起之時代并叙為注之由故相承講之今依舊為音【疏】

正義曰道本冲寂非有名言既形以道生物由名舉則凡諸經史因物立名物有本形形從事著聖賢闡教事顯於言言惬羣心書而示法既書有法因號曰書後人見其久遠自於上世尚者上也言此上代以來之書故曰尚書且言者意之聲書者言之記是故存言以聲意立書以記言故易曰書不盡言言不盡意是言者意之筌蹄書言相生者也書者舒也書緯璇璣鈐云書者如也則書者寫其言如其意情得展舒也又劉熙釋名云書者庶也以記庶物又為著言事得彰著五經六籍皆是筆書此獨稱書者以彼五經者非是君口出言即書為法所書之事各有云為

▲ | 《附释文尚书注疏》

南宋庆元间建安魏县尉宅刻本。

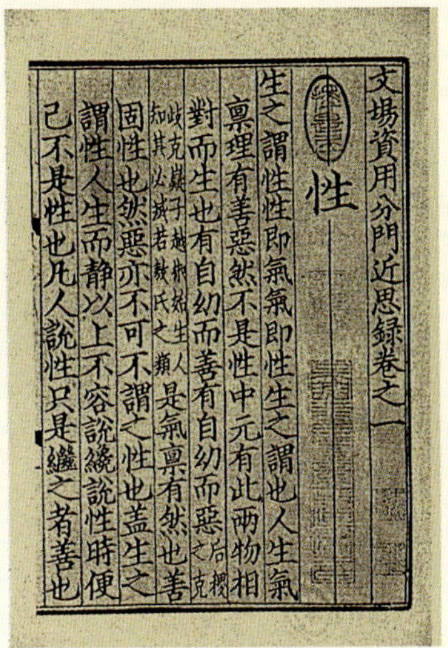

文場資用分門近思録卷之一

性

生之謂性性即氣氣即性生之謂也人生氣禀理有善惡然不是性中元有此兩物相對而生也有自幼而善有自幼而惡（后稷之克岐克嶷子越椒始生人知其必滅若敖氏之類）是氣禀有然也善固性也然惡亦不可不謂之性也蓋生之謂性人生而靜以上不容說纔說性時便已不是性也凡人說性只是繼之者善也

▲ | 《附释音周礼注疏》

南宋建阳刻本。

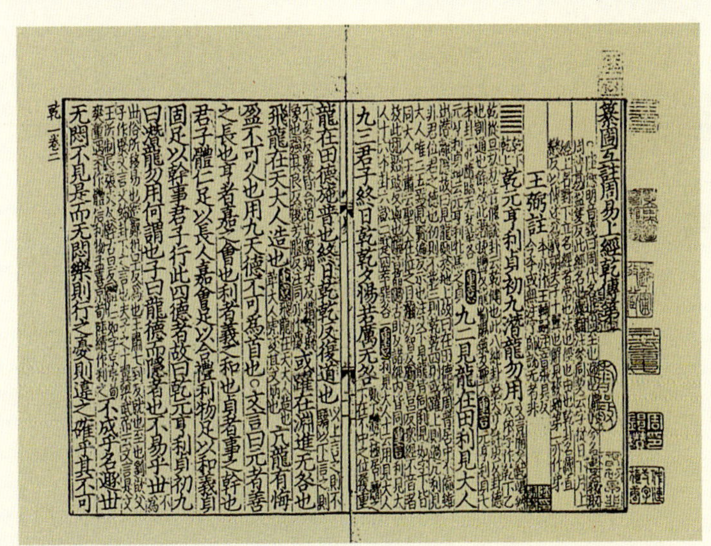

纂圖互註周易上經乾傳第一

王弼註

乾元亨利貞 初九潛龍勿用 九二見龍在田利見大人

九三君子終日乾乾夕惕若厲无咎

……見龍在田德施普也 終日乾乾反復道也 或躍在淵進无咎也 飛龍在天大人造也 亢龍有悔盈不可久也 用九天德不可為首也 文言曰元者善之長也亨者嘉之會也利者義之和也貞者事之幹也 君子體仁足以長人嘉會足以合禮利物足以和義貞固足以幹事君子行此四德者故曰乾元亨利貞 初九曰潛龍勿用何謂也子曰龍德而隱者也不易乎世不成乎名遯世无悶不見是而无悶樂則行之憂則違之確乎其不可

乾 一卷二

▲ | 《纂图互注荀子》

南宋建阳书坊刻本。

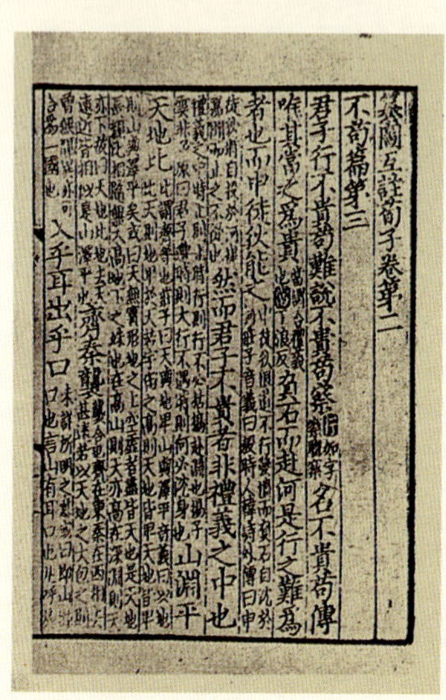

纂圖互註荀子卷第二

不苟篇第三

君子行不貴苟難說不貴苟察……名不貴苟傳

唯其當之爲貴……

然而君子不貴者非禮義之中也

天地比……山淵平……

齊秦襲……

入乎耳出乎口

▲ | 《纂图互注荀子》

南宋建阳书坊刻本。

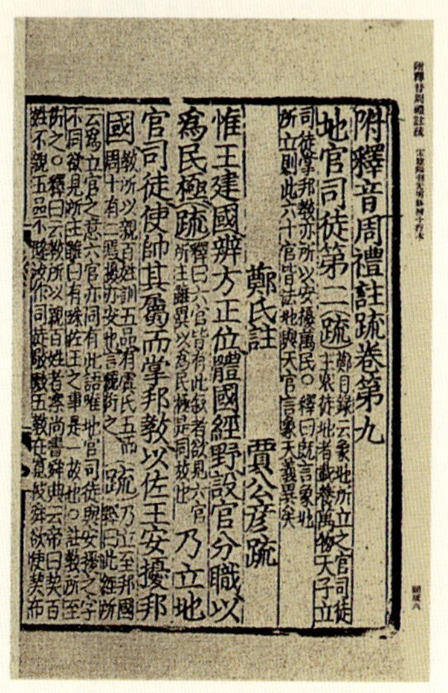

附釋音周禮註疏卷第九

地官司徒第二

鄭氏註　賈公彥疏

惟王建國辨方正位體國經野設官分職以爲民極

乃立地官司徒使帥其屬而掌邦教以佐王安擾邦國

▲ | 《文场资用分门近思录》

南宋末年建安曾氏家塾刻本。

李太白文集卷第一

草堂集序

宣州當塗縣令李陽冰

李白字太白隴西成紀人涼武昭王暠九世孫蟬聯珪組世爲顯著中葉非罪謫居條支易姓爲名然自窮蟬至舜七世爲庶累世不大曜亦可歎焉神龍之始逃歸于蜀復指李樹而生伯陽驚姜之夕長庚入夢故生而名白以太白字之世稱太白之精得之矣不讀非聖之書恥爲鄭衛之作故其言多似天仙之辭凡所著述言多諷興自三代已來風騷之後馳驅屈宋鞭撻揚馬千載獨步唯公一人故王公趨風列岳結軌羣賢翕習如鳥歸鳳盧黃門云陳拾遺橫制

▲ |《李太白文集》

北宋蜀刻本。

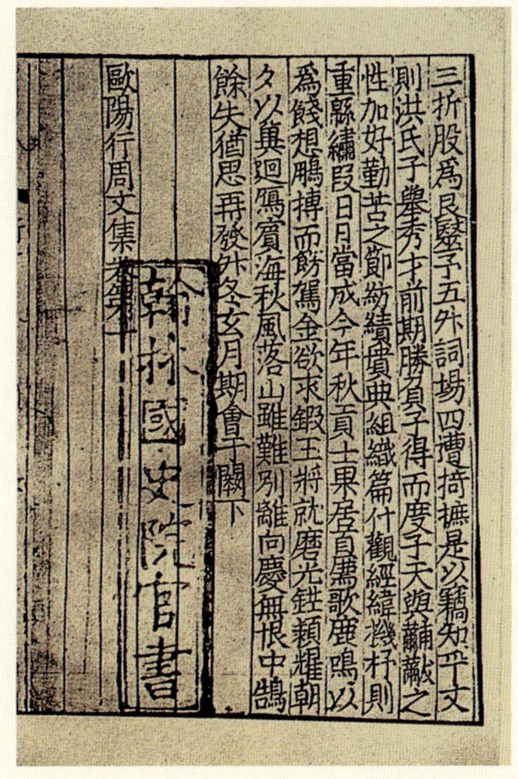

三折股爲良醫子五外詞場四禮掎摭是以竊知乎文則洪氏子舉秀才前期勝負子得而度子夭與蕭藏之性加好勤苦之節紡績墳典組織篇什觀經緯機杼則重縣繡段日月當成今年秋貢士果居首焉歌鹿鳴以爲餞想鵬搏而鷂翥金欲求鍛玉將就磨光鉎穎耀朝夕以巽迴鴻賓海秋風落山雖難別離向慶無根中鵠餘失猶思再發外冬玄月朔會于闕下

歐陽行周文集卷第

▲ |《欧阳行周文集》

南宋蜀刻本。

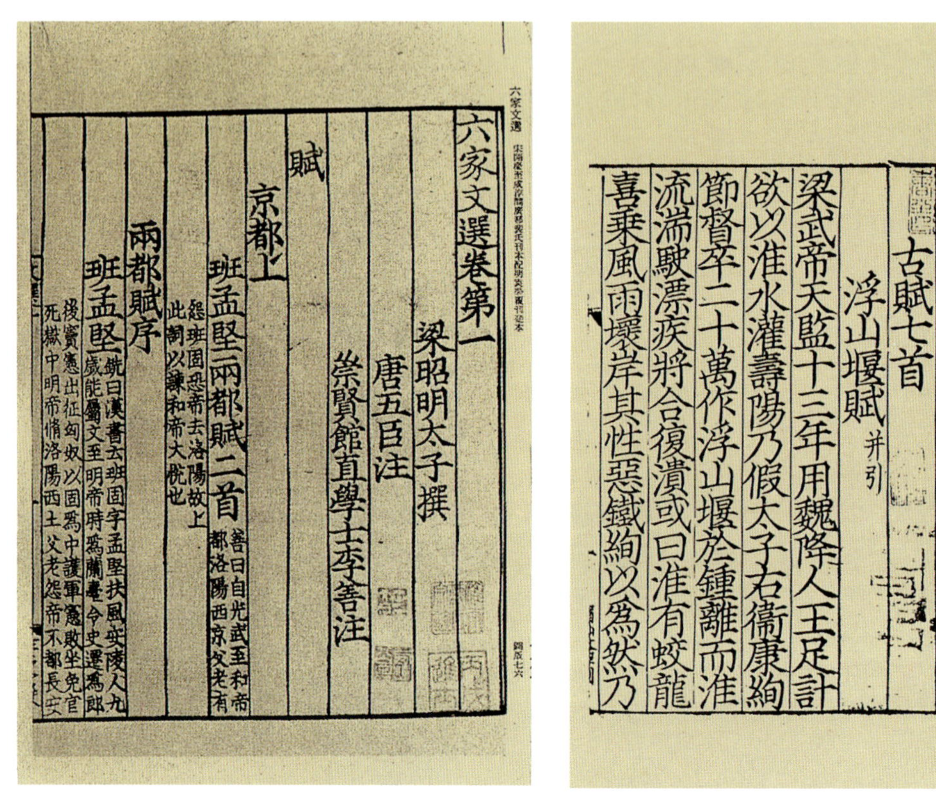

六家文選卷第一
梁昭明太子撰
唐五臣注
崇賢館直學士李善注
賦
京都上
班孟堅兩都賦二首 善曰自光武至和帝都洛陽西京父老有
怨班固恐帝去洛陽故上此詞以諫和帝大悅也
兩都賦序
班孟堅 銑曰漢書云班固字孟堅扶風安陵人九歲能屬文至明帝時爲蘭臺令史遷爲郎
後竇憲出征匈奴以固爲中護軍憲敗坐免官死獄中明帝惰洛陽西土父老怨帝不都長安

淮海先生閒居集卷第一
秦觀 少游
古賦七首
浮山堰賦 并引
梁武帝天監十三年用魏降人王足計
欲以淮水灌壽陽乃假太子右衛康絢
節督卒二十萬作浮山堰於鍾離而淮
流湍駛漂疾將合復潰或曰淮有蛟龍
喜乘風雨壞岸其性惡鐵絢以爲然乃

▲ 《六家文选》

南宋开庆至咸淳间广都裴氏刻本。

▲ 《淮海先生闲居文集》

南宋蜀刻本。

二、宋版书的特色

（一）宋版书的版式

所谓版式，就是一块书版的格式。我国雕版印刷的书都是单面印刷。纸面上印版所占的面积叫作版面。版面以外的余纸，上边叫天头，下边叫地脚。书版四周围以墨线，叫作版框，又称为边栏。书版四周只有一道粗墨线的，称为单栏。在粗墨线之内，又附一道细墨线的，称为双栏。上下两边没有细线，仅左右两边有细线的，称为左右双栏。上下左右全有细线的，称为四周双栏，俗又称为文武边栏。书版的中央留有一条不刻正文的部位叫版心。版心的作用是在将印刷页对折起来时作为标准，以免参差不齐。宋元时代流行蝴蝶装，文字向里对折，此部位在中心，故名。明初以后，改行包背装及线装，文字折向外面，此部位也变为向外，故又名版口。版心有专为折叠时作标记用的象鼻和鱼尾。版心的上下各有一道横线，从此横线至上下边栏形成上下各一个空格，叫作象鼻。象鼻中空白的称为白口；中间有一道细黑线的称为细黑口，或小黑口，或线口；若为粗墨线或全黑的称为大黑口或阔黑口。如果上象鼻中刻有书名的，称为花口。版心中间离上面约四分之一高的地方有一“【”形，称为鱼尾。仅有一鱼尾者，称为单鱼尾；有时版心下半也有一个鱼尾，称为双鱼尾。如下端无鱼尾就画一道横线。上下鱼尾的分叉处是全版面的中线，也就是对折的标准线。上下鱼尾之间，供刻记书名、卷数及页次。有的书在边栏外左上角或右上角附刻一个小框，称为书耳，或耳格，或耳子。书耳中所刻的文字，称为耳题。或虽无书耳，而于左右边栏之上角有题记的，亦称为耳题。

宋版书前期多白口，四周单边；后期多白口，左右双边，上下单边，少数四周双边。版心上鱼尾镌刻大小字数，上、下鱼尾之间镌刻书名、卷次、页码，下鱼尾下方镌刻刊工姓名。宋代刻书通行小题（篇名）在上，大题（书名）在下，撰者姓名又在大题之下。每卷前载列该卷的卷目，下属正文，又卷末大名往往仅间隔正文一行，与后代刻本不同。宋刻本大都有书耳，因为宋代流行蝴蝶装，书耳在左栏之外，翻阅时适当触手之处，便于检读。自明初改为包背装以及后来的线装，因为版心向外，边栏在内，故书耳无用，于是明以后的刻本不再刻书耳了。宋代官刻本多在卷末镌刻校勘人衔名，私宅、坊刻本多在卷末镌刻刻书题记或牌记。宋代刻书之所以形成这样的版式风格，可以说直接继承了简册、帛书、卷轴的风貌，但版印书籍的形式又不完全同于古写本的书籍。写本书尽可一行接一行地写下去，除在每篇每卷写完告一段落外，不必一版一版断开。版印书籍就不同了，尽管在行格、边栏方面仍可模拟古写本，但它必须受书版的限制，形成一块一块的形式。同时，考虑到这种版印书籍的装订形式与使用方便，于是又在一版中间留下书口，饰以鱼尾，镌刻书名、卷次、页码、大小字数和刊工姓名。这又是版印书籍所特有的形式，并且影响了后来元、明、清刻书的风格。所以说，对于后代书籍的形式来讲，宋版书的版式又是一个创新。

（二）宋版书的字体

宋代刻书的字体，大多模仿唐代的欧、柳、褚、颜诸家。由于各地所宗的书家不同，又形成了各种不同的特色，如两浙崇欧、福建学柳、四川崇颜。南宋国子监本、两浙东路茶盐司本，廖氏世彩堂、陈氏书籍铺所刻书

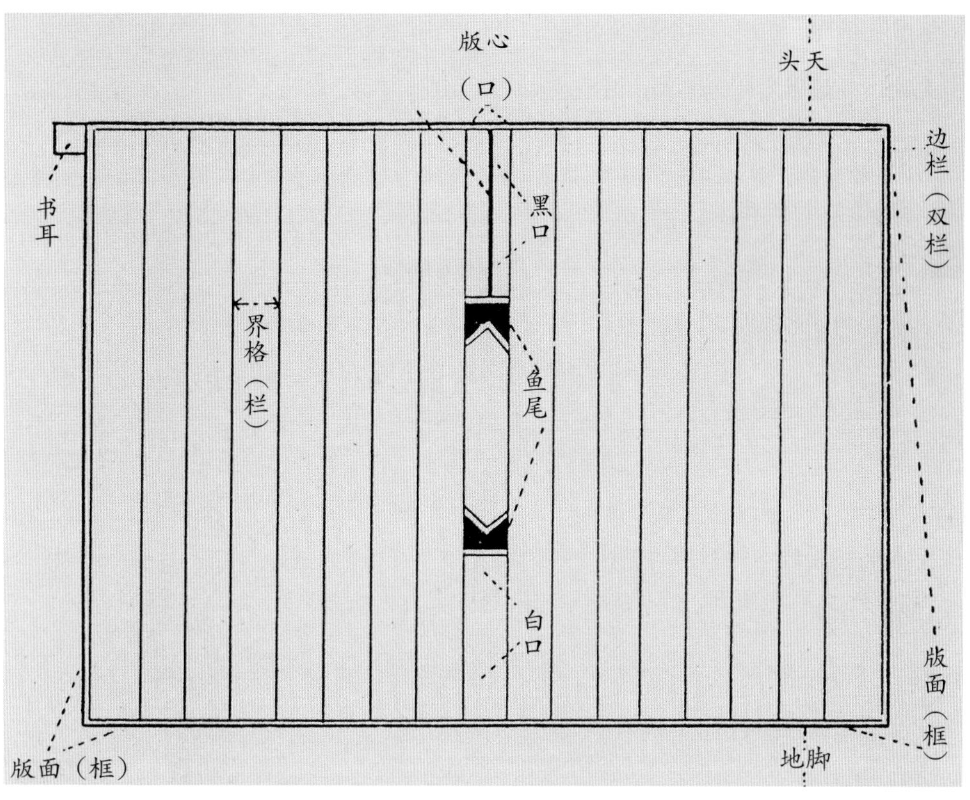
版心
（口）
头天
边栏（双栏）
书耳
黑口
界格（栏）
鱼尾
白口
版面（框）
版面（框）
地脚

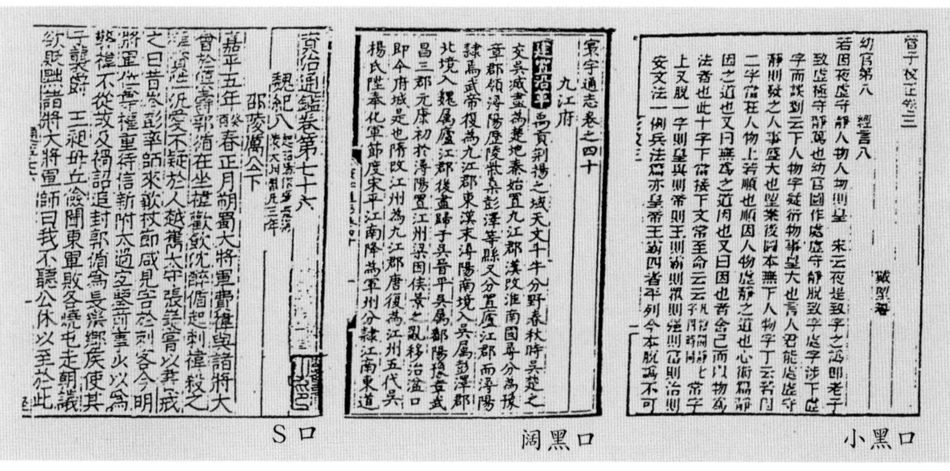
S口
阔黑口
小黑口

籍，字仿欧阳询，方正规整。建安黄善夫、刘叔刚等所刻书籍，字仿柳公权，笔势刚劲。成都眉山所刻书籍，字仿颜真卿，古朴厚重。

（三）宋版书的印纸

宋代刻书大都就地取材，采用桑树皮和楮树皮为造纸原料。福建盛产竹子，于是竹子也成了造纸原料。因此，专家们认为，宋版书的用纸，尽管名目很多，但就其质料来讲，多数是皮纸和竹纸。宋代三大刻书中心——两浙、福建与四川，均地处江南，桑、楮生长相当普遍。闽北又盛产竹子，就地取材，造纸印书，既经济又方便。据目前所见宋版书，浙刻本与蜀刻本多用皮纸，闽刻本则多用竹纸。

此外，宋版书多有讳字，尤其官刻本，避讳极严，坊刻则每多忽略。宋代所有皇帝的名字，皆须缺末笔，以示避皇帝讳；同音字则谓之嫌名，亦须缺笔避讳。若是当朝的国君，则将其名改刻“御名”二小字，或作“今上御名”四小字。

三、宋版书的形制

唐代以前长期采用的卷轴式、唐代出现的旋风叶和经折装，对于一版一版印刷出来的书籍来讲，都不尽适用。于是，两宋时代出现了蝴蝶装。《明史·艺文志》卷一总序记载，明代“秘阁书籍皆宋、元所遗，无不精美。装用倒折，四周向外，虫鼠不能损”。这里所说的“装用倒折，四周向外”指的就是蝴蝶装。这种装订方法，是将一版一版印好的书页，以鱼尾或中缝作为折叠的准心，将有文字的一面向里对折，形成版心在内、四周朝外的形式。然后把若干如此折好的书页，均从反面版心处相互粘连，再用一张厚纸对折之后粘于书脊作为书衣。最后将上下左三面裁齐，一书就装成了。从表面看来，蝴蝶装很像现在的精装书，但翻开后书页朝两面分开，状似蝴蝶展翅飞翔，所以称为蝴蝶装。蝴蝶装的图书放置时，以书口向下、书脊在上的方式直立排架。书根写有书名卷次的，则由靠书脊的地方向下写。蝴蝶装的优点是书脊保护严密，其余各边有损伤，可以随时裁去。又因全是粘连，没有凿孔穿线之处，以后若有改装，原书不会有损伤，在保护上是极方便的。缺点是书页反折，每读完一页，必须连翻两页，才能再读，打开时也容易遇着空白，不甚方便。且书脊处只用糨糊粘连，容易脱落。所以，我们今天所能看到的宋版书，多数已由后人改为线装形式了。

✣ 蝴蝶装

展开时，如蝴蝶展翅，极为美观。

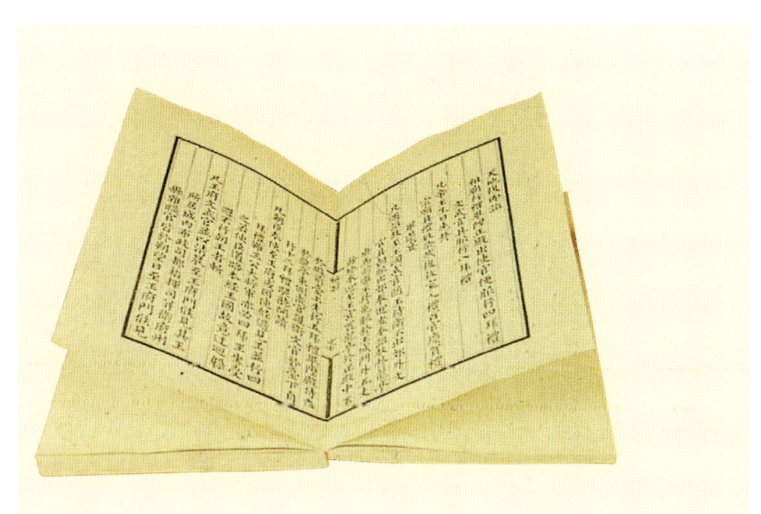

放置时，以书口向下、书脊在上的方式直立排架。

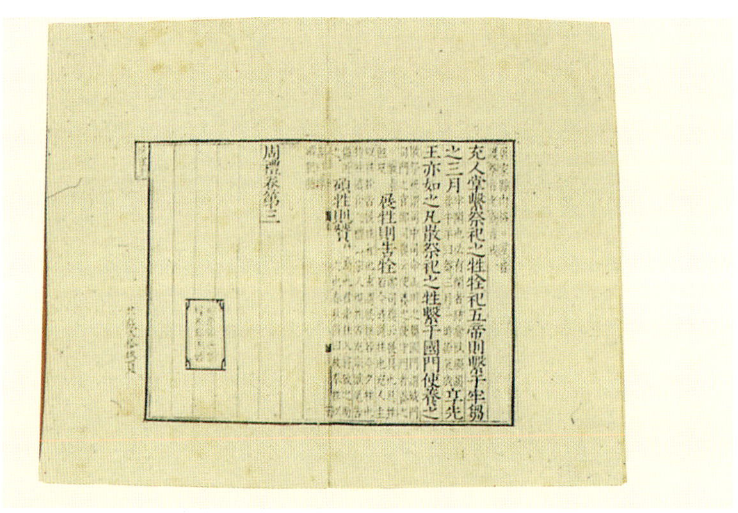
充人掌繫祭祀之牲牷祀五帝則繫于牢芻之三月
王亦如之凡散祭祀之牲繫于國門使養之
展牲則告牷
碩牲則贊
周禮卷第三

往往在版框的左上角附有书耳。

四、活字印刷的发明

宋代除了雕版印刷以外，又发明了活字版印书，北宋仁宗庆历年间（公元一〇四一年至一〇四八年），冶金工人毕昇发明了胶泥活字印刷术。宋沈括《梦溪笔谈》卷十八记载：

庆历中有布衣毕昇，又为活板。其法：用胶泥刻字，薄如钱唇，每字为一印，火烧令坚。先设一铁板，其上以松脂、蜡和纸灰之类冒之。欲印，则以一铁范置铁板上，乃密布字印，满铁范为一板，持就火炀之，药稍熔，则以一平板按其面，则字平如砥。若止印三二本，未为简易；若印数十百千本，则极为神速。常作二铁板，一板印刷，一板已自布字，此印者才毕，则第二板已具，更互用之，瞬息可就。每一字皆有数印，如“之”、“也”等字，每字有二十余印，以备一板内有重复者。不用，则以纸帖之，每韵为一帖，木格贮之。有奇字素无备者，旋刻之，以草火烧，瞬息可成。不以木为之者，文理有疏密，沾水则高下不平，兼与药相粘，不可取；不若燔土，用讫再火令药熔，以手拂之，其印自落，殊不沾污。

这是中国用活字印书之始，比欧洲古登堡活字版要早四百年。可惜，宋代活字印书一本也没有流传下来。

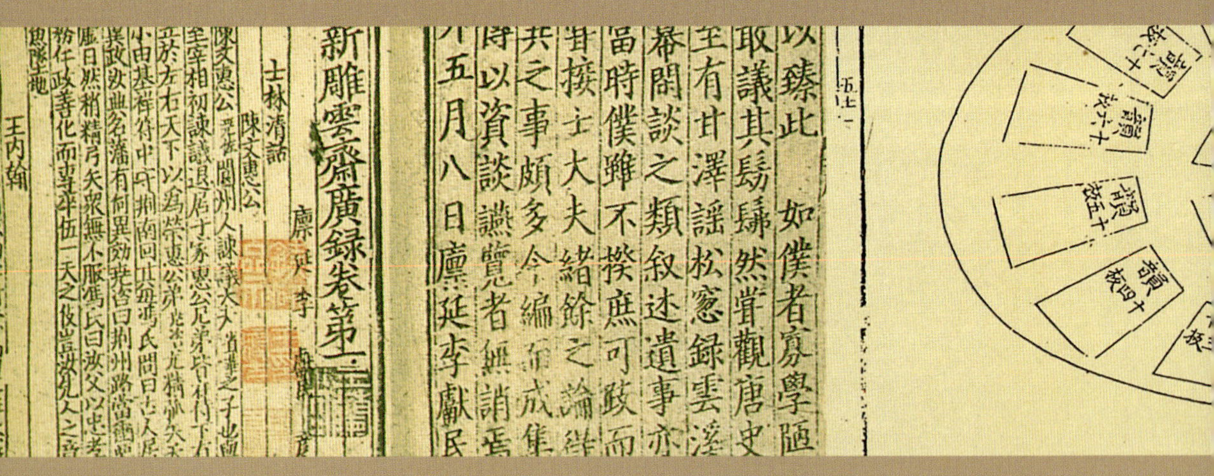

第五章

金、元时代的图书

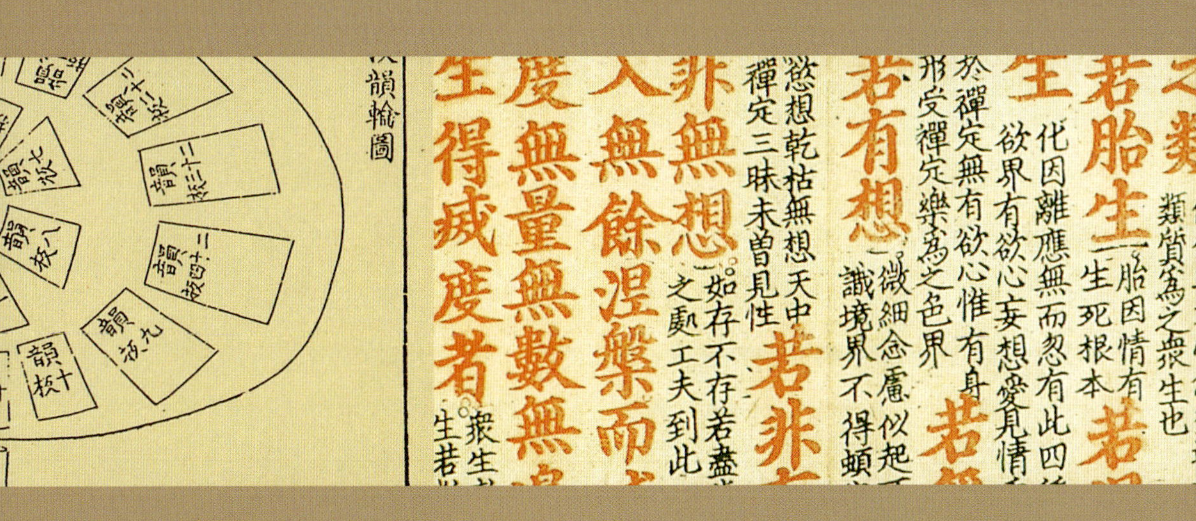

一、金代的图书

金人割据中原为时不久，且北方刻书之业本不兴盛，故金人所刻书籍，流传于后世的并不多见。金人统一北方后，曾于天德二年设官局于山西平阳，雕印经籍。据《金史》记载，经史二十九种，以及《老子》、《荀子》、《扬子》，“皆自国子监印之，授诸学校”。其实这些书都是金人劫取了北宋国子监书版后印行的，并非金人所刻。真正刻于金监的，只有《东坡奏议》及《山林长语》等数种而已。金刻本流传于世的，大都为私家坊贾所刊，且多刻于平水。平水在今山西境内，据说其地当在今山西运城新绛县境，地颇偏僻，兵事难以波及，故有坊刻行世。平水书坊著称于世的，据叶德辉《书林清话》卷四所载，有书轩陈氏，于大定丙午二十六年（宋淳熙十三年）刻《铜人腧穴针灸图经》五卷；李子文于大定己酉二十九年（宋淳熙十六年）刻《重刊增广分门类林杂说》十五卷；张谦于明昌壬子三年（宋绍熙三年）刻《新刊图解校正地理新书》十五卷；平水中和轩王宅于正大戊子五年（宋绍定元年）刻《道德宝章》一卷；晦明轩张宅于泰和甲子四年（宋嘉泰四年）刻《经史证类大观本草》三十卷，泰和丙寅六年（宋开禧二年）刻《丹渊集》四十卷、《拾遗》二卷、《附录》一卷。平水之外，则有嵩州福昌孙夏氏书籍铺，于贞祐甲戌二年（宋嘉定七年）刻《经史证类大观本草》三十一卷、《本草衍义》二十卷。此外，金刻本传世的，尚有《泰和五音新改并类聚四声篇》、《新雕云斋广录》及《南丰曾子固先生集》等。平水又称平阳，为金代的出版中心，此地生产白麻纸，所以金刻本都用白麻纸。金版的刀法迥异中原，从起刀、收刀之法更可以看出来。金版直笔起刀，从左横弯切直，

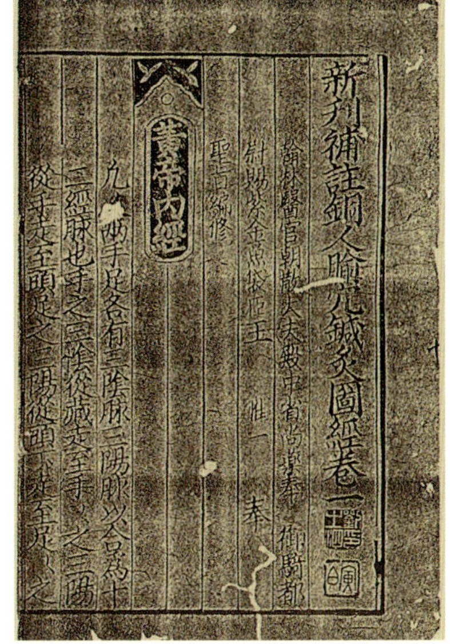

《新刊补注铜人腧穴针灸图经》
金大定二十六年书刊陈氏刻本。

《重修政和经史证类备用本草》
金泰和四年晦明轩张宅刻本。

《泰和五音新改并类聚四声篇》
金泰和八年刊元代修补本。

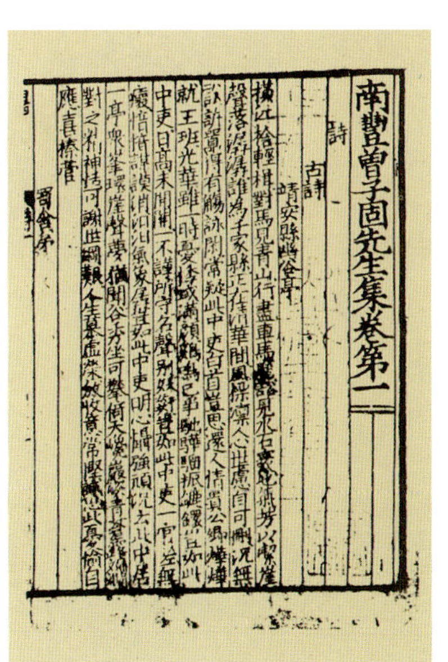

《南丰曾子固先生集》
金刻本。

▲《重校正地理新书》

金明昌三年张谦刻本。左上栏外有耳题“宅居地形”。

▲《新雕云斋广录》

金刻本。

这种刀法是中原所无的。

二、元代的雕版书

元代继承宋代之后，在图书出版方面，沿着南宋的风气而更推进了一步。元代雕印的书籍，正如宋代一样，可以分为官刻本、家刻本及坊刻本三类。

（一）官刻本

官刻本以兴文署的刻本最为有名，其中刊刻最早而最好的是胡三省注《资治通鉴》。《元史·百官志》云："至元二十七年，立兴文署，召工刻经史子板，以《资治通鉴》为起端。"兴文署以外有艺文监，掌儒书之蒙古文翻译及儒书之校勘。艺文监由两个部分所组成，其中，艺文库职掌藏书，广成局职掌刻书，但是艺文监所刻书籍流传很少。其他中央官署也有刻书的，如延祐三年国子监刻小字本《伤寒论》及大德四年太医院刻《圣济总录》等。

元代地方官署刻书亦极兴盛。《元史·仁宗纪》载："延祐五年，以江浙省所印《大学衍义》五十部赐朝臣。"又载："集贤大学士、太保曲出言：'唐陆淳著《春秋传例》、《辨疑》、《微旨》三书，有益后学，请令江西行省锓梓以广其传。'从之。"由此可知，当时各行省亦主持刻书，今传世者，有江浙行省所刻之《礼经会元》、《六书统》、《书学正韵》等。地方政府刻书，以大德间九路所刻的十七史为最著名，今可考者，有瑞州路刻《史记》、《隋书》，太平路刻《汉书》，宁国路刻《后汉书》，池州路刻《三国志》，集庆路刻《晋书》、《新五代史》，建康路刻《新唐书》，信州路刻《北史》、《南史》，杭州路刻《宋史》、《辽史》、《金史》等。其他各路亦有刻本流传。此外，各州、府、县刻书更多（所谓郡学、郡庠等刻本，皆各州府所刻），其中以至治二年福州路三山郡庠所刻之《通志》最为著名。

元代地方刻书，多由书院领其事。元时州县皆有学田，以供师生廪饩，余款悉用以刻书。书院由山长主管，山长多半是有学问的人，亲自校勘，所以书院刻本最好，颇为后人所称道。元代全国有书院一百二十个，故所刻之书亦多，较有名的书院有兴贤书院、广信书院、宗文书院、梅溪书院、圆沙书院、西湖书院、苍岩书院、椿庄书院、武溪书院、龟山书院、建安书院、屏山书院、豫章书院、南山书院、临汝书院、桂山书院、梅隐书院、雪窗书院、环溪书院、泳泽书院。其中，以临汝书院刻《通典》，西湖书院刻《文献通考》，广信书院刻《稼轩长短句》，圆沙书院刻《山堂考索》，武溪书院刻《事文类聚》较为有名。

（二）家刻本

元代私家刻书之风，亦不让于两宋。较著名有天历三年陈忠甫宅所刻之《楚辞集注》，前至元二十五年吉州安福彭寅翁所刻之《史记》，至元六年孙存吾益友书堂所刻之《范德机诗集》，天历元年范氏岁寒堂所刻之《范文正公集》，麻沙刘通判所刻之《纂图分门类题音注荀子》，相台岳氏荆溪家塾所刻之《春秋经传集解》及《论语集解》等。黄河以北则有元贞二年平阳府梁宅所刻之《论语注疏》，大德十年平水许宅所刻之《重修政和经史证类备用本草》，大德十年平水中和轩王宅所刻之《礼部韵略》，大德三年平水曹氏进德斋所刻之《尔雅郭注》、至大三年所刻之《中州集》，皇庆二年平水高昂霄尊贤堂所刻之《河汾诸老诗集》，平阳司家颐真堂所刻之《新刊御药院方》，中统二年平阳参幕段子成所刻之《史记集解附索隐》，碣石赵衍所刻之《李贺歌诗编》，泰定四年河东段氏所刻之《二妙集》等。可见到了元代，北方刻书业逐渐发达，而浙刻、蜀刻已不如宋时之盛。

（三）坊刻本

元代书坊刻书较官刻及家刻为多。福建建宁府是书坊聚集的地方，刻书最多，而建阳、建安两县尤为有名。这是沿着南宋风气发展下来的。其中，建安崇化镇的余氏勤有堂（刻《书蔡氏传旁通》、《国朝名臣事略》），麻沙镇的刘氏南涧书堂（刻《书集传》、《论语集注》）、刘锦文日新堂（刻《伯生诗续编》、《新编方舆胜览》）、虞平斋务本堂（刻《赵子昂诗集》、《周易程朱传义》、《道德经河上公章句》）、郑天泽宗文堂（刻元刘因《静修集》、《春秋经传集解》、《艺文类聚》）、叶氏广勤堂（刻《新刊王氏脉经》），以及东阳刘君佐翠岩精舍（刻《广韵》）都继续经营到明代，现存元代坊刻书籍多半是这几家的刊物。此外，平江路天心桥南刘氏梅溪书院、茶陵东山陈仁子古迂书院、燕山窦氏活济堂、建安陈氏余庆堂、桃溪居敬书堂、庐陵泰宇书堂等，都是元代有名的书坊，而燕山窦氏活济堂所刻医书尤为著名。

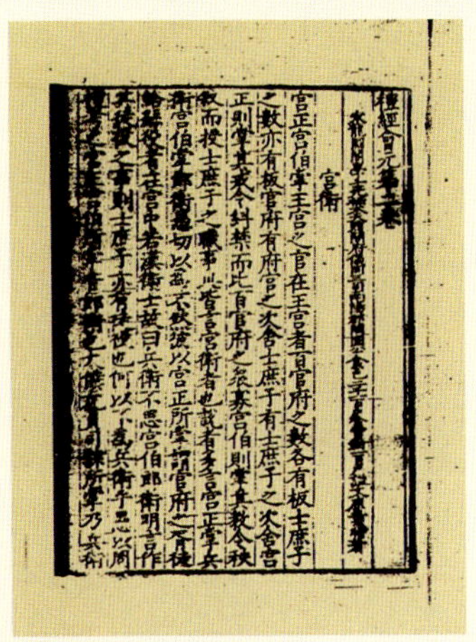

▲|《礼经会元》

元至正二十六年江浙行省刻本。

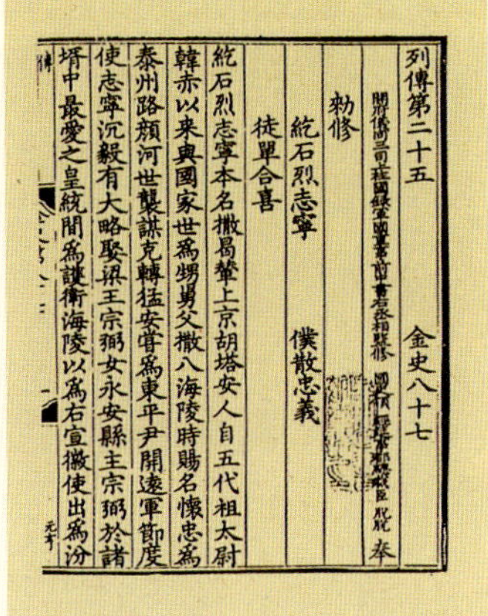

列傳第二十五 金史八十七

紇石烈志寧 僕散忠義

徒單合喜

紇石烈志寧本名撒曷輦上京胡塔安人自五代祖太尉

▲|《金史》

元至正五年江浙等处行中书省刻本。

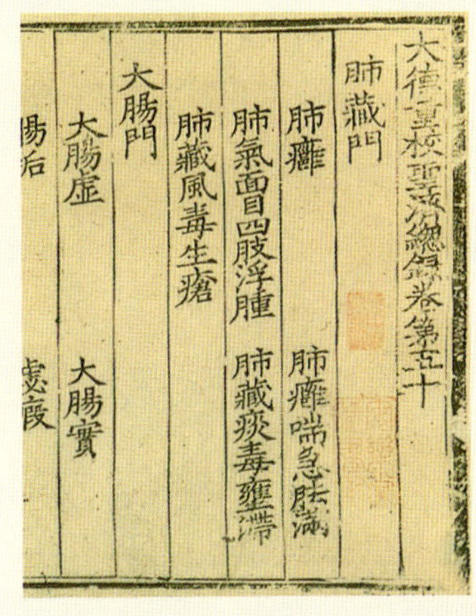

大德重校聖濟總錄卷第五十

肺藏門

肺癰 肺癰喘急脹滿

肺氣面目四肢浮腫 肺藏痰毒壅滯

肺藏風毒生瘡

大腸門

大腸虛 大腸實

▲|《大德重校圣济总录》

元大德四年太医院刻本。

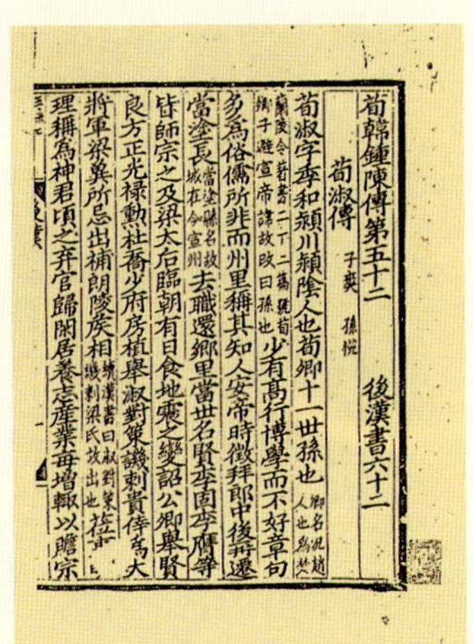

荀韓鍾陳傳第五十二 後漢書六十二

荀淑傳

荀淑字季和潁川潁陰人也荀卿十一世孫也少有高行博學而不好章句

▲|《后汉书》

元大德九年宁国路儒学刻本。

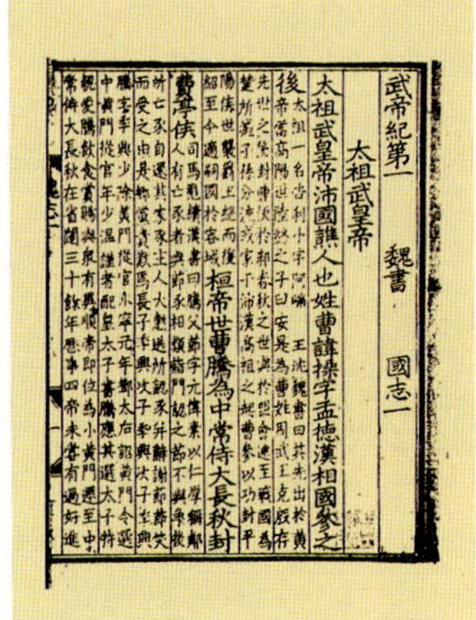

武帝紀第一 魏書 國志一

太祖武皇帝

太祖武皇帝沛國譙人也姓曹諱操字孟德漢相國參之後

▲|《三国志》

元大德十年池州路儒学刻本。

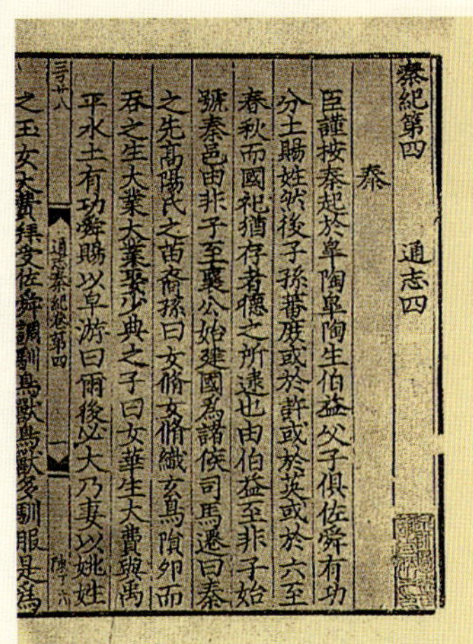

秦紀第四 通志四

秦

臣謹按秦起於皐陶皐陶生伯益父子俱佐舜有功

▲|《通志》

元至大间福州路三山郡庠刻本。

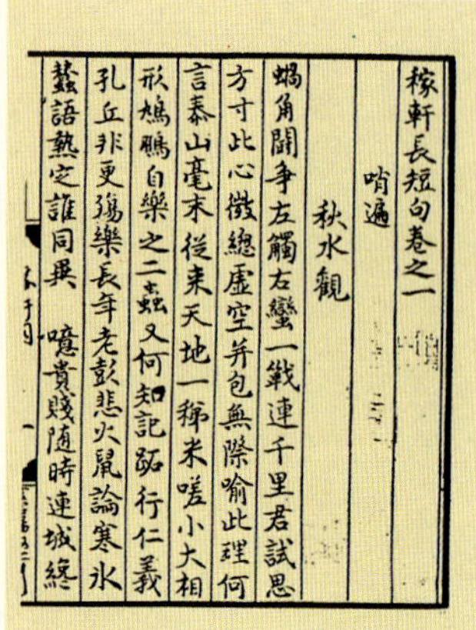

稼軒長短句卷之一

哨遍

秋水觀

蝸角鬬爭左觸右蠻一戰連千里君試思方寸此心微總虛空并包無際喻此理何言泰山毫末從來天地一稊米嗟小大相形鳩鵬自樂之二蟲又何知記跖行仁義孔丘非更殤樂長年老彭悲火鼠論寒氷蠶語熱定誰同異 噫貴賤隨時連城纔

▲|《稼轩长短句》

元大德三年广信书院刻本。

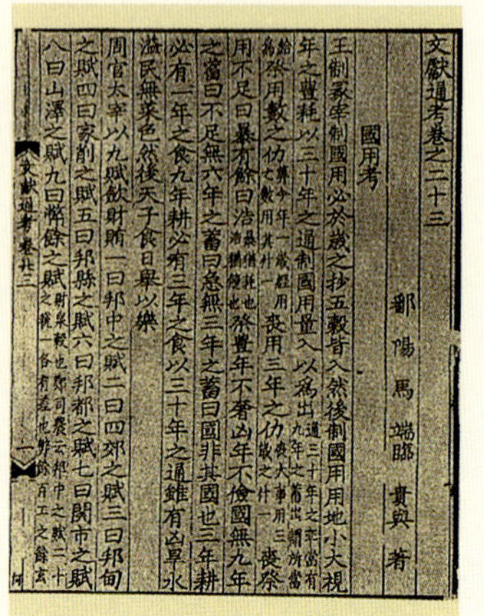

▲|《文献通考》

元泰定元年西湖书院刻本。

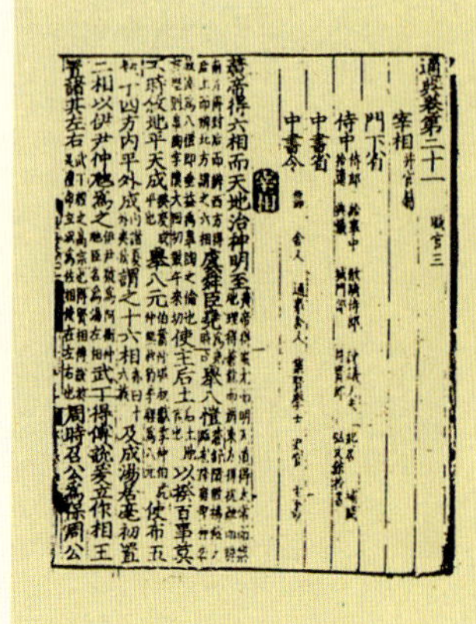

▲|《通典》

元抚州路临汝书院刻本。

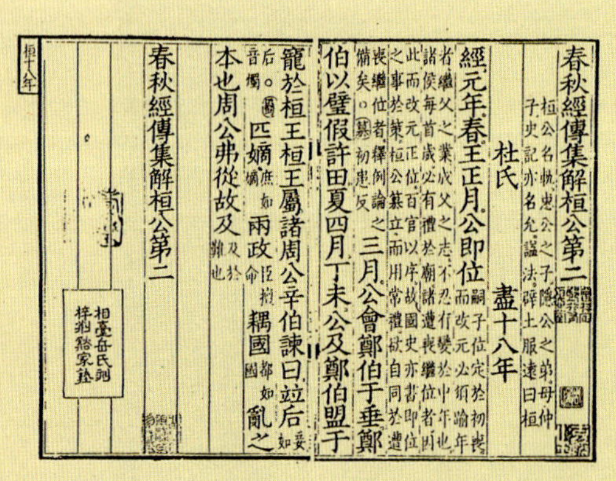

▲|《春秋经传集解》

元岳氏荆溪家塾刻本。卷末有“相台岳氏刻梓荆溪家塾”牌记二行，左上栏外有耳题“桓十八年”。

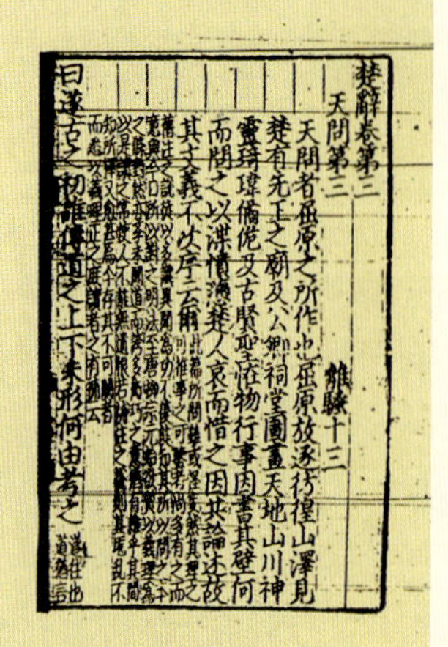

▲|《楚辞集注》

元天历三年陈忠甫宅刻本。

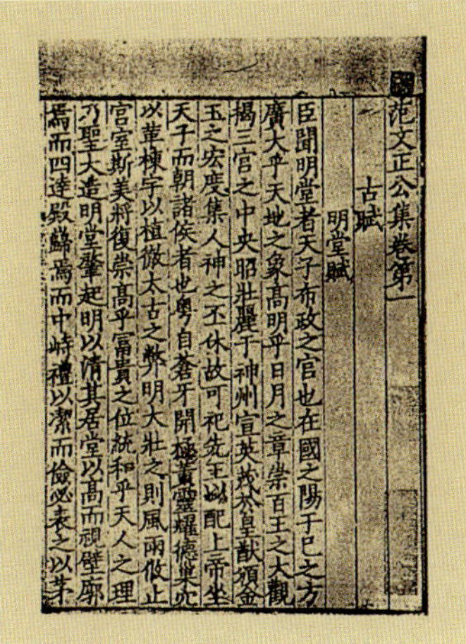
范文正公集卷第一
古賦
明堂賦
臣聞明堂者天子布政之宫也在國之陽于巳之方
廣大乎天地之象高明乎日月之章崇百王之大觀
揭三宫之中央昭壯麗于神州宣英茂於皇猷頒金
玉之宏度集人神之丕休故可祀先王以配上帝坐
天子而朝諸侯者也粤自奢牙開極黄靈耀德巢穴
以革棟宇以植微太古之弊明大壯之則風雨攸止
宫室斯美將復崇高乎富貴之位統和乎天人之理
乃聖大造明堂肇起明以清其居堂以高而視壁廓
焉而四達殿巋焉而中峙禮以潔而儉必表之以茅

▲《范文正公集》

元天历元年至至元三年范氏岁寒堂刻本。

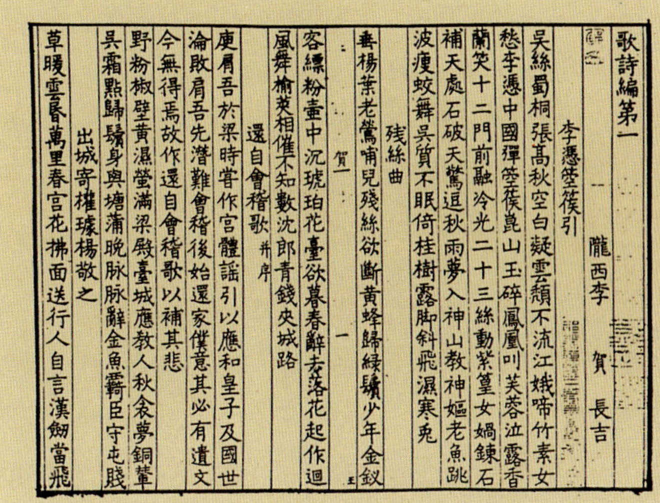
歌詩編第一
隴西李 賀 長吉
李憑箜篌引
吳絲蜀桐張高秋空白凝雲頹不流江娥啼竹素女
愁李憑中國彈箜篌崑山玉碎鳳凰叫芙蓉泣露香
蘭笑十二門前融冷光二十三絲動紫皇女媧鍊石
補天處石破天驚逗秋雨夢入神山教神嫗老魚跳
波瘦蛟舞吳質不眠倚桂樹露脚斜飛濕寒兔
殘絲曲
垂楊葉老鶯哺兒殘絲欲斷黄蜂歸綠鬢少年金釵
客縹粉壺中沉琥珀花臺欲暮春辭去落花起作迴
風舞榆莢相催不知數沈郎青錢夾城路
還自會稽歌 并序
庾肩吾於梁時嘗作宫體謡引以應和皇子及國世
淪敗肩吾先潛難會稽後始還家僕意其必有遺文
今無得焉故作還自會稽歌以補其悲
野粉椒壁黄濕螢滿梁殿臺城應教人秋衾夢銅輦
吳霜點歸鬢身與塘蒲晚脉脉辭金魚羇臣守迍賤
出城寄權璩楊敬之
草暖雲昏萬里春宫花拂面送行人自言漢劒當飛

▲《歌诗编》

元宪宗（蒙哥汗）六年赵衍刻本。

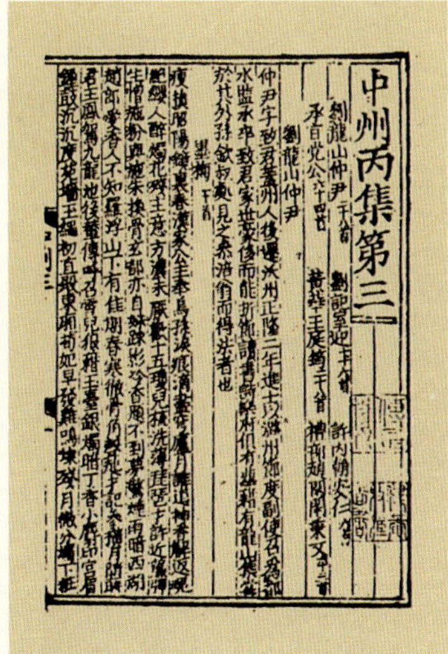
中州丙集第三
劉龍山仲尹
仲尹字致君蓋州人

▲《中州集》

元至大三年曹氏进德斋刻本。

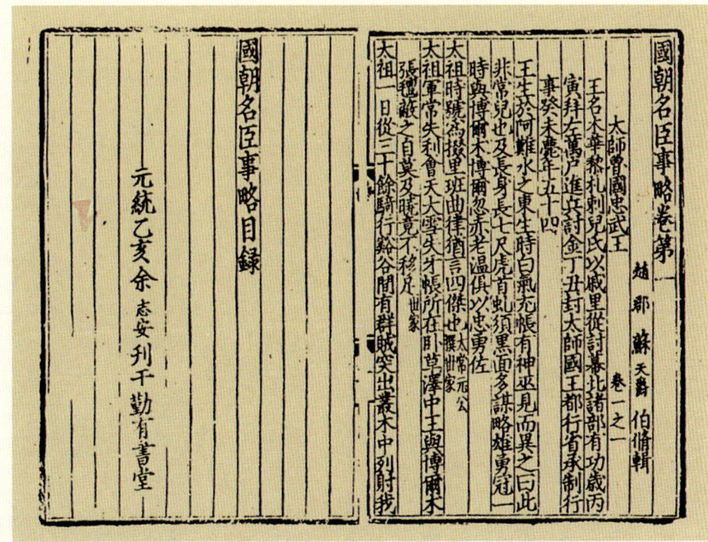
國朝名臣事略目録
元統乙亥余志安刊于勤有書堂

國朝名臣事略卷第一
趙郡蘇天爵伯脩輯
太師魯國忠武王 卷一之一
王名木華黎札剌兒氏以戚里從討蔑北諸部有功歲丙
寅拜左萬戶進兵討金丁丑封太師國王都行省承制行
事癸未薨年五十四
王生於阿難水之東生時白氣充帳有神巫見而異之曰此
非常兒也及長身長七尺虎首虯鬚黑面多謀略雄勇冠一
時與博爾朮博爾忽赤老温俱以忠勇佐
太祖時號掇里班曲律猶言四傑也 太常元公撰世家
太祖軍常失利會天大雪失牙帳所在卧草澤中王與博爾朮
張氊蔽之自夕及曉竟不移足 世家
太祖一日從三十餘騎行谿谷間有群賊突出叢木中列射

▲《国朝名臣事略》

元元统三年余志安勤有书堂刻本。目录后有“元统乙亥余志安刊于勤有书堂”牌记一行。

三、元版书的特色

元版书最显著的特点是版心作黑口。但这是就一般情况而言，并非元刻即无白口，如元刻《玉海》即是白口，可证。书之黑口，起于南宋末期，尤其福建书坊所刻书籍，有些是黑口。到了元代，版心黑口就非常普遍了，而且有很多是阔黑口。元版书版心有上记字数、下记刻工姓名的，也有不记的，并非主要特点。元代私刻、坊刻大都有牌记，此大有助于版本的鉴定，但翻刻本照样刻牌记的也有，不可不注意。元代与宋代一样，书籍的形制是蝴蝶装，所以元刻本往往在左栏外有书耳及耳题。元版书另外有一显著的特点是字体。元初书刻字体，浙江、福建两处尚存南宋遗风，后来就相率模仿赵孟頫的字体。赵体字秀逸柔软之中具有刚劲之气，甚觉可爱，不过，今世流传的元本，大都为建安所刻，故虽有松雪笔意，仍保留宋时气习。元代刻书，最常用的是竹纸，比宋纸稍黑；另有用皮纸的，常极薄而粗黄，但也有极好的。明代高濂斥元版书曰“用墨秽浊”，其实也有好的，不可一概而论。元版书

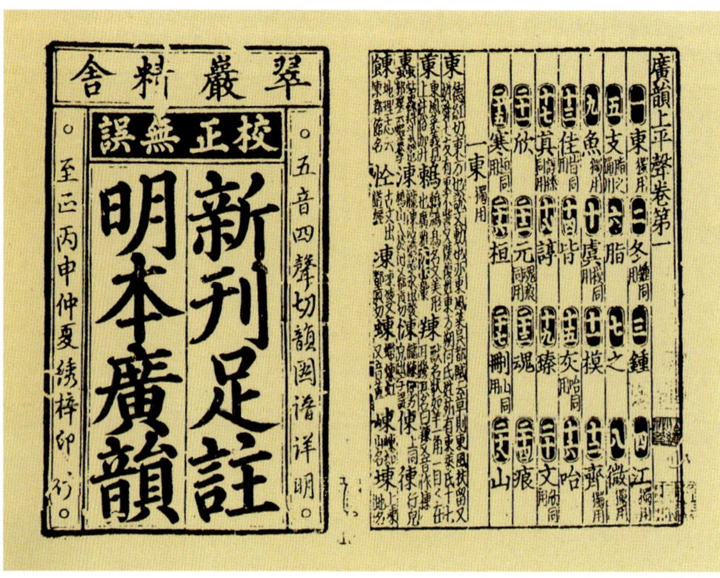
翠巖精舍
校正無誤
新刊足註明本廣韻
五音四聲切韻图谱详明
至正丙申仲夏绣梓印行
廣韻上平聲卷第一
一東獨用 二冬鍾同用 三鍾 四江獨用
五支脂之同用 六脂 七之 八微獨用
九魚獨用 十虞模同用 十一模 十二齊獨用
十三佳皆同用 十四皆 十五灰咍同用 十六咍
十七真諄臻同用 十八諄 十九臻 二十文欣同用
二十一欣 二十二元魂痕同用 二十三魂 二十四痕
二十五寒桓同用 二十六桓 二十七刪山同用 二十八山
一東

《广韵》
元至正十六年翠岩精舍刻本。封面有『翠岩精舍』牌记。

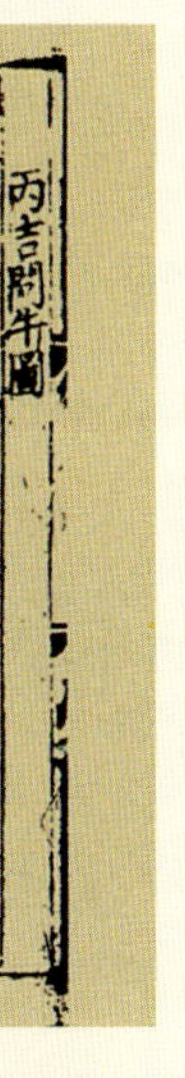

丙言問年圖

卷之七

六言

黄筌夫秋江釣月圖 李公略太湖石歌

題孤山放鶴圖二首 題王子慶所藏墨鶴

題程侍御二馬圖二首

采桑曲 漁父詞

趙子昂詩集目錄

趙子昂詩集卷之一

宣城後學 譚 聞 伯玉 編集

五言古詩

有所思

思與君別來幾見芙蓉花盈盈隔秋水若在天一涯欲涉不得去注望延佇霧汀洲多芳草何心採蘅杜白鳥翔雲間歸雲何時還君心雖匪石秖恐凋朱顏朱顏不可恃別得不惆悵何如雙翡翠飛去蘭宮上

美人隔秋水

美人隔秋水思之若千里可望不可言相思何時已

《赵子昂诗集》

元至元七年虞氏务本堂刻本。

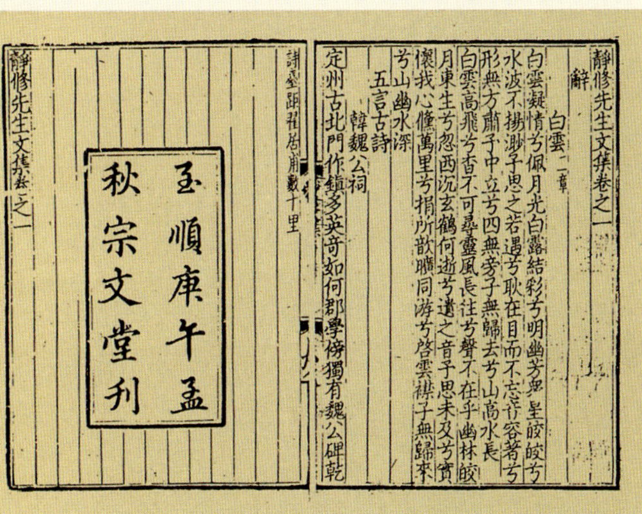

靜修先生文集卷之一

辭

白雲一章

白雲凝情兮佩月光白露結彩兮明幽芳羅星皎皎兮水波不揚渺予思之若遇兮耿在目而不忘佇容著兮形無方肅予中立兮四無旁子無歸去兮山高水長白雲高飛兮杳不可尋靈風長往兮聲不在乎幽林皎月東生兮忽西沉玄鶴何遊兮遺之音予思未及兮貫懷我心儵萬里兮捐所歡曠同游兮啟雲襟子無歸來兮山幽水深

五言古詩

韓魏公祠

定州古北門作鎮多英奇如何郡學傍獨有魏公碑乾

至順庚午孟

秋宗文堂刊

靜修先生文集卷之一

《静修先生文集》

元至顺元年宗文堂刻本。卷末有『至顺庚午孟秋宗文堂刊』牌记二行。

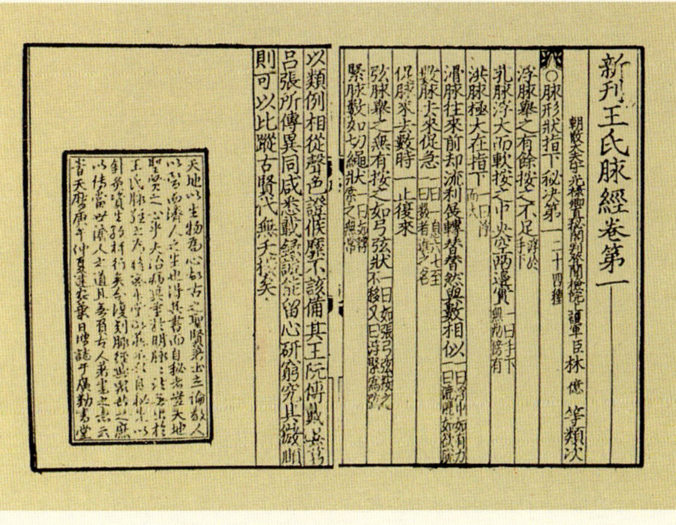

新刊王氏脈經卷第一

朝散大夫守光祿卿直秘閣判登聞檢院上護軍臣林億等類次

脈形狀指下秘訣第一 二十四種

浮脈舉之有餘按之不足

芤脈浮大而軟按之中央空兩邊實

洪脈極大在指下

滑脈往來前卻流利展轉替替然與數相似

數脈去來促急

促脈來去數時一止復來

弦脈舉之無有按之如弓弦狀

緊脈數如切繩狀

以類例相從聲色證候靡不該備其王阮傅戴吳葛呂張所傳異同咸悉載錄誠能留心研窮究其微賾則可以比蹤古賢代無夭橫矣

《新刊王氏脉经》

元天历三年广勤书堂刻本。序后有『天历庚午仲夏建安叶日增志于广勤书堂』牌记七行。

无避讳字，此与宋版书不同，也是不甚重要的特点之一。

四、活字印刷术的改进

自毕昇以后，约在元初又有制作锡活字印刷的，并用铁条嵌在盘内作界行排字印书，这是记载中最早的金属活字。但金属活字难以刷墨，往往印坏，故锡活字未能推广。其后有安徽旌德县尹王祯在元大德二年（公元一二九八年）制成全套木活字三万余个，费时二年。完成后用以试印《旌德县志》，全书六万余字，未及一月即印成一百部，这是我国最古的活字本方志，可惜早已失传。王祯于两年后调任江西永丰县尹，携带其木活字拟印自著的农书。其时，该书已付雕版，因此活字未及应用。但其所作《造活字印书法》附录在农书之后，对写韵、刻字、锯字、修字、嵌字，以及造轮、取字、安字，一直到印刷等步骤，都详细而系统地加以说明，成为印刷史上记录最详细的活字印刷术。王祯可以说把我国活字印刷术向前推进了一大步。他注意到活字形体的大小高低必须完全一致，还发明了圆轮排字架，实行以字就人的坐排法。他又详细规定了活字排版的操作方法。这都是他的巨大贡献。在王祯以后，又经过约二十年，浙江奉化知县马称德在元至治二年（公元一三二二年）刻制木活字十万个，印成《大学衍义》等书，可惜这些书早已失传，无从查考。

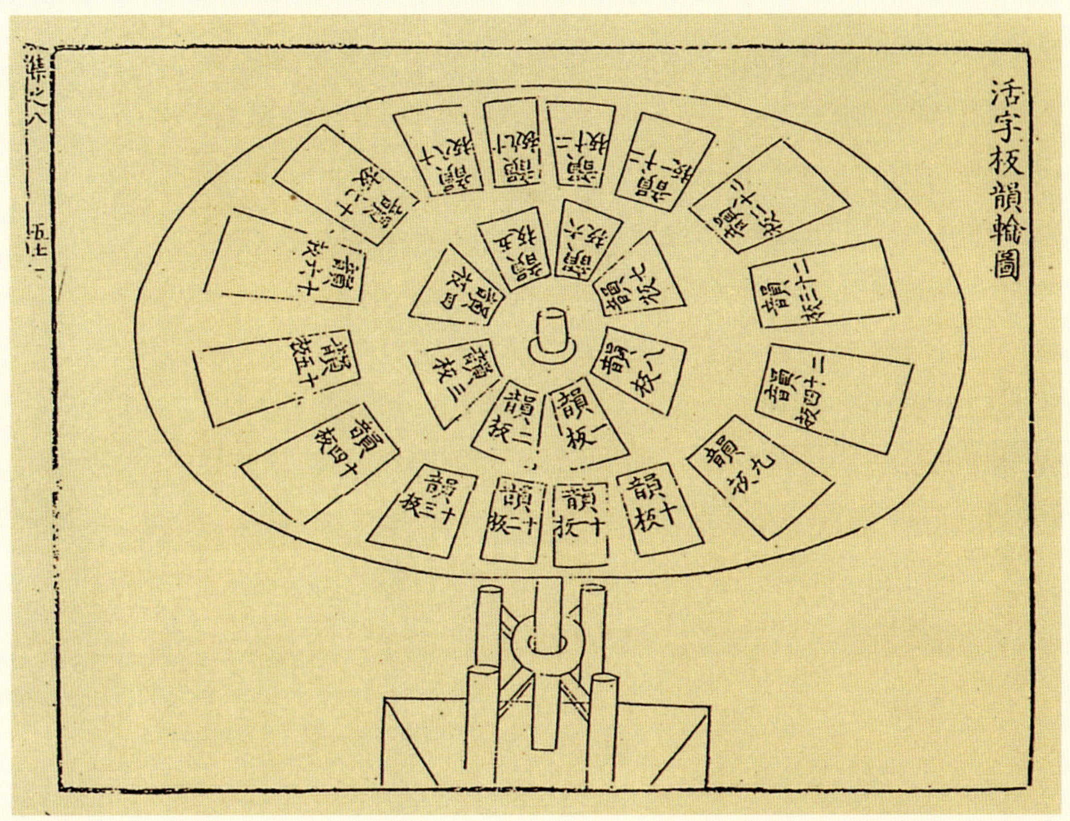

▲ | 王祯发明的《活字板韵轮图》

五、套印图书的发明

宋代的出版虽盛，但出版的图书大都用单色印刷，以墨印为主，可能有用朱色或蓝色印刷的。用两种颜色配合刷印一部图书，始于什么时候，创始于何人，尚无可考。从前的人都以为朱墨套印是明万历时发明的，其实今世现存最早的套印图书，是元至正元年（公元一三四一年）中兴路（今湖北江陵）资福寺所印的《金刚般若波罗蜜经注解》。该书为经折装，经文大字印以丹朱，元释思聪的注释作双行小字，印以墨色，灿烂醒目，益增加书的美观。书籍套印一般有两种方法。一种是将两种颜色全涂在一块版上，然后覆纸套印，印出的书就是两色的，称为“朱墨本”。一种是将几种颜色分涂在大小相同的几块版上，再依次逐色套印。从这部《金刚经》的印刷情形来看，它是用一块版分两次印成的。印朱色时将注文盖贴，印墨色时则将经文盖贴，这就是明代所谓的“双印”，用的是前一种印刷方法，尚不是后代的“套版印刷”。后一种方法才是真正的套版印刷，这要到明万历年间才被广泛应用。

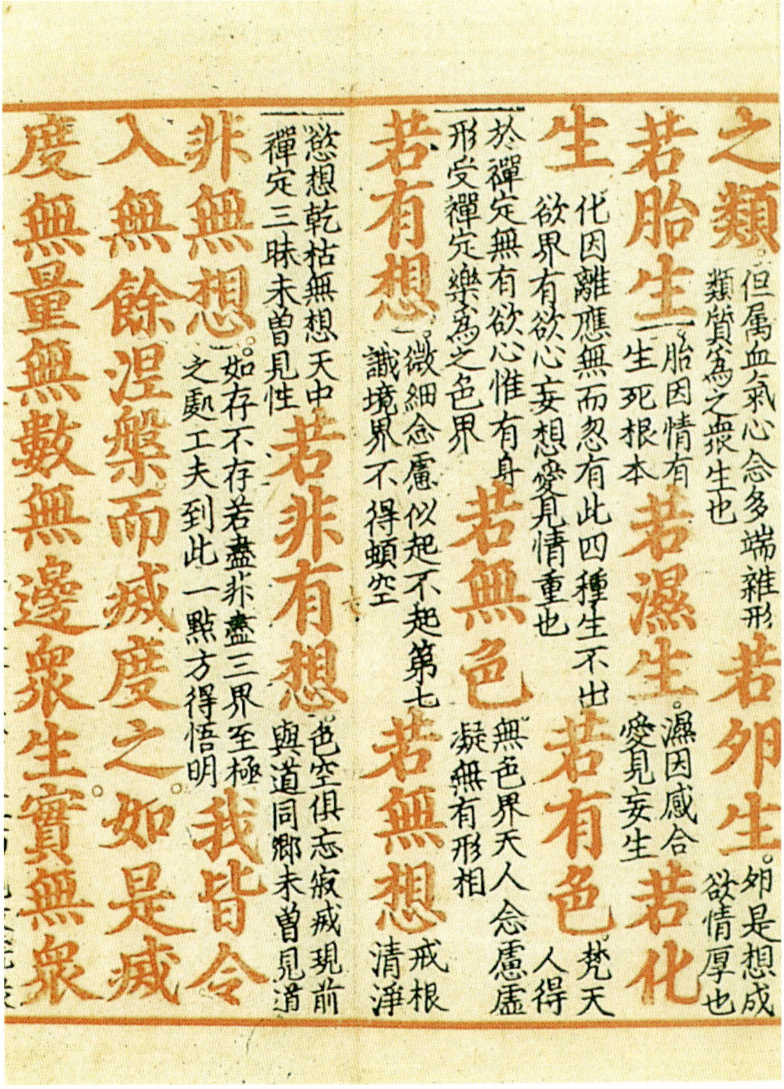

之類但屬血氣心念多端雜形類質爲之衆生也若卵生卵是想成欲情厚也若胎生胎因情有生死根本若濕生濕因感合愛見妄生若化生化因離應無而忽有此四種生不出欲界有欲心妄想愛見情重也若有色梵天人得於禪定無有欲心惟有身形受禪定樂爲之色界若無色無色界天人念慮虛凝無有形相若有想微細念慮似起不起第七識境界不得頓空若無想戒根清淨慾想乾枯無想天中禪定三昧未曾見性若非有想色空俱忘寂滅現前與道同鄉未曾見道若非無想如存不存若盡非盡三界至極之處工夫到此一點方得悟明我皆令入無餘涅槃而滅度之如是滅度無量無數無邊衆生實無衆

◀《金刚般若波罗蜜经》元至正间资福寺刊朱墨套印本。

第六章

明代的图书

明代上承两宋，近接元代，三百年间，图书出版事业之盛远超过宋、元两朝，除了雕版印刷的图书之外，明成祖时代，曾经编纂抄写了一部《永乐大典》，尤其在版画、套色印刷及铜活字印刷三方面有卓越表现。

一、《永乐大典》的编纂

《永乐大典》是我国历史上编纂的规模最大的百科全书，在世界上也是一部很大的著作。这部书在明成祖永乐五年（公元一四〇七年）编成，计有二万二千九百三十七卷，写成一万一千零九十五册，参加编纂工作的有两千一百六十九人。在这部书中保存着很多现已失传的古书，并且还收有很多民间创作，如戏曲、小说之类，实在是一部极为珍贵的文献。这部书当时只抄了一部，嘉靖年间又重抄了一部。原本早已完全失去，清朝时，重抄本藏于翰林院，也已遗失不少，但清代学者仍然从其中辑出了四百九十余部已经失传的著作。一九〇〇年八国联军侵占北京时，这部书遭到烧毁散失的命运，只剩下八十几册，后来归京师图书馆保存。一九四九年以后，其中一部分被运到台湾，现在分别藏于台北故宫博物院及“中央图书馆”。

二、雕版印刷的图书

和宋、元一样，明代雕印的图书大体上分为官刻本、家刻本及坊刻本三类。

永樂大典卷之二萬四百七十八 二質

職 洪武正韻之石切執掌也主也常也等也許慎説文職記微也从耳戠聲之弋切徐鍇通釋按周禮國有六職皆主記事之微也章直反爾雅翕翕訿訿莫供職也郭璞注曰言賢者陵替姦黨熾盛背公恤私曠其職事無肯供職也小雅小旻云潝潝訿訿亦孔之哀毛傳云潝潝然患其上訿訿然思不稱乎上鄭箋云臣不事君亂之階也甚可哀也顧野王玉篇支力切孫愐唐韻之翼切博雅云業也又姓周禮有職方氏其後因官為姓漢有山陽令職洪張參五經文字從身者訛丁度集韻職質力切或从身作軄戴侗六書故專聽也説文曰記微也引之為專掌詩云職思其憂傳曰職汝之守官者必有職掌故謂官職韓道昭五音集韻職俗楊桓六書統𦖻毋𢕟从聲職隸職俗熊忠韻會舉要次商清音又職職多也莊子萬物職職周伯琦六書正譌記而主之也記必先於聽之聰故从耳俗作軄非字濮傳義職亟變也東齊海岱謂之亟詐欺也出方言自關而西秦晋之間凡相敬愛謂之亟吳越間謂之憐職趙謙聲音文字通職執事主常者从耳所以詳察審聽之借凡所當為者皆曰職臣職子職之類周禮各

《永乐大典》明嘉靖、隆庆间重写本。

（一）官刻本

明代官刻本乃由中央政府、藩府及地方政府三处所刻。而明代中央政府刻书，最重要的有三处，即南京国子监、北京国子监及司礼监。南京国子监的刻书工作，主要在修补监内所储宋元旧版。南监宋元书版之来源，最初为南宋临安国子监书版。宋南渡之初，内府物力艰难，所谓国子监本者，其实都是临安府及各州郡所刻，取其版以入监内。时京都在临安，所以监版集中于杭州。这些南宋国子监书版，元时入西湖书院，明时入南京国子监，历元至明，递经修补，故称为“三朝本”。王国维《两浙古刊本考》卷上《西湖书院书板考》中所列书目即三朝本。“中央图书馆”所藏南宋建刻音释注疏本十三经及南宋绍兴间国子监复刻南北朝七史，皆为传世之三朝本。南京国子监除修补旧版外，亦自刻书，国子监助教梅鹭将南监所藏书版分为九类，一曰制书类，二曰经类，三曰子类，四曰史类，五曰文集类，六曰类书类，七曰韵书类，八曰杂书类，九曰石刻类。制书类皆为监内自刻之书，其余八类诸书，除修补宋元旧版外，其余皆为南监刻版。南监本今尚传世者，以嘉靖八年至十年所刻之史汉诸书及辽金史、万历年间所刻之《三国志》及南北朝七史为最著名。北京国子监刻书，自明代中叶才逐渐兴起，到晚明更为兴盛。然北监因不似南监储存旧版，不需修补旧版印行，且北京另有司礼监主刻书之事，故所刻之书数量不多。明周弘祖《古今书刻》所载北监刻本仅四十一种，虽其目颇有疏漏（如《十三经注疏》、二十一史均未著录），然亦足证北监刻书之少。北监刻书最著名者为《十三经注疏》及二十一史。北监刻《十三经注疏》，轫始于万历十四年，至二十一年毕工。此刻据嘉靖间闽中御史李元阳本重雕，而李元阳本则祖南监之三朝本。按南监三朝本诸经注疏为南宋末年建刻音释注疏本，即后世所谓“十行本”，有正德年间修补版，此刻凡十一种，《仪礼注疏》乃嘉靖五年巡抚都御史陈凤梧刻于山东以版送监者，《尔雅注疏》则刻于元代，为九行本，与他经不同。此《十三经注疏》乃明清以来诸刻之祖本。嘉靖中，李元阳以南监版迭经修补，讹谬浸多，乃据其本重雕，世称“闽本”，亦称“李元阳本”，以其版半页九行，又称为“九行本”，汇刻十三经注疏之全部，实始于此本。厥后南监版又缺《周礼》、《仪礼》、《孟子》，余版亦多残损。至万历年间，北京国子监以南监本既不可用，于是万历十四年李长春等奉敕刊《十三经注疏》，乃据李元阳本重雕，版式行款，一仍其旧。崇祯间又重修之，世谓之“北监本”，亦简称“监本”。晚明藏书家毛晋汲古阁所刻《十三经注疏》，即以北监本为祖本。北监刻二十一史，开雕于万历二十四年，至三十四年事竣，据南京国子监本为蓝本。南监本因袭旧本，校勘不精，北监因之，未为佳本。清乾隆间武英殿校刻史书，又据北监本为蓝本。北监本二十一史原不足称，唯在明代版刻中可备一格。“中央图书馆”藏有北监本《十三经注疏》及《史记》、《汉书》、《三国志》、《唐书释音》、《辽史》及《金史》。明代内府刻书，多由司礼监主持。经厂为司礼监刻书之处，由司礼监提督总责其事，其下有四至六名掌司执行书籍之刊行及典藏。其所刻之书，称为“内府本”，或“司礼监本”，或“经厂本”。司礼监经厂刊刻之书很多，俱载于刘若愚《酌中志》卷十八《内板经书纪略》，其中以皇帝御制书居大半，如明太祖的《御制大诰》、《皇明祖训》、《御制文集》，明成祖的《圣学心法》、《为善阴骘》，明宣宗的《五伦书》等。又有臣子奉敕编撰之书，如胡广奉敕编撰的《四书五经大全》、《性理大全》，邱浚奉敕撰的《大学衍义补》，以及明代的重要官书，如李贤等奉敕编撰的《大明一统志》，李东阳等奉敕编撰的《大明会典》,杨一清等奉敕编撰的《明伦大典》,徐一夔等奉敕编撰的《大明集礼》等。其他尚有内府读本，如《百家姓》、《大学》、《千字文》、《孝经》、《中庸》、《千家诗》、《四书杂字》、《七言杂字》、《三字经》、《启蒙集》等。至于重要典籍，如《文献通考》、《贞观政要》、《历代名臣奏议》之类，则嫌刊刻过少。司礼监刻书，多黑口、赵体字，纸洁如玉，字大如钱，然校勘不精，为后来藏书家所诟病。

明代官刻本中有一特别之处，即藩府所刻之书。明代采取分封皇子到外地为王的制度。因惩于燕王之变，后世君王对藩王心存猜忌，因此这些藩王都无兵权，且不能过问政治，多饱食终日，无所用心。其中比较好学的，就把精神用在校刻书籍上。藩府既有余财，又有招贤之力，所刻书籍多半以中央赏赐给他们的宋元版为底本，且校勘精审，刊印仔细，因此所刻之书时有佳本。藩府刻书，见载于周弘祖《古今书刻》者已多，而晚近流传为该目所漏列者亦复不少。《书林清话》卷五《明时诸藩刻书之盛》列载蜀府、宁藩、代府、崇府、肃府、唐府、吉府、晋府、益府、秦府、周藩、徽藩、沈藩、伊府、鲁府、赵府、楚府、辽国、潞藩等，俱有刻本传世。昌彼得先生《明藩刻书考》（见《版本目录学论丛》）记载最详，可以参考，所列书目颇多为《古今书刻》及《书林清话》二书所遗漏者。诸藩之中，刻书最多者为吉藩，万历间曾刻老子《道德经》、关尹子《文始真经》、亢仓子《洞灵真经》、文子《通玄真经》、《尸子》、《子华子》、《鬻子》、《墨子》、《公孙龙子》、《鬼谷子》、列子《冲虚真经》、庄子《南华经》、《荀子》、《扬子》、《文中子》、《抱朴子》、《刘子》、黄石公《素书》、《玄真子》、《天隐子》、《无能子》等子部诸书。其次为晋藩，嘉靖间曾刻元张伯颜本《文选注》、《宋文鉴》、《唐文粹》、《元文类》诸总集，种类虽不及吉藩，卷帙则为诸藩之冠。再次为益藩，崇祯间曾刻《茶谱》、唐陆羽《茶经》、唐张又新《煎茶水记》、宋蔡襄《茶馀》、宋朱子安《东溪试茶录》、吴文锡《茶略》、明屠本畯《茗笈》上下篇、《香水清供录》、曹士谟《茶事拾遗》、《续集古今茶谱五种》、《续集古今茶谱六种》等茶书。诸藩之中，刻书最精者为成化二十三年唐藩所刻元张伯颜本《文选》，嘉靖十三年秦藩所刻宋黄善夫本《史记》，嘉靖四十四年鲁藩所刻正统道藏本《抱朴子内外篇》，嘉靖间德藩最乐轩所刻《汉书》。又宁献王朱权于洪武三十一年所刻自著乐律书《太和正音谱》，是我国音乐史上的名著，惜此刻今已失传，唯尚有抄本传世。明代藩府刻书，可谓前无古人，后无来者，为明代官刻书中之一大特色。而且藩府刻书校勘精审，颇为士林所重。在明代图书版刻史上，确实值得大书特书。

明代地方政府刻书乃沿袭宋漕司郡斋刻书之风气，非常兴盛。明周弘祖《古今书刻》记载，浙江、江西、福建、湖广、河南、山东、山西、陕西、四川、广东、广西、云南、贵州等地的布政司、按察司及官府刻书，数量相当可观，传于今世者亦复不少，如"中央图书馆"藏嘉靖九年山东布政司所刻《农书》及万历二十五年浙江杭州府所刻《西湖游览志》。明代有一种风气，凡官吏奉使出差，任满回京，必刻一书，以一书一帕赠送长官及朋友，称为"书帕本"。此种书帕本多半采用巾箱小本，刊刻一般都很草率，颇为后代藏书家所诟病。不过，书帕本大都取当地先哲著作刊版，使得甚多不常见之书籍能借以流传，亦书林佳事。书帕本流传至今者甚多，以游明本《宋史全文续资治通鉴长编》及汪文盛本《汉书》与《五代史记》最为有名。

（二）家刻本

明代私家刻书在嘉靖以前尚属不多，嘉靖以后才逐渐兴盛，万历崇祯更加发达。正德、嘉靖间，复刻宋本之风气颇盛，而以吴中私家刻书为最著名。明代私家刻书，凡能据宋元旧本精审校雠者，至今仍为藏书家所珍视。叶德辉《书林清话》卷五《明人刻书之精品》所列诸书，皆为私家刻本。今尚传世者，有弘治十四年江阴涂祯仿宋刻九行本桓宽《盐铁论》，嘉靖间吴郡沈辨之野竹斋刻《韩诗外传》，嘉靖二年锡山安国桂坡馆刻《颜鲁公文集》及嘉靖十三年刻《初学记》，嘉靖四年金台汪谅刻《史记索隐正义》，嘉靖六年震泽王延喆恩褒四世之堂刻《史记集解索隐》，嘉靖七年吴郡金李泽远堂刻《国语韦昭解》，嘉靖七年吴门龚雷刻鲍彪校注《战国策》，嘉靖十二年吴郡袁褧嘉趣堂仿宋刻《大戴礼记》、嘉靖十四年仿宋刻《世说新语》、嘉靖二十八年仿宋刻《文选注》，嘉靖十二年顾春世德堂刻《六子全书》，嘉靖十五年南平游居敬刻《韩柳文》，嘉靖十八年余姚闻人诠刻《旧唐书》，嘉靖三十八年吴郡苏献可通津草堂刻王充《论衡》及《韩诗外传》，嘉靖二十二年东吴郭云鹏济美堂刻《分类补注李太白诗集》、嘉靖三十八年刻《曹子建集》、无年号刻《河东先生集》及《欧阳先生文粹》，嘉靖二十七年俞宪鹈鸣馆刻《西溪丛语》，隆庆四年嘉禾项笃寿万卷堂刻《郑端简奏议》，隆庆五年昆山叶氏菉竹堂刻《云仙杂记》，万历间东吴徐时泰东雅堂刻宋廖莹中世彩堂《韩昌黎集》，

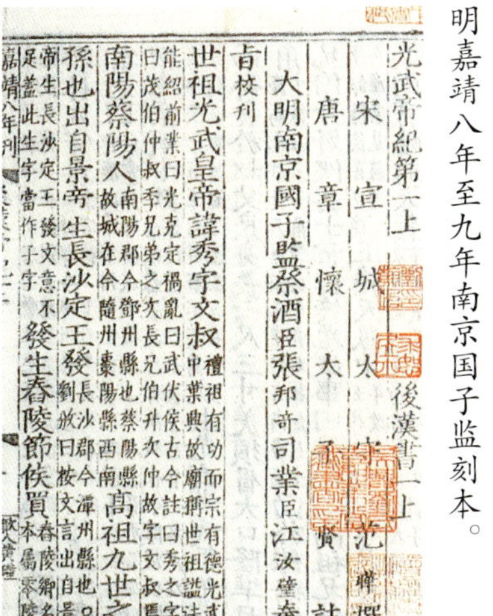

《后汉书》明嘉靖八年至九年南京国子监刻本。

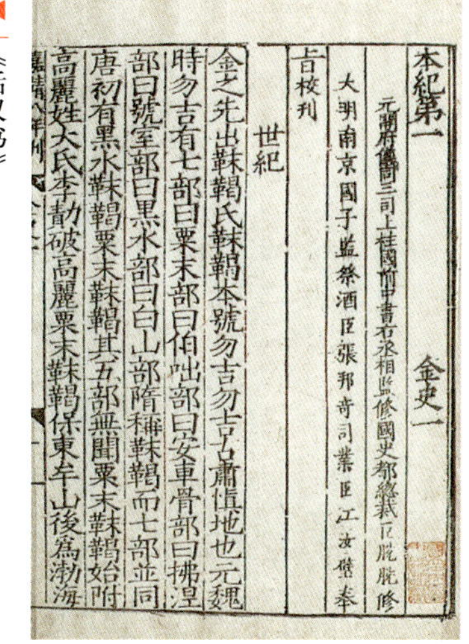

《金史》明嘉靖八年南京国子监刻本。

万历三十二年松江马元调宝俭堂刻《元氏长庆集》及《白氏长庆集》。此外，汇刻丛书，以顾元庆《四十家文房小说》为最精，胡维新《两京遗编》、程荣《汉魏丛书》次之。叶氏谓以上各书“皆刻书有根据，不啻为宋椠作千万化身者也”，与明代末期书坊刻书，真有天壤之别。

（三）坊刻本

在弘治、正德以前，书坊刻书仍沿着元代风气发展，以福建地区为最盛。其中，又以刘宗器之安正堂及刘洪之慎独斋最为著名，两家书业自弘治迄万历，亘延不绝。安正堂所刻以集部为多，慎独斋则以巨帙著称，如《史记集解》、《十七史详节》、《文献通考》，《群书考索》等。嘉靖以后，湖州、歙

武帝紀第一　　魏書　　國志一

太祖武皇帝沛國譙人也姓曹諱操字孟德漢相國參之後太祖一名吉利小字阿瞞　王沈魏書曰其先出於黃帝當高陽世陸終之子曰安是爲曹姓周武王克殷存先世之後封曹俠於邾春秋之世與於盟會逮至戰國爲楚所滅子孫分流或家於沛漢高祖之起曹參以功封平陽侯世襲爵土絕而復紹至今適嗣國於容城

桓帝世曹騰爲中常侍大長秋封費亭侯

司馬彪續漢書曰騰父節字元偉素以仁厚稱鄰人有亡豕者與節豕相類詣門認之節不與爭後所亡豕自還其家豕主人大慚送所認豕并辭謝節節笑而受之由是鄉黨貴歎焉長子伯興次子仲興次子叔興騰字季興少除

萬曆二十四年刊

《三国志》

明万历二十四年南京国子监刻本。

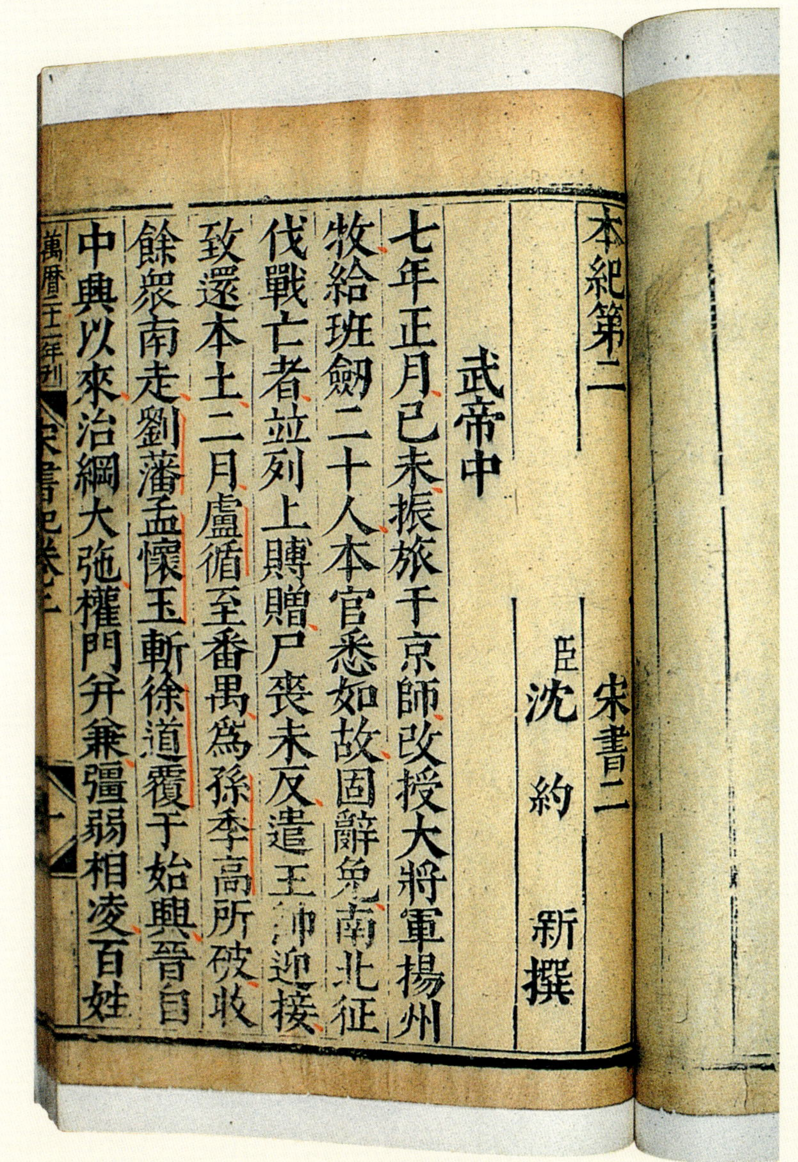
本紀第二　宋書二

臣沈約新撰

武帝中

七年正月己未振旅于京師改授大將軍揚州牧給班劍二十人本官悉如故固辭免南北征伐戰亡者竝列上賻贈尸喪未反遣主帥迎接致還本土二月盧循至番禺爲孫季高所破收餘衆南走劉藩孟懷玉斬徐道覆于始興晉自中興以來治綱大弛權門幷兼彊弱相凌百姓

萬曆二十二年刊　宋書紀卷二

《宋书》明万历二十二年南京国子监刻本。

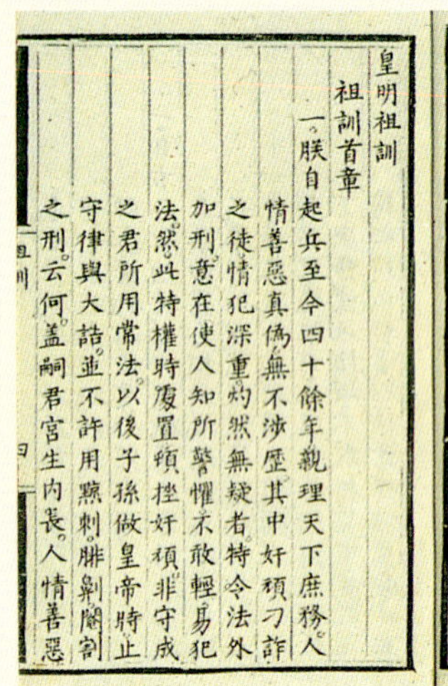

皇明祖訓
祖訓首章
一朕自起兵至今四十餘年親理天下庶務人
情善惡真僞無不涉歷其中奸頑刁詐
之徒情犯深重灼然無疑者特令法外
加刑意在使人知所警懼不敢輕易犯
法然此特權時處置頓挫奸頑非守成
之君所用常法以後子孫做皇帝時止
守律與大誥並不許用黥刺剕劓閹割
之刑云何蓋嗣君宮生內長人情善惡

▲|《皇明祖训》

明内府刻本。

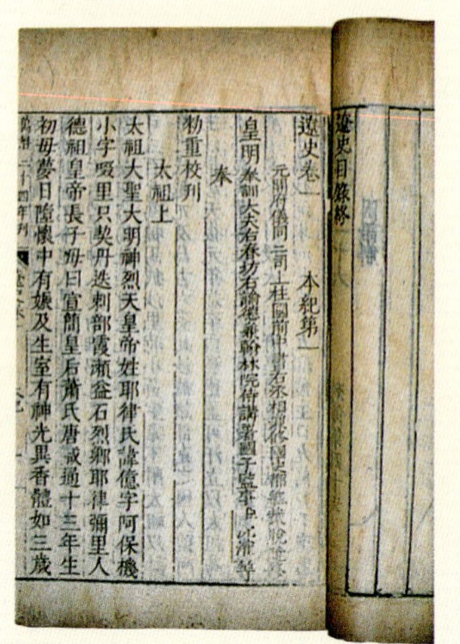

遼史卷一　本紀第一
元開府儀同三司上柱國前中書右丞相監修國史領經筵事臣脫脫等
皇明奉訓大夫右春坊右諭德兼翰林院侍讀掌國子監事臣□□等奉
勅重校刊
太祖上
太祖大聖大明神烈天皇帝姓耶律氏諱億字阿保機
小字啜里只契丹迭刺部霞瀨益石烈鄉耶律彌里人
德祖皇帝長子母曰宣簡皇后蕭氏唐咸通十三年生
初母夢日墮懷中有娠及生室有神光異香體如三歲

▲|《辽史》

明万历二十四年北京国子监刻本。

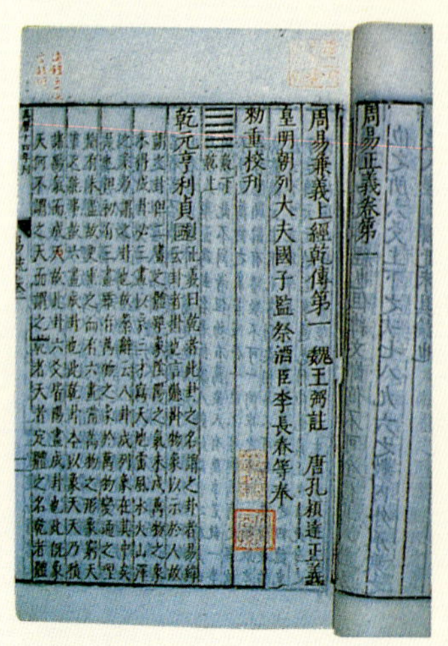

周易兼義上經乾傳第一　魏王弼註　唐孔穎達正義
皇明朝列大夫國子監祭酒臣李長春等奉
勅重校刊
乾下乾上
乾元亨利貞

▲|《周易正义》

明万历十四年北京国子监刻本。

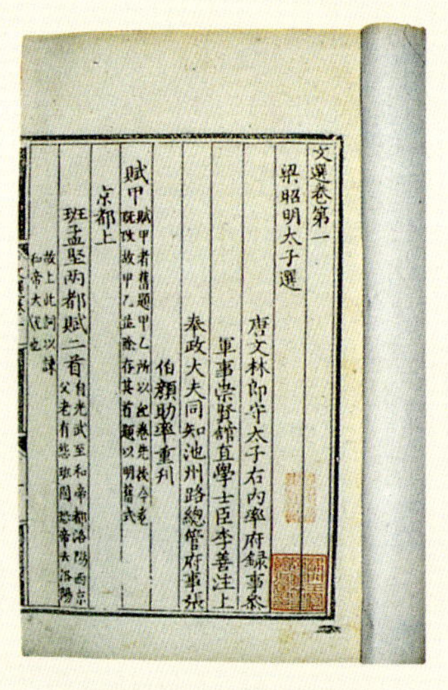

文選卷第一
梁昭明太子選
唐文林郎守太子右內率府録事參軍事崇賢館直學士臣李善注上
奉政大夫同知池州路總管府事張伯顏助率重刊
賦甲
京都上
班孟堅兩都賦二首

▲|《文选》

明成化二十三年唐藩翻刻张伯颜本。

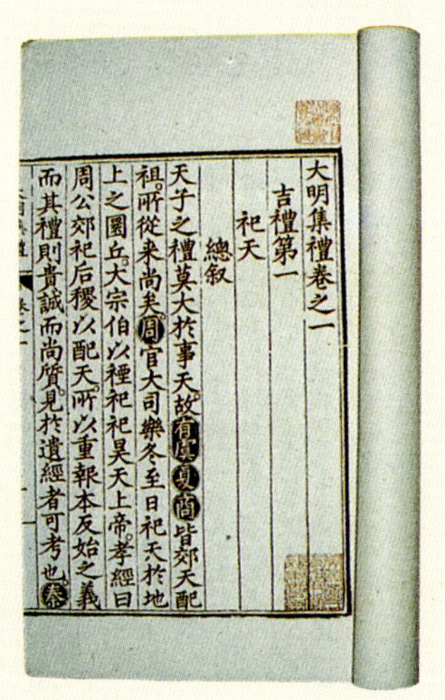

大明集禮卷之一
吉禮第一
祀天
總叙
天子之禮莫大於事天故有虞夏商皆郊天配
祖所從來尚矣周官大司樂冬至日祀天於地
上之圜丘大宗伯以禋祀祀昊天上帝孝經曰
周公郊祀后稷以配天所以重報本反始之義
而其禮則貴誠而尚質見於遺經者可考也秦

▲|《大明集礼》

明嘉靖九年内府刻本。

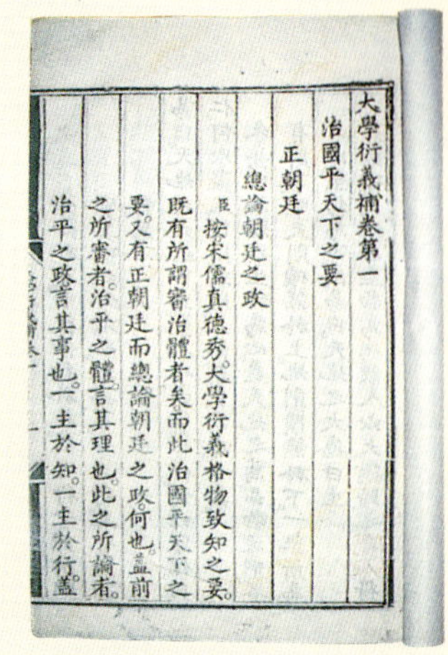

大學衍義補卷第一
治國平天下之要
正朝廷
總論朝廷之政
臣按宋儒真德秀大學衍義格物致知之要
既有所謂審治體者矣而此治國平天下之
要又有正朝廷而總論朝廷之政何也蓋前
之所審者治平之體言其理也此之所論者
治平之政言其事也一主於知一主於行蓋

▲|《大学衍义补》

明万历三十三年内府刻本。

◀—《圣学心法》明永乐七年内府刻本。

聖學心法卷一

君道

統言君道

易曰。首出庶物。萬國咸寧。聖人在上。高出於物。則萬國各得其所而咸寧矣。乾彖傳

飛龍在天。乃位乎天德。天德。即天位也。蓋惟有是德。乃宜居是位。故以言之。

時乘六龍。以御天也。雲行雨施。天下平也。言聖人時乘六龍以御天。則如天之雲行雨施而天下平也。

夫大人者。與天地合其德。與日月合其明。與四時合其序。與鬼神合其吉凶。先天而天弗違。後天而奉天

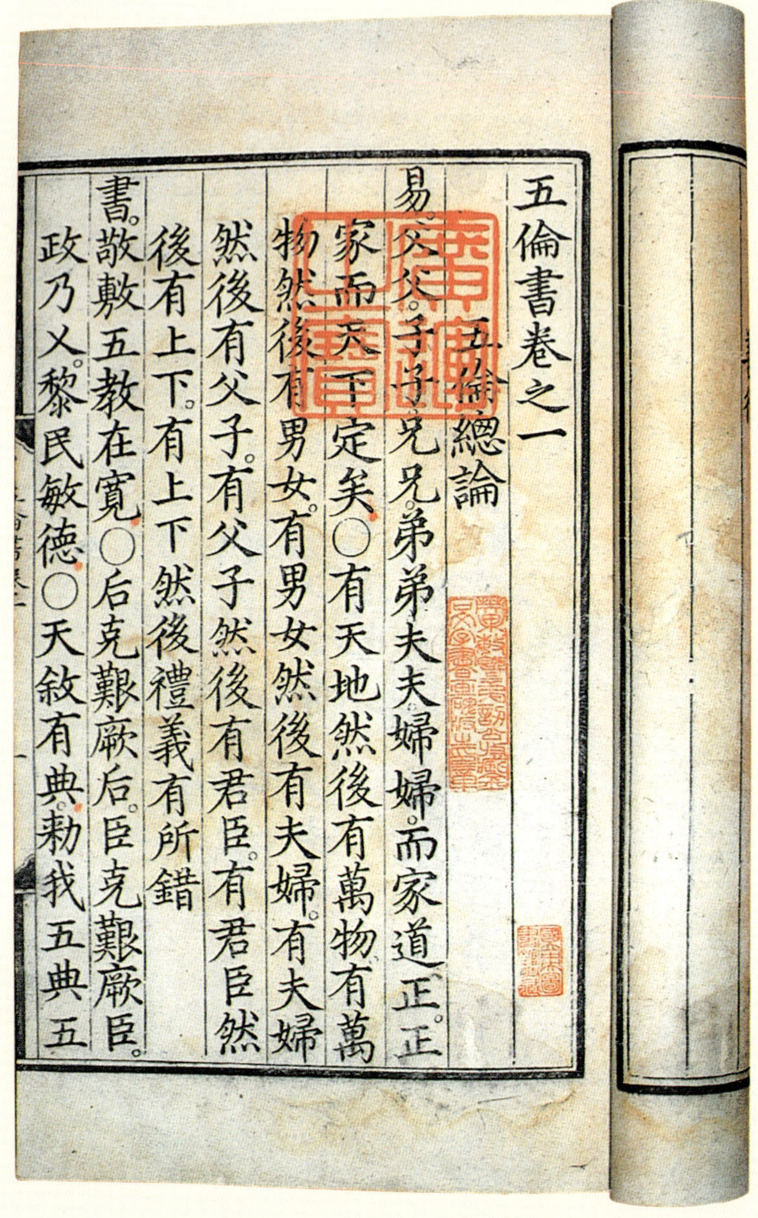
五倫書卷之一

五倫總論

易父父子子兄兄弟弟夫夫婦婦而家道正正家而天下定矣○有天地然後有萬物有萬物然後有男女有男女然後有夫婦有夫婦然後有父子有父子然後有君臣有君臣然後有上下有上下然後禮義有所錯

書敬敷五教在寬○后克艱厥后臣克艱厥臣政乃乂黎民敏德○天敘有典勅我五典五

《五伦书》

明正统十二年经厂本。

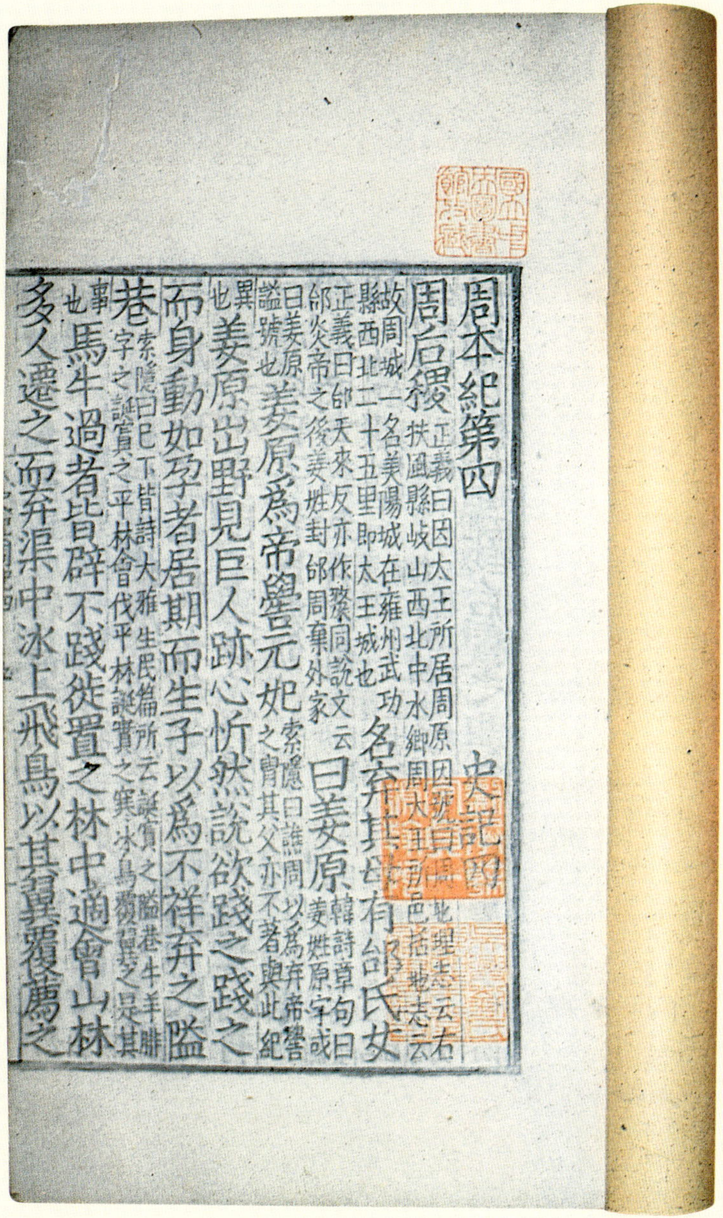

周本紀第四　史記四

周后稷 正義曰因太王所居周原因號曰周地理志云右扶風縣岐山西北中水鄉周太王所邑括地志云故周城一名美陽城在雍州武功縣西北二十五里即太王城也 名弃其母有邰氏女 正義曰邰天來反亦作斄同說文云邰炎帝之後姜姓封邰周棄外家 曰姜原 韓詩章句曰姜姓原字或曰姜原謚號也 姜原爲帝嚳元妃 索隱曰譙周以爲弃帝嚳之胄其父亦不著與此紀異也 姜原出野見巨人跡心忻然說欲踐之踐之而身動如孕者居期而生子以爲不祥弃之隘巷 索隱曰已下皆詩大雅生民篇所云誕寘之隘巷牛羊腓字之誕寘之平林會伐平林誕寘之寒冰鳥覆翼之是其事也 馬牛過者皆辟不踐徙置之林中適會山林多人遷之而弃渠中冰上飛鳥以其翼覆薦之

《史记》明嘉靖十三年秦藩刻本。

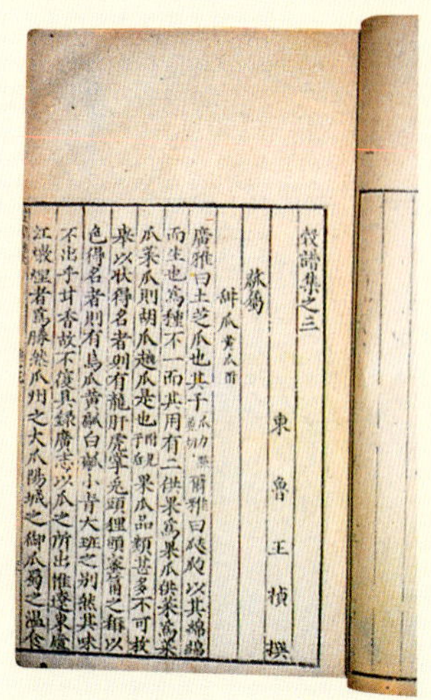
穀譜集之三
東魯王禎撰

▲《皇明祖训》

明嘉靖九年山东布政司刻本。

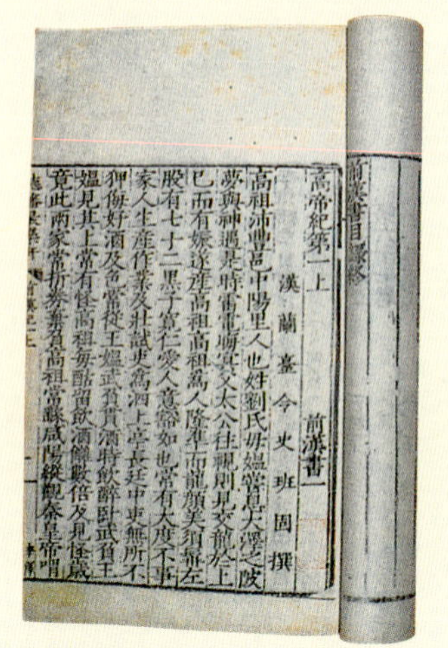
高帝紀第一上
漢　蘭臺令史　班固　撰
前漢書一

▲《皇明祖训》

明嘉靖间德藩最乐轩刻本。版心上方有“德藩最乐轩”牌记。

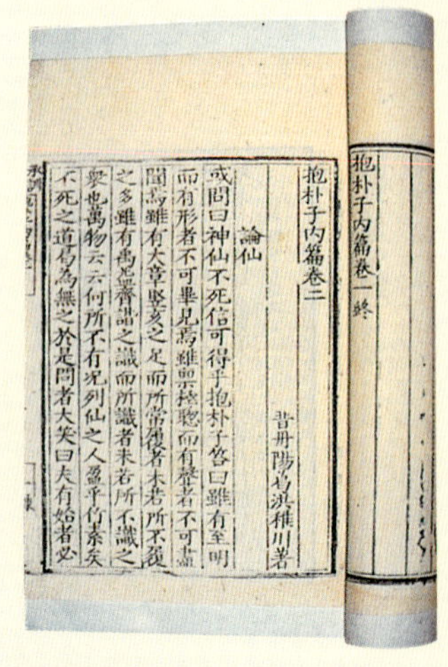
抱朴子内篇卷一終

抱朴子内篇卷二
晋丹陽句洪稚川著
論仙
或問曰神仙不死信可得乎抱朴子答曰雖有至明而有形者不可畢見焉雖禀極聰而有聲者不可盡聞焉雖有大章豎亥之足而所常履者未若所不履之多雖有禹益齊諧之識而所識者未若所不識之衆也萬物云云何所不有况列仙之人盈乎竹素矣不死之道曷爲無之於是問者大笑曰夫有始者必

▲《抱朴子内外篇》

明嘉靖四十四年鲁藩承训书院刻本。版心上方有“承训书院”牌记。

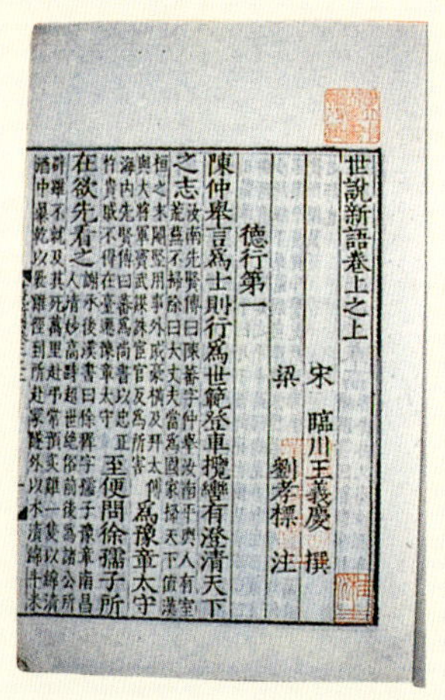
世説新語卷上之上
宋　臨川王義慶　撰
梁　劉孝標　注
德行第一
陳仲舉言爲士則行爲世範登車攬轡有澄清天下之志
爲豫章太守至便問徐孺子所在欲先看之

▲《世说新语》

明嘉靖十四年吴郡袁氏嘉趣堂刻本。

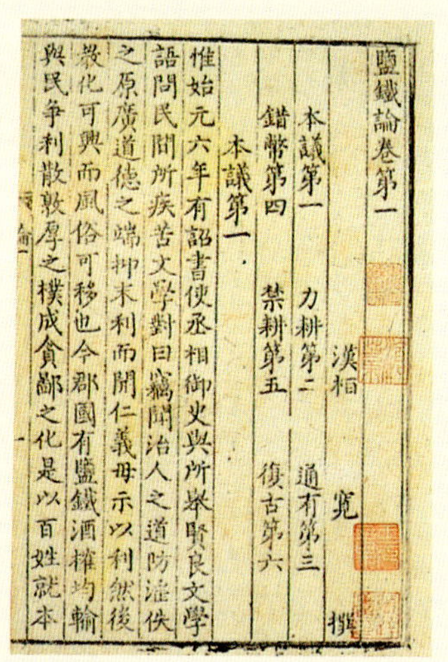
鹽鐵論卷第一
漢桓　寬　撰
本議第一　力耕第二　通有第三
錯幣第四　禁耕第五　復古第六
本議第一
惟始元六年有詔書使丞相御史與所舉賢良文學
語問民間所疾苦文學對曰竊聞治人之道防淫佚
之原廣道德之端抑末利而開仁義毋示以利然後
教化可興而風俗可移也今郡國有鹽鐵酒榷均輸
與民爭利散敦厚之樸成貪鄙之化是以百姓就本

▲《盐铁论》

明弘治十四年江阴涂祯刻本。

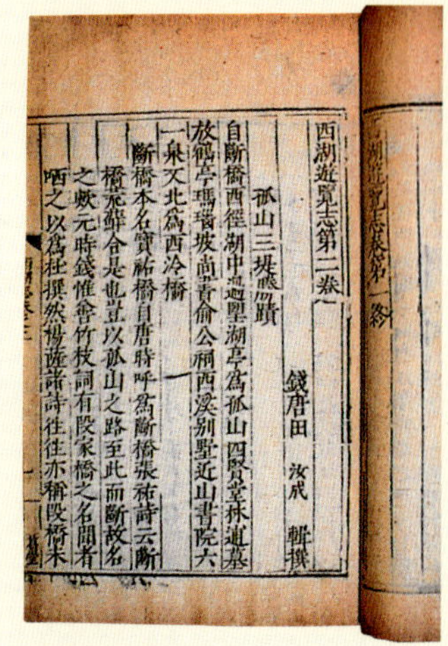
西湖遊覽志第二卷
錢唐田汝成輯撰
孤山三堤勝蹟

▲《西湖游览志》

明万历二十五年杭州知府季鲁东刻本。

日光 摩盪

宋史全文續資治通鑑卷之一

宋太祖一

庚申 建隆元年春正月辛丑朔鎮定二州言契丹入寇北漢兵自土門東下與契丹合周帝命太祖領宿衛諸將禦之太祖自殿前都虞候再遷都點檢掌軍政凡六年士卒服其恩威數從征伐尋立大功人望固已歸之於是主少國疑中外始有推戴之議壬寅殿前副都點檢慕容延釗將前軍先發時都下讙言將以出軍之日策點檢為天子士民恐怖爭為逃匿之計惟內庭晏然不知癸卯大軍出愛景門紀律嚴甚眾心稍安軍校苗訓者號知天文見日下復有一日黑光久相磨盪指謂太祖親吏楚昭輔曰此天命也是夕次陳橋驛將士相與聚議曰主上幼弱我輩出死力破賊誰則知之不如先立點檢為天子然後北征未晚也都押衙李處耘具以事白太祖弟匡義及掌書記趙普因共以事理曉譬之曰太尉忠赤必不汝赦諸將相顧亦有稍稍引去者已而復集露刃大言曰軍中偶語則族今已定議太尉若不從則我輩亦安敢退而受禍普察其勢不可遏與匡義同聲叱之曰策立大事也固宜

《宋史全文续资治通鉴长编》明游明复元刻本。

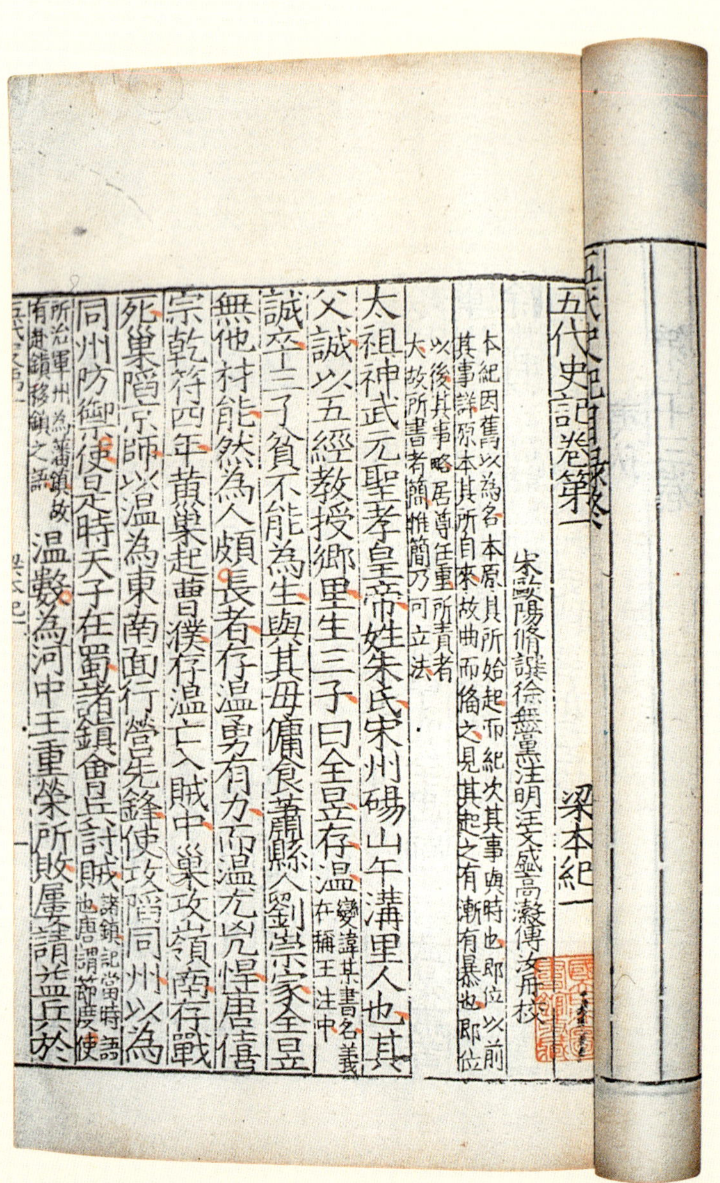

五代史記卷第一　梁本紀一

宋歐陽脩譔　徐無黨注　明汪文盛高瀫傅汝舟校

本紀因舊以為名本原其所始起而紀次其事與時也即位以前其事詳原本其所自來故曲而備之見其起之有漸有暴也即位以後其事略居尊任重所責者大故所書者簡惟簡乃可立法

太祖神武元聖孝皇帝姓朱氏宋州碭山午溝里人也其父誠以五經教授鄉里生三子曰全昱存温變諱其書名義在稱王注中誠卒三子貧不能為生與其母傭食蕭縣人劉崇家全昱無他材能然為人頗長者存温勇有力而温尤兇悍唐僖宗乾符四年黄巢起曹濮存温亡入賊中巢攻嶺南存戰死巢陷京師以温為東南面行營先鋒使攻陷同州以為同州防禦使是時天子在蜀諸鎮會兵討賊諸鎮記當時語也唐謂節度使所治軍州為藩鎮故有遷鎮移鎮之語温數為河中王重榮所敗屢請兵於

►《五代史记》明汪文盛刻本。

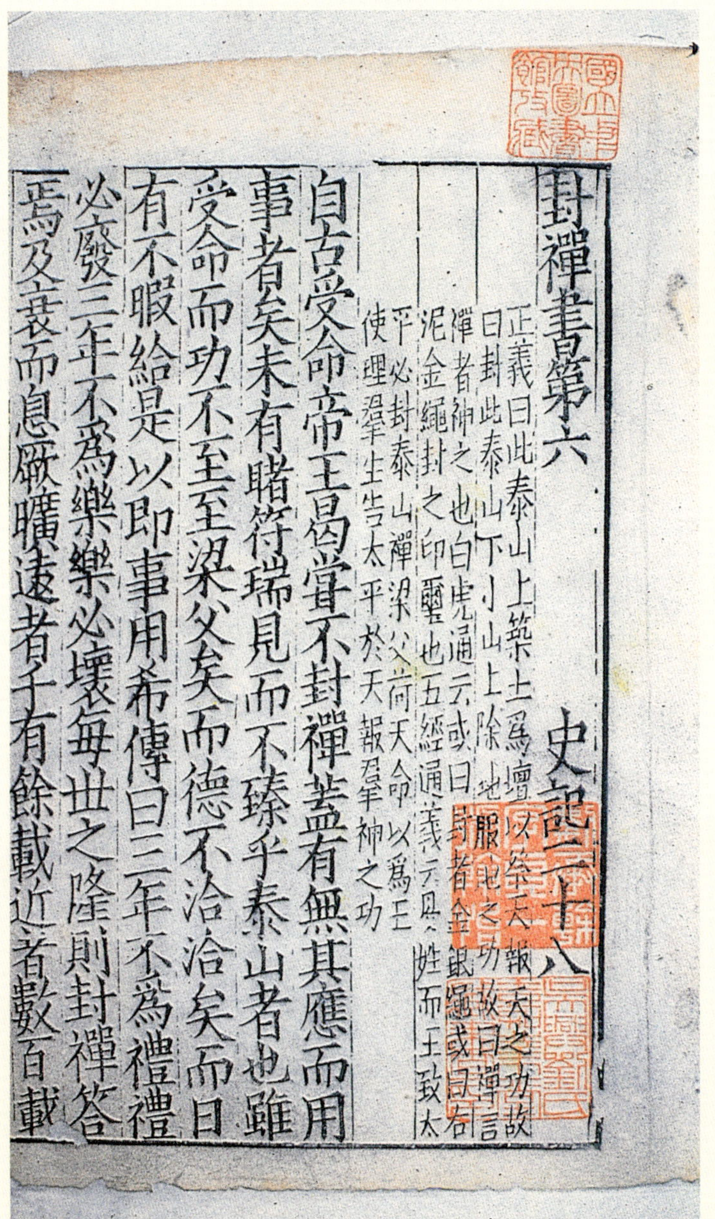

封禪書第六　史記二十八

正義曰此泰山上築土爲壇以祭天報天之功故曰封此泰山下小山上除地報地之功故曰禪言禪者神之也白虎通云或曰封者金泥銀繩或曰石泥金繩封之印璽也五經通義云易姓而王致太平必封泰山禪梁父何天命以爲王使理羣生告太平於天報羣神之功

自古受命帝王曷嘗不封禪蓋有無其應而用事者矣未有睹符瑞見而不臻乎泰山者也雖受命而功不至至梁父矣而德不洽洽矣而日有不暇給是以即事用希傳曰三年不爲禮禮必廢三年不爲樂樂必壞每世之隆則封禪答焉及衰而息厥曠遠者千有餘載近者數百載

《史记》
明嘉靖六年震泽王延喆复宋刻本。

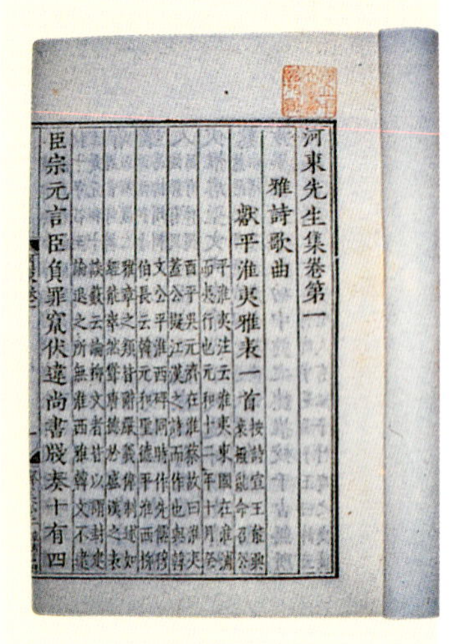

▲|《河东先生集》

明嘉靖间东吴郭云鹏济美堂刻本。

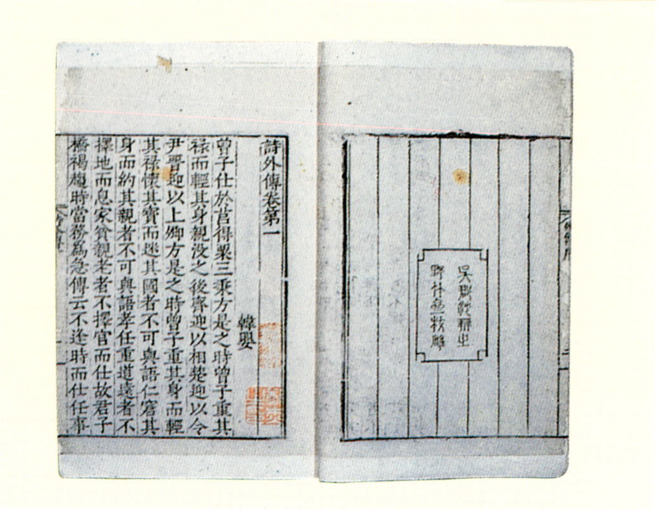

▲|《韩诗外传》

明嘉靖间吴郡沈辩之野竹斋刻本。

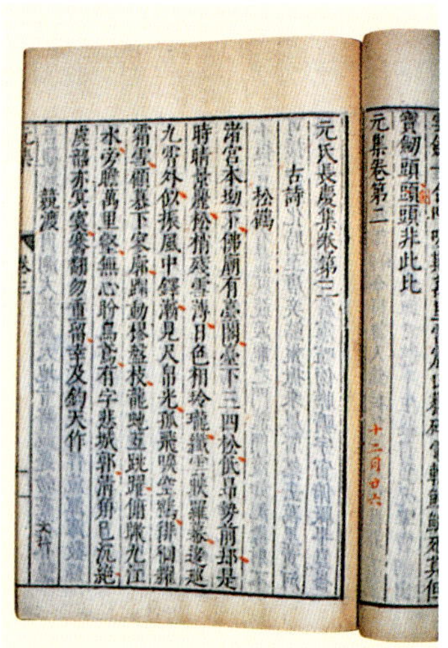

▲|《元氏长庆集》

明万历三十二年松江马调元刻本。

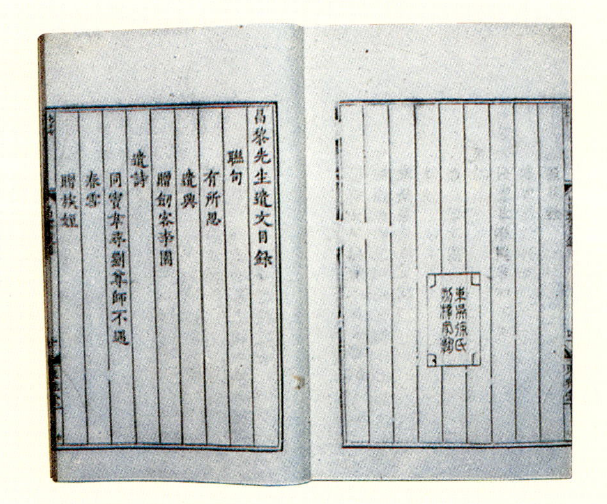

▲|《昌黎先生集》

明万历间东吴徐氏东雅堂刻本。

县的刻书事业急遽发达，出品精美。万历、崇祯之间，歙县刻工多半移居南京、苏州一带，因此南京、苏州、常熟的书坊刻书盛极一时。然大抵慎校精刻者少，而割裂臆改者多。关于明代书坊刻书，有叶德辉《书林清话》卷五《明人私刻坊刻书》一文可以参考。明代书坊刻书最多者，当推崇祯年间常熟毛晋汲古阁。毛氏刻书详见《书林清话》卷七。毛氏刻书，自天启开始，迄于清初，共刻六百五十余种，至今尚遍天下，足见当时刊布之多，印行之广。其中，最著名的是《十三经注疏》、十七史、《津逮秘书》、《唐宋元人别集》、词曲及道藏。私家刻书如是之多，可谓前无古人。唯毛氏虽以重价求善本，然其

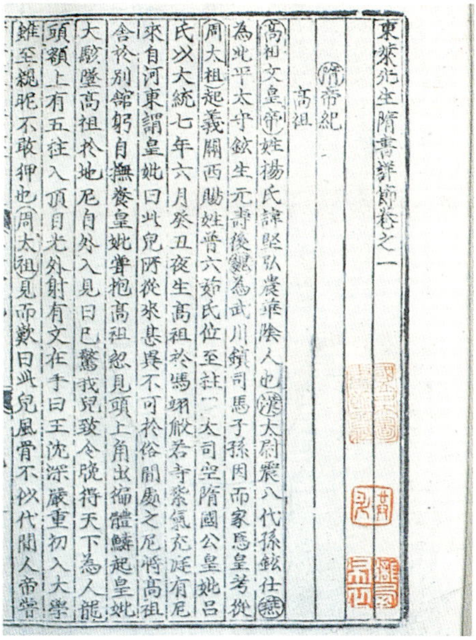
東萊先生隋書詳節卷之一
隋帝紀
高祖
高祖文皇帝姓楊氏諱堅弘農華陰人也漢太尉震八代孫鉉仕燕
為北平太守鉉生元壽後魏為武川鎮司馬子孫因而家焉皇考從
周太祖起義關西賜姓普六茹氏位至柱國大司空隋國公皇妣呂
氏以大統七年六月癸丑夜生高祖於馮翊般若寺紫氣充庭有尼
來自河東謂皇妣曰此兒所從來甚異不可於俗間處之尼將高祖
舍於別館躬自撫養皇妣嘗抱高祖忽見頭上角出徧體鱗起皇妣
大駭墜高祖於地尼自外入見曰已驚我兒致令晚得天下為人龍
顏額上有五柱入頂目光外射有文在手曰王沈深嚴重初入太學
雖至親昵不敢狎也周太祖見而歎曰此兒風骨不似代間人帝嘗

《东莱先生隋书详节》
明正德间建安刘氏慎独斋刻本。版心上方有『隋书详节』字样，此即花口。

毛詩註疏卷第一 一之一

漢鄭氏箋

唐孔穎達疏

毛詩國風

周南關雎詁訓傳第一 陸德明音義曰周南周者代名其地在禹貢雍州之域岐山之陽於漢屬扶風美陽縣南者言周之德化自岐陽而先被南方故序云化自北而南也漢廣序又云文王之道被於南國是也○關雎七胥反依字且邊隹且音子餘反旁或作鳥故訓舊本多作故今或作詁音古又音故傳音直戀反案詁故皆是古義所以兩行然前儒多作詁解而章句有故言郭景純注爾雅則作釋詁樊孫等爾雅本皆爲釋故今宜隨本不煩改字 疏 正義曰關雎者詩篇之名既以關雎

明崇祯三年虞山毛氏汲古阁刻本。版心上方有『毛诗疏』字样，此即花口。版心下方有『汲古阁』牌记。

刻书则不尽据善本，颇蒙后人讥评。毛氏因袭明人恶习，所刻之书校勘未精，颇为藏书家所诟病。然毛氏大量刻书，于文献之保存与传布，其功劳亦不可磨灭，所刻之书仍有其价值存在。

三、明刻本的特色

明刻本的形式，在嘉靖前、后有显著的不同。嘉靖以前完全沿袭元代的风气，版式全是黑口，多半是大黑口，字体都是赵体字，刊刻精美，几乎与元刻本没有区别。嘉靖以后，风气改变，刊印书籍以宋刻本为模范，黑口本绝无仅有，一般都是白口，版心上方往往有字数，下方有刻工姓名，而字体亦一变而为方体字，整齐严谨，但缺乏流利生动之态。此外，正德、嘉靖间又开始将书名改刻在上象鼻内，且书名全刻，成为花口。万历以后，版心花口已成定式，字体又一变而为横轻竖重、板滞不灵的匠体字，成为后世铅字的标准。明人印书纸以永丰棉纸为上，永丰县在江西，明人印书棉纸多取给于此。棉纸价高，坊刻罕有用者。嘉靖以前印书，棉纸为多，故明版书人多重视棉纸所印的书。竹纸价廉，万历以后印的书，以竹纸为最常见。明人印书，用墨佳者罕见。万历以后，多用煤和以面粉，以代墨汁，取其价廉、成本低。这种代用墨汁，烟煤易于脱落，导致书页成为大花脸，令人一见生厌，唯万历间徽版书，墨色亦有极佳者。明代刻书与元代相同，皆不避讳。唯正德、嘉靖以后，复刻宋版书，不仅字体仿宋本，甚至原本之讳字及刻工姓名都照旧的也有，辨别版本，不得不留意。

明刻本也有它显著的缺点。第一是校勘不精审，错误遗漏相当多。从清代的私家藏书志里，可以找到许多证据。第二是书帕本的滥刻。书帕本多半采用巾箱小本，刊刻一般很草率。第三是妄改书名及删节内容，这是明刻本最大的缺点。《格致丛书》、《宝颜堂秘笈》、《子汇》、《稗海》等丛书中所收各书，多半任意删削，且改易卷第，致使古书失去原来面目。这些显著的缺点是后人认为明刻本不如宋元刻本的最大原因。

四、版画书

我国古代的书籍往往有附图，书中附图不仅增加美观度，更能将文字的意义借生动的画面表达出来，给人以深刻的印象。唐代印刷术发明以后，书中插图也用雕版印刷来代替笔绘。这种木刻水印的图画，我们就称它为“版画”。中国的版画起源很早，唐懿宗咸通九年雕印的《金刚经》，卷首就有一幅“祇树给孤独园图”。咸通九年《金刚经》是中国现存最早的一部雕版书，这幅图画也是最早的版画。我们所看到的从唐末到五代的版画，都是宗教性的。宋代以后，版画逐渐普遍，已不限于佛教作品，其他书籍中也多附有插图。换句话说，宋、元时期的版画，基本上摆脱了宗教的羁绊，开始为广大群众所需要的文学作品或日用书籍而服务，因而给版画的发展开辟了更为广阔的道路，也为版画在明代能大放异彩打下基础。一般来说，明初版画与宋、元版画没有什么太大区别，换言之，明初仍沿袭宋、元之风，一时还看不出有独创的面貌。嘉靖以后，版画逐渐盛行，特别是在万历、天启的五十多年间，呈现出十分蓬勃的气象，成为我国版画史上的鼎盛时期。明代版画的性质，大体可以分为两类。

（一）戏曲小说的插图

明代的版画，在戏曲小说的插图方面显得特别丰富。当戏曲小说兴起时，便扩展了版画创作的园地，也提供了版画创作的新内容。换言之，木刻插图的兴起，木刻插图在创作上的成就，也加强了戏曲小说在民间的影响。就明代来说，特别是在中叶以后，坊间所出版的戏曲小说几乎没有不加插图的，书商推销书籍，也往往以有精美的插图来做广告。弘治十一年（公元一四九八年）刊本《奇妙全相注释西厢记》，书末即有金台岳家书铺的出版说明："本坊谨依经书重写绘图，参订编次大字本，唱与图合，使寓于客邸，行于舟中，闲游坐客，得此一览始终，歌唱了然，爽人心意。"可见木刻插图是如何备受广大读者的欢迎。从明代版画的发展来看，戏曲小说插图印行的数量最多，而且销路也特别大。有名的戏曲小说如《西厢记》、《水浒传》、《琵琶记》、《牡丹亭》、《玉玦记》、《汉宫秋》、《拜月亭》、《荆钗记》、《金瓶梅》、《西游记》、《燕子笺》、《四声猿》等，都有精美的木刻插图。仅《西厢记》一书，附有木刻插图的刊本就有十几种之多。如果统计一下明代所刻的插图，其数量之大，一定相当惊人。即就金陵富春堂所刻传奇来说，约有十余套，每套十种，这样便有一百多种，一种传奇，少则三四图，多则三四十图以至百余图，若平均每种有十图，仅富春堂一家，木刻插图便达千余幅了。由此可见明代末期戏曲小说的木刻插图是何等丰富。

这些丰富多彩的戏曲小说插图，生动反映了不少有关历史的，或者现实社会中种种有意义的生活面貌。人生的悲剧、喜剧，种种可歌可泣以及悲欢离合的故事，都在木刻插图中表露无遗。戏曲小说的插图，不仅能够帮助读者理解原著的精神，并且加深了读者对书中人物的理解以及对原著的印象。下面简略介绍几种“中央图书馆”所藏附有木刻插图的戏曲小说。

»《牡丹亭还魂记》

明汤显祖撰，万历四十五年刊本。书分上下两卷，凡五十五出，演杜丽娘梦中与秀才柳梦梅相遇于牡丹亭，致罹疾而死。后丽娘得庆再生，卒与梦梅婚配，故事奇幻惋恻。全书凡附插图四十幅，造境布局高雅，人物意态轻盈，线条细挺而匀称，堪称明代版画之绝作。

»《青楼韵语广集》

明方悟编，崇祯四年刊本。全书八卷，选辑元、明两代词人所作有关青楼之南北散套及小令，依类编辑。每卷中各附双幅插图一帧，共八帧。系摘卷中文词造意绘画，布局及格调俱甚高雅，刻镂精绝，为武林张几绘图，歙县黄君倩镌雕。其凡例云：“图书俱系名笔，仿古细摩辞意，数日始成一幅。后觅良工，精密雕镂，神情绵邈，景物灿彰，与今时草草出相者迥别。”诚非夸大之词。

»《琵琶记》

题元高东嘉填词，明末乌程闵氏朱墨套印本。是书为南曲名著，演蔡伯喈、赵五娘故事。本文墨印，眉批圈点则印以朱色。全书四卷，共四十四折。卷前有插图二十幅，署“吴门王文真绘”，雕绘俱佳，印以白棉纸，至为精绝。

» 《吴骚集》

明王稚登编，明末武林张琦校刊本。全书四卷，所录皆明人所作小令。书中附刻双页插图共二十九幅，皆自文中摘句，揣摩其意而绘刻，气韵生动，线条细致匀称。图为黄端甫所绘，黄应光所镌雕。

» 《四声猿》

题天池生著，徵道人评。天池生即山阴徐渭文长。明末坊刊，书中附刻批点，批刻于书眉，每折后有总评。不分卷，全书杂剧四折。每折各附双页插图一幅，题水月居绘，不署刻人，而镌雕甚精。

» 《李卓吾先生批评浣纱记》

明梁辰鱼撰，明末苏州坊刊五种传奇之一。是书演范蠡用谋，越王勾践献西施于吴，而复越亡吴故事。全书二卷，凡四十五出，每卷前各列载其卷目，及双页插图七幅，不署绘刻者姓氏。

» 《新刻魏仲雪先生批点西厢记》

元王实甫撰，关汉卿续，明上虞魏浣初仲雪父批评，李裔蕃九仙父注释，明末存诚堂刊本。全书二卷，凡二十出，演唐元稹《会真记》张生与莺莺故事。魏氏之批，刻于书眉，每出后各有总批。卷前有双页插图几十幅，又刻有莺莺遗像一幅。

由此可见，明代版画的辉煌灿烂，以及戏曲小说插图所放射出来的光芒是史无前例的。这些作品，不仅在中国版画史上大放异彩，甚至在世界版画史上也有极大的贡献。遗留至今的如此丰富的木刻插图，自然是我国一份极其宝贵的财产，值得珍惜与研究。

（二）画谱

除了戏曲小说的插图，明代的版画还有“画谱”。这种画谱有专刻山水的，如《西湖游览志》、《海内奇观》、《名山图》等；有专刻人物的，如《人镜阳秋》、《女范编》、《帝鉴图说》等；有专刻翎毛花卉的，如《雪斋竹谱》、《花鸟谱》、《十竹斋画谱》等；有刻兵法武器的，如《神器谱》等；有刻谱录的，如《方氏墨谱》、《程氏墨苑》等；有专摹刻前人名画的，如《历代名家画谱》、《唐六如画谱》等。下面简略介绍几种画谱。

» 《雪斋竹谱》

明海阳程大宪敬敷撰，万历四十六年刊本。大宪以书篆诗画闻名于当世，而画尤工于竹。此书即程氏所作画竹之法，分上下两卷。凡绘刻各式竹及楷则七十二幅，而不著镌雕人姓氏，是谱或用渲染，或用勾勒，或纵横错综，或劲节挺然，疏密浓淡，悉有风致。

» 《程氏墨苑》

明程大约君房撰，万历间程氏滋兰堂刊本。新安程氏世以治墨为业，其所治墨，著称于时，尝进贡内廷。此书为其编所制之墨为图谱，凡十二卷。其谱分玄工、舆图、人官、物华、儒藏、缁黄等六类，每类一卷，又析分上下。

《牡丹亭还魂记》

明万历四十五年刻本。右：第十四出《写真》插图。左：第十八出《诊祟》插图。

《青楼韵语广集》

明崇祯四年刻本。卷三『梧影过银床，乍回眸，惊见檀郎』插图。

《琵琶记》明乌程闵氏刻本。

《吴骚集》明武林张琦校刻本。

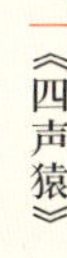

《四声猿》明末刻本。第三折《雌木兰替父从军》插图。

《李卓吾先生批评浣纱记》明刻本。

《新刊魏仲雪先生批点西厢记》明末存诚堂刻本。

《雪斋竹谱》明万历四十六年重刻本。

《程氏墨苑》
明万历间滋兰堂刻本。

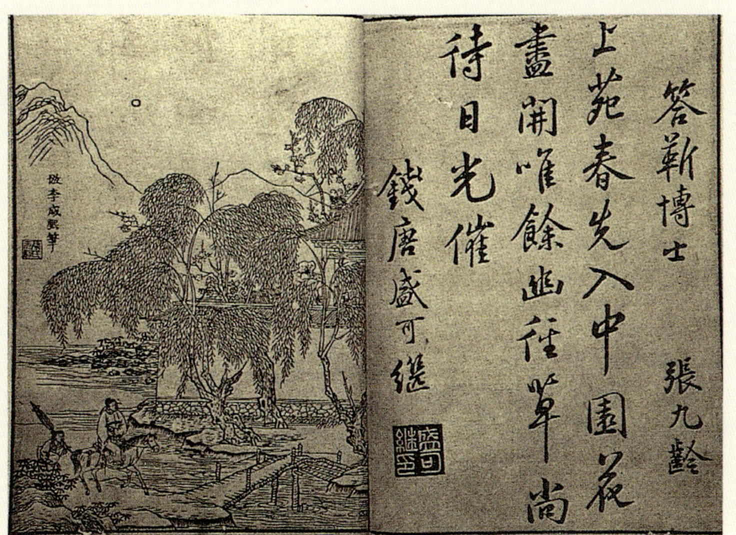

《五言唐诗画谱》
明万历间集雅斋刻本。

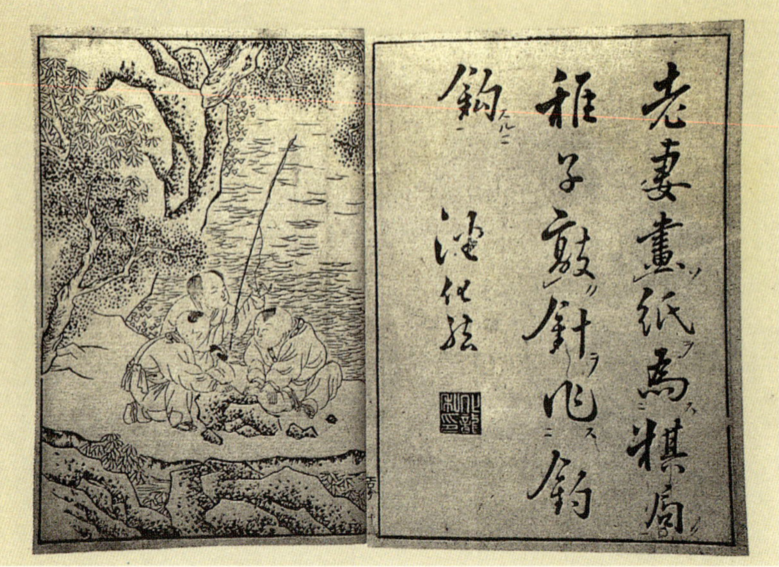

《唐解元仿古今竹谱》
明万历间清绘斋刻本。

《花鸟谱》
明天启间集雅斋刻本。

其文之刻，多倩名家手书上版。其图之绘，多由于云鹏、吴佐千任之。镌工仅载黄镃一人。其雕镂之精，时称佳构。

»《五言唐诗画谱》

明黄凤池编，万历间集雅斋刊本。书凡一卷，为唐诗画谱之一。全谱凡录五言五十一首，七言四十九首，每诗一图。诗率佳作，由名家手书上版。图系蔡元勋仿古绘制，造境高雅，格调绝佳。镂雕不详出自何人，而细腻精绝。真可谓“诗中有画，画中有诗”。

»《唐解元仿古今画谱》

明黄凤池编，清绘斋刊本。书仅一卷，凡图四十五幅，系黄氏倩名家临摹唐寅之画而上版，每画后亦倩名家手书题诗。唯不著镌雕者姓名。

»《花鸟谱》

明黄凤池编，天启元年集雅斋刊本。全书凡《木本花鸟谱》及《草本花诗谱》各一卷，各有图四十五幅。图刻细腻，纤毫毕现。吴翰臣序云：“凤池黄公游于虎林，纵览名山，得觇三吴风致……采访百家，旁搜诸品，按图索骥，草木二种，汇以成帙。而飞翔动植，花鸟翎毛，枝干遒劲，铺叙点缀，描画工致。”

明代的许多画谱，尽管刊印意图各有不同，但其性质都是以木版来刻印，并且有一定的艺术性。在版画的发展上，它们丰富了版画的内容，使得明代的版画更为多彩多姿。

五、套色印本

嘉靖以后，吴兴渐渐成为明代刻书业的中心。万历间，闵齐伋、闵齐华、闵昭明等，与同邑凌蒙初、凌瀛初、凌汝亨等，都采用套印方法，刊刻了许多带有批注评点的古书，据统计，他们所套印的图书不下三百种。闵、凌两家刻印的套色书，开始是两色，如台北故宫博物院所藏明闵齐伋朱墨套印本《东坡易传》及明吴兴凌氏刊朱墨套印本《李长吉歌诗》。后来发展为三色、四色、五色，如“中央图书馆”所藏明万历庚申（四十八年）闵齐伋刻朱、墨、蓝三色套印本《楚辞》，明万历间吴兴凌瀛初刊朱、墨、黄、蓝四色套印本《世说新语》，明吴兴凌云刊朱、墨、紫、蓝、绿五色套印本《文心雕龙》。这些套色印刷的书籍，五色缤纷，光彩绚烂。刻印者的用意在于方便学习，所以在书的内容上并没有什么特别价值，但是印刷技术却因此大大向前迈进了一步。

把套色印刷术和版画技术结合起来，就成了彩色版画印刷术，为中国雕版印刷术放射出极其辉煌灿烂的光彩。到这时候，木刻版画已不是书中插图，而是独立的艺术了。明代套色版画中，获得评价最高的是明末胡正言的《十竹斋画谱》与《十竹斋笺谱》。

» 《十竹斋画谱》

其中，题竹一图的题词有“己未秋日录于草草庵、海阳程胜”的字句，而己未是万历四十七年（公元一六一九年），足证《十竹斋画谱》绘刻的工作在此之前便开始了。画谱的完成是在天启七年（公元一六二七年）秋冬间，

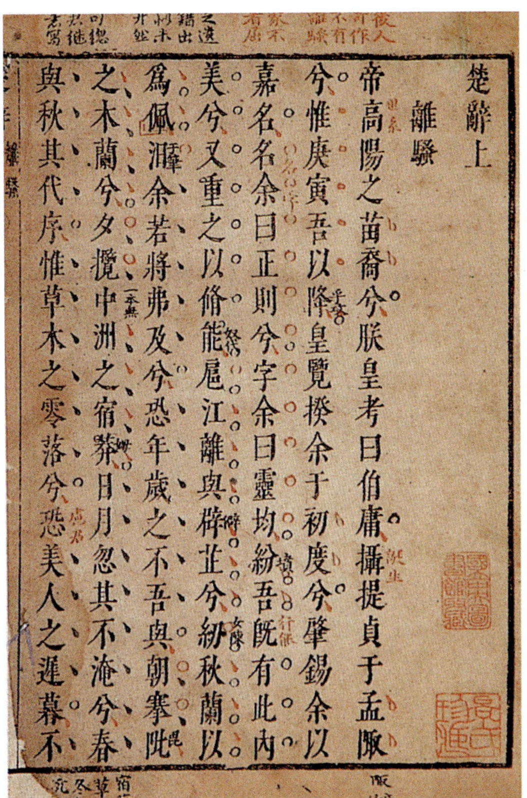

楚辭上

離騷

帝高陽之苗裔兮朕皇考曰伯庸攝提貞于孟陬兮惟庚寅吾以降皇覽揆余于初度兮肇錫余以嘉名名余曰正則兮字余曰靈均紛吾既有此內美兮又重之以脩能扈江離與辟芷兮紉秋蘭以爲佩汩余若將弗及兮恐年歲之不吾與朝搴阰之木蘭兮夕攬中洲之宿莽日月忽其不淹兮春與秋其代序惟草木之零落兮恐美人之遲暮不

古詩歸第五卷

漢三

樂府古辭

練時日

練時日侯有望焫膋蕭延四方九重開靈之斿垂惠恩鴻祜休靈之車結玄雲駕飛龍羽旄紛靈之下若風馬左蒼龍右白虎靈之來神哉沛先以雨般裔裔靈之至慶陰陰相放悲震澹心靈已坐五音飭虞至旦承靈億牲繭栗粢盛香

▲《古诗归》明闵振业刊三色套印本。

▲《楚辞》明万历四十八年乌程闵齐伋刊朱墨蓝三色套印本。

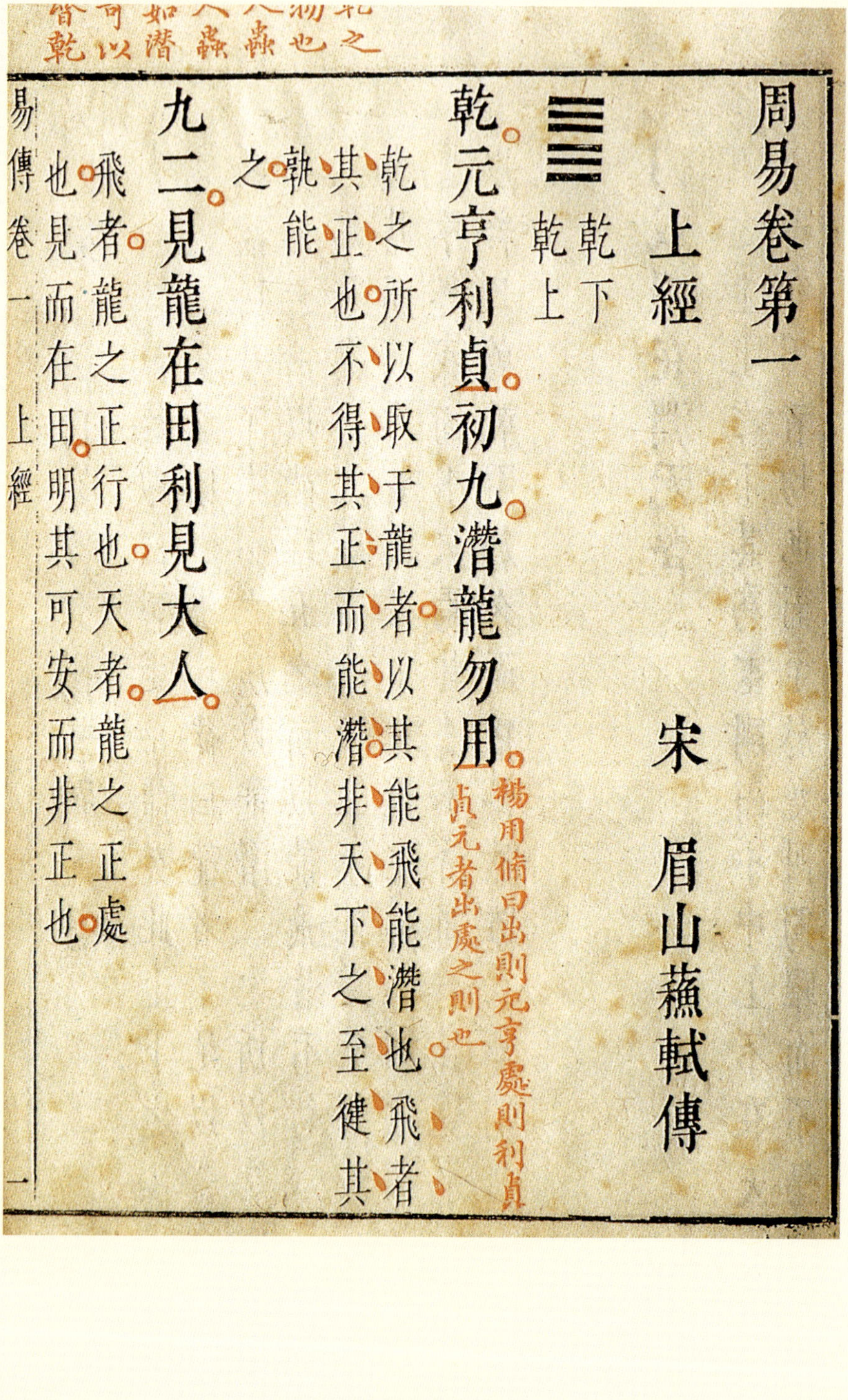

乾之 物也 人蟲 人蟲 如潛 可以 皆乾

周易卷第一

上經

宋 眉山蘇軾傳

☰ 乾下乾上

乾元亨利貞。初九潛龍勿用。

楊用脩曰：出則元亨，處則利貞。貞元者，出處之則也。

乾之所以取于龍者，以其能飛能潛也。飛者其正也，不得其正而能潛，非天下之至健其孰能之。

九二見龍在田利見大人。

飛者，龍之正行也；天者，龍之正處也。見而在田，明其可安而非正也。

易傳卷一 上經 一

▶ —《东坡易传》

明闵齐伋朱墨套印本。

《世说新语》

明万历间吴兴凌瀛初刊朱墨黄蓝四色套印本

《文心雕龙》

明吴兴凌云刊朱墨紫蓝绿五色套印本

《十竹斋画谱》

明万历、天启间刊彩色套印本。

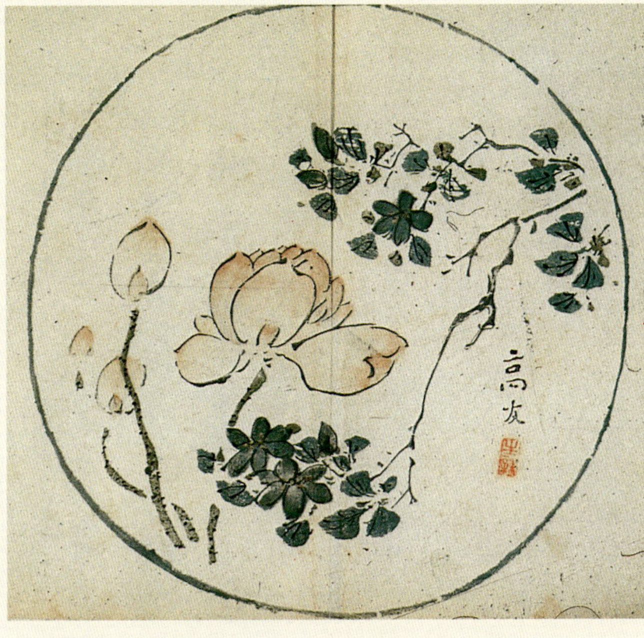

《十竹斋画谱》

明万历、天启间彩色套印本。

《十竹斋笺谱》

明崇祯间刊彩色套印本。

▲ |《十竹斋笺谱》

明崇祯间刊彩色套印本。

至崇祯六年（公元一六三三年），再请醒天居士题画册小引。此书初印本传世极罕，“中央图书馆”藏有一部。全书八册，分为《书画谱》、《墨华谱》、《果谱》、《翎毛谱》、《兰谱》、《竹谱》、《梅谱》、《石谱》八种，每种十幅，一图一文，互为辉映。全书采用银版印刷术，精丽无比，融彩色套版印刷术于版画中，使版画成为一专门而独立之艺术。作品有胡正言自己画的，也有当代名家所画。是谱写形既妙，雕镂亦巧，设色天工，若墨色之浓淡，着色之浅深，无不奇妙。其友人杨文骢于《翎毛谱》前作小序言：“胡曰从氏巧心妙手，超越前代。以铁笔作颖生，以梨枣代绢素，而其中皴染之法，及着色之轻重浅深，远近离合，无不呈妍曲致，穷巧极工。即当行作手视之，定以为写生妙品，不敢作刻画观。”此说并非过誉。此谱有清康熙芥子园的翻刻本及光绪五年（公元一八七九年）校经山房的翻刻本。

» 《十竹斋笺谱》

《十竹斋笺谱》乃是继《画谱》之后的又一部精心巨作，完成于崇祯甲申十七年（公元一六四四年）。此书共有四卷，计印画页二百八十九幅，每卷分若干类。所画内容，有商鼎周彝、古陶汉玉等，或以山水画古人诗意，也绘刻历史故实。这些作品，只以极简单的一二代表物来表达故事中的意义，“纯以象征之法，写读者熟知之故事或成语”。因为这是一部笺谱，从性质来说不同于画谱，所以从作风上来说，这些作品是具有图案性质的绘画。此书各图均彩色套印，采用“饾版”与“拱花”。“饾版”就是将画稿按深浅浓淡各刻一版，依次套印，有至十多次者。“拱花”即现今印刷术中之凸版，将纸压在版上，花纹就凸现在纸上，书中鸟类羽毛、流水行云，多用此法。此书在印刷史上开一新纪元，影响深远，出其他画谱之上。此谱有一九三四年北平荣宝斋翻刻本，台北故宫博物院藏有一部。

十竹斋的套色版画体现了明代版画的辉煌成就，也是版画史上一个划时代的创作，将中国的套色印刷水平提高到前所未有的程度。它是明清以来为国内外美术家们一致颂扬赞美的版画艺术，贡献极大，应该得到最高的评价。

六、铜活字印刷的应用

明代的版画及套色印刷可以说是中国雕版印刷方法的改进，铜活字印刷则是印刷材料及技术的改良与革新。宋、元用活字印刷的书籍世已无存，有传世印本可证者，则始于明代弘治迄万历年间之铜活字本，其使用年代约当公元十五世纪末至十六世纪末，虽较朝鲜及欧洲之金属活字版稍晚，但在中国印刷史上乃属创举。明代自弘治以后，铜活字印刷非常盛行，而最著名的有锡山华燧、华煜之会通馆，华坚、华镜之兰雪堂及安国之桂坡馆。华燧会通馆于弘治三年印《宋诸臣奏议》，为现存最早的铜活字本，现藏“中央图书馆”。又于弘治五年印《锦绣万花谷》，弘治八年印《容斋随笔》，弘治十一年印《会通馆集九经韵览》。此外还印了《百川学海》、《记纂渊海》、《古今合璧事类前集》、《文苑英华纂要》、《文苑英华辨证》及《十七史节要》等。华燧刊印的书籍，每页版心下方都有“会通馆活字铜版印”字样。康熙《无锡县志》卷二十二记载，华珵“又多聚书，所制活版甚精密，每得秘书，不数日而印本出矣”，可见华珵也印了不少活字版的书。但今日所见华珵印的书，只有弘治十五年铜活字印本的《渭南文集》。华坚兰雪堂有正德八年印《白氏

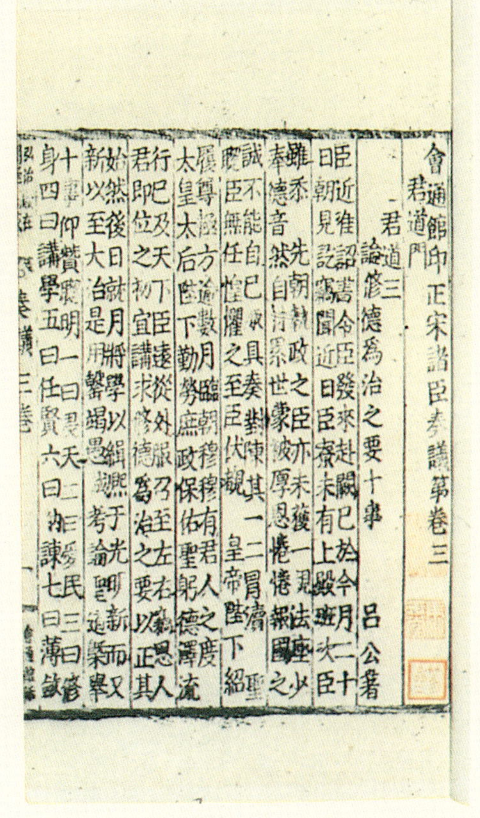

會通館印正宋諸臣奏議第卷三
君道門
君道三
論修德爲治之要十事　呂公著
臣近準詔書令臣發來赴闕已於今月二十日朝見訖竊聞近日臣寮未有上殿班次臣雖忝先朝執政之臣亦未獲一見法座少奉德音然自念累世蒙被厚恩惓惓報國之誠不能自已敢具奏對陳其一二冒瀆聖聽臣無任惶懼之至臣伏覩皇帝陛下紹履尊極方逾數月臨朝穆穆有君人之度太皇太后陛下勤勞庶政保佑聖躬德澤流行已及天下臣遠從外服召至左右竊思人君即位之初宜講求修德爲治之要以正其始然後日就月將學以緝熙于光明而又新以至大治是用罄竭愚懇考論聖迹策舉十事仰贊聖明一曰畏天二曰愛民三曰修身四曰講學五曰任賢六曰納諫七曰薄斂

▲《会通馆印正宋诸臣奏议》

明弘治三年锡山华燧会通馆铜活字印小字本。每页版心下方有“会通馆活字铜版印”字样。

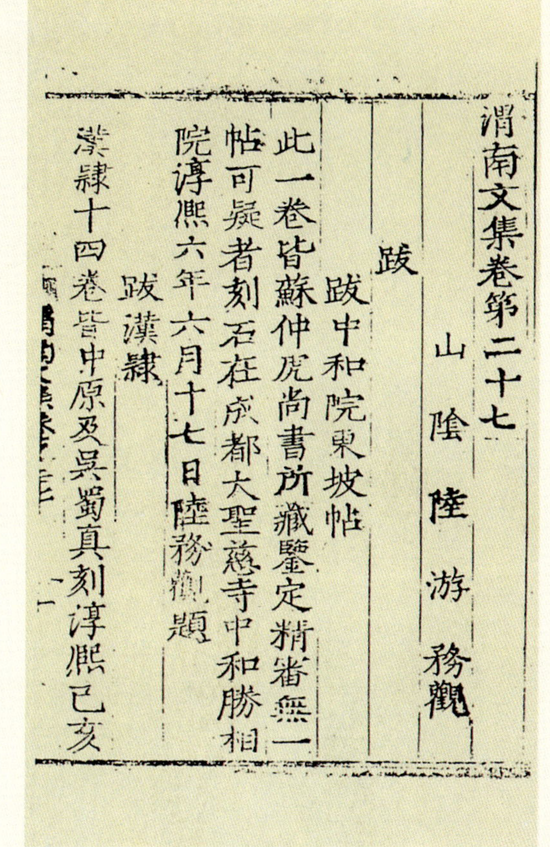

渭南文集卷第二十七
山陰陸游務觀
跋
跋中和院東坡帖
此一卷皆蘇仲虎尚書所藏鑒定精審無一帖可疑者刻石在成都大聖慈寺中和勝相院淳熙六年六月十七日陸務觀題
跋漢隸
漢隸十四卷皆中原及吳蜀真刻淳熙己亥

▲《渭南文集》

明弘治十五年华珵铜活字印本

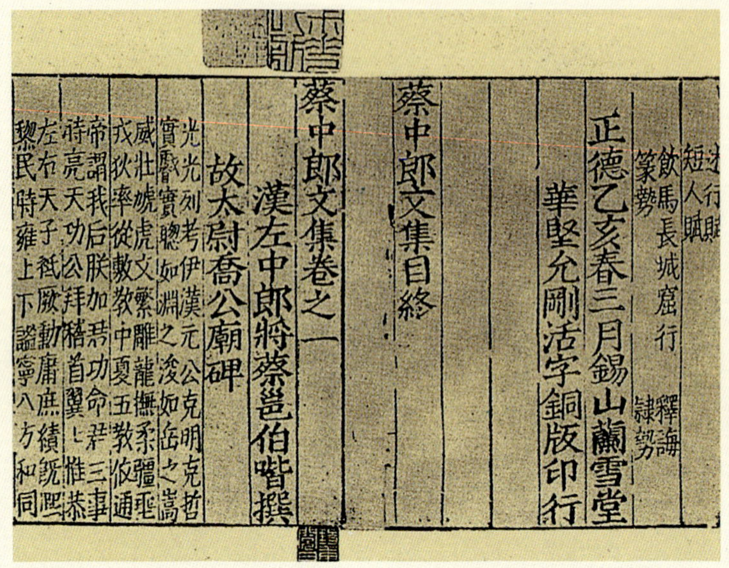

短人行賦

飲馬長城窟行　釋誨

篆勢　隸勢

正德乙亥春三月錫山蘭雪堂

華堅允剛活字銅版印行

蔡中郎文集目終

蔡中郎文集卷之一

漢左中郎將蔡邕伯喈撰

故太尉喬公廟碑

光光列考伊漢元公克明克哲

實叡實聰如淵之浚如岳之嵩

威壯虓虎文繁雕龍撫柔疆垂

戎狄率從敷教中夏五教攸通

帝謂我后朕加君功命君三事

時亮天功公拜稽首翼翼惟恭

左右天子祇厥勳庸庶績既熙

黎民時雍上下謐寧八方和同

▲《蔡中郎文集》

明正德十年锡山华坚兰雪堂铜活字印本。目录后有“锡山兰雪堂华坚尤刚活字铜版印行”牌记。

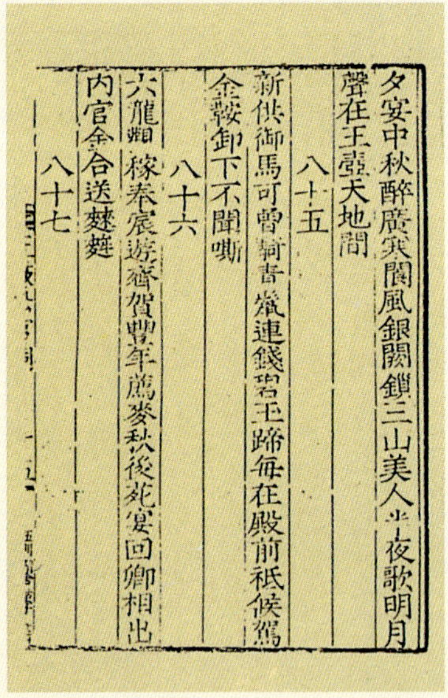

夕宴中秋醉廣寒閬風銀闕鎖三山美人半夜歌明月

聲在玉壺天地間

八十五

新供御馬可曾騎青驄連錢碧玉蹄每在殿前祗候駕

金鞍卸下不聞嘶

八十六

六龍蟠稼春宸遊齋賀豐年薦麥秋後苑宴回卿相出

內官分合送婕妤

八十七

▲《王岐公宫词》

明五川精舍铜活字印本。每页版心下方有“五川精舍活字印行”小字一行。

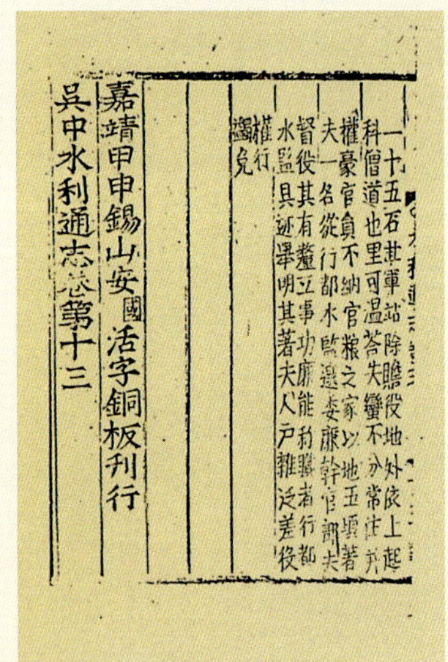

嘉靖甲申錫山安國活字銅板刊行

吳中水利通志卷第十三

▲《吴中水利志》

明嘉靖三年安国铜活字印本。卷末有“嘉靖甲申锡山安国活字铜板刊行”牌记一行。

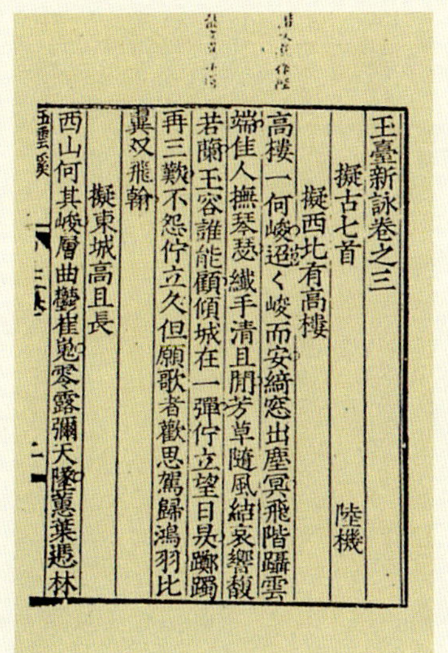

玉臺新詠卷之三
陸機
擬古七首
擬西北有高樓
高樓一何峻迢迢峻而安綺窗出塵冥飛階躡雲
端佳人撫琴瑟纖手清且閑芳草隨風結哀響馥
若蘭玉容誰能顧傾城在一彈佇立望日昃躑躅
再三歎不怨佇立久但願歌者歡思駕歸鴻羽比
翼雙飛翰
擬東城高且長
西山何其峻層曲鬱崔嵬零露彌天墜蕙葉憑林

▲《玉台新咏》

明五云溪馆铜活字印本。每页版心上方有“五云溪馆活字”二行。

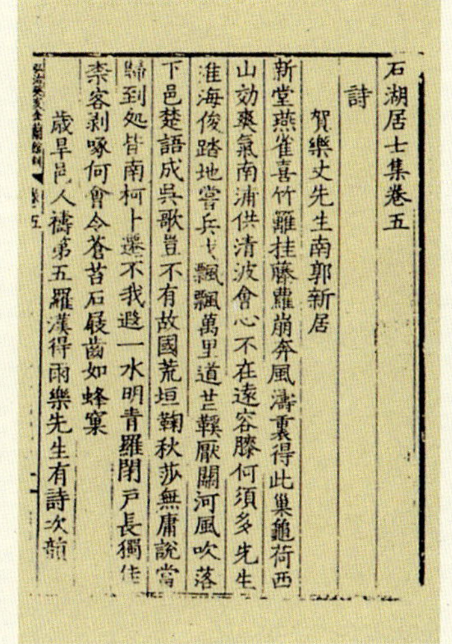

石湖居士集卷五
詩
賀樂丈先生南郭新居
新堂燕雀喜竹籬挂藤蘿崩奔風濤裏得此巢龜荷西
山効爽氣南浦供清波會心不在遠容膝何須多先生
淮海俊踏地當兵戈飄飄萬里道芒鞋厭關河風吹落
下邑楚語成吳歌豈不有故國荒垣鞠秋莎無庸說當
歸到處皆南柯上棗不我遐一水明青蘿閉戶長獨佳
春客剝啄何曾今蒼苔石餘齒如蜂窠
歲旱邑人禱第五羅漢得雨樂先生有詩次韻

▲《石湖居士集》

明弘治十六年金兰馆铜活字印本。每页版心上方有“弘治癸亥金兰馆刻”八字。

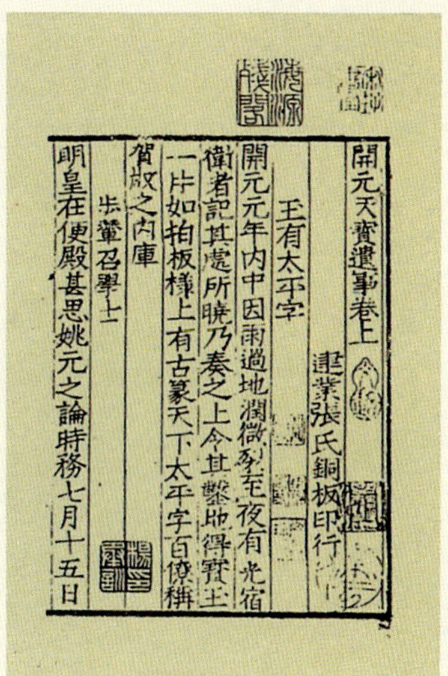

開元天寶遺事卷上
建業張氏銅板印行
王有太平字
開元元年內中因雨過地潤微裂至夜有光宿
衛者記其處所曉乃奏之上令其鑿地得寶玉
一片如柏板樣上有古篆天下太平字百僚稱
賀收之內庫
步輦召學士
明皇在便殿甚思姚元之論時務七月十五日

▲《开元天宝遗事》

明建业张氏铜活字印本。卷上首页有“建业张氏铜板印行”一行。

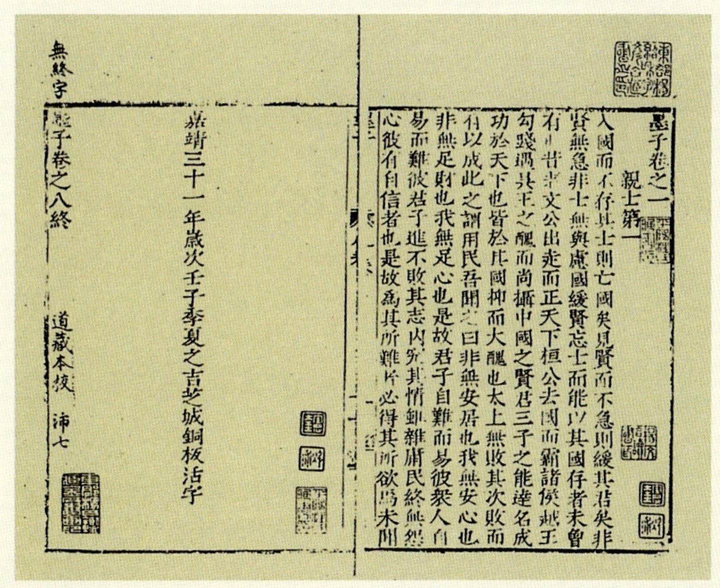

墨子卷之八終
道藏本校
嘉靖三十一年歲次壬子季夏之吉芝城銅板活字

墨子卷之一
親士第一
入國而不存其士則亡國矣見賢而不急則緩其君矣非
賢無急非士無與慮國緩賢忘士而能以其國存者未曾
有也昔者文公出走而正天下桓公去國而霸諸侯越王
句踐遇吳王之醜而尚攝中國之賢君三子之能達名成
功於天下也皆於其國抑而大醜也太上無敗其次敗而
有以成此之謂用民吾聞之曰非無安居也我無安心也
非無足財也我無足心也是故君子自難而易彼衆人自
易而難彼君子進不敗其志內究其情雖雜庸民終無怨
心彼有自信者也是故為其所難者必得其所欲焉未聞

▲《墨子》

明嘉靖三十一年芝城铜活字蓝印本。卷八末页中间有“嘉靖三十一年岁次壬子季夏之吉芝城铜板活字”一行。

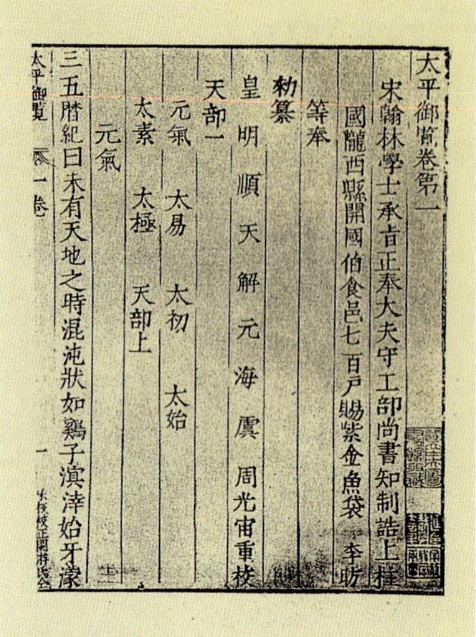

▲《太平御览》

明隆庆间闽人饶氏等铜活字本。每页版心下有“宋板校正闽饶氏（或游氏）仝板一百余部”二行。

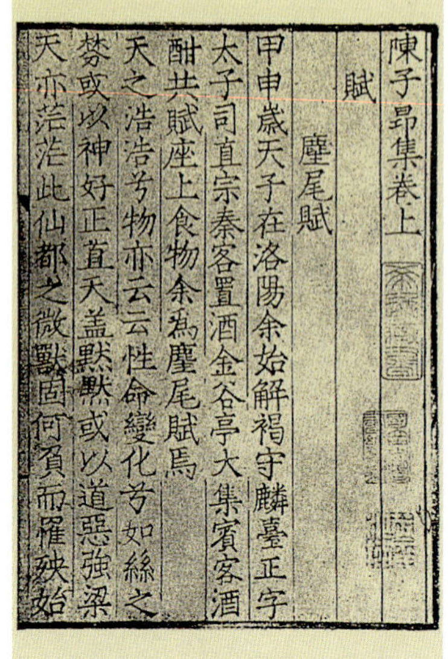

▲《陈子昂集》

明九行铜活字本。

长庆集》及《元氏长庆集》，正德十年印《蔡中郎文集》及《艺文类聚》，正德十一年印《春秋繁露》。华坚印书多有“锡山兰雪堂华坚允刚活字铜板印行”牌子，又有“锡山”两字圆印及“兰雪堂华坚活字铜板印”篆文小印。与华家同样著名的，又有安家。安国桂坡馆印书多在嘉靖年间，嘉靖三年印《吴中水利通志》，有“嘉靖甲申锡山安国活字铜板刊行”牌子，其他如《古今合璧事类备要》、《颜鲁公文集》、《重校鹤山先生大全文集》，虽无确切年代，大约均成于嘉靖十三年安国去世之前。此外，尚有弘治十六年金兰馆印的《石湖居士集》及《西庵集》，每页版心上方均有“弘治癸亥金兰馆刻”八小字；五云溪馆印《玉台新咏》，版心上方有“五云溪馆活字”二行；五川精舍印《王岐公宫词》，每页版心下方有“五川精舍活字印行”小字一行；建业张氏印《开元天宝遗事》，卷上首页有“建业张氏铜板印行”一行；嘉靖三十一年芝城印《墨子》，卷八末页中间有“嘉靖三十一年岁次壬子季夏之吉芝城铜板活字”一行；隆庆间闽人饶氏等印《太平御览》。明代铜活字本种数最多者有《唐人集》，约近百家，然未知印于何处何家，今尚传世者有《陈子昂集》及《岑嘉州集》。由以上资料，可见明代铜活字印刷之盛行。

明代铜活字印刷的渊源，由于史料缺乏，无从详考。唯朝鲜于十三世纪开始用铜活字印书，至十五世纪初乃大规模铸造。明永乐元年（癸未，公元一四〇三年）铸字数十万，称“癸未字”，其后不断改良。中国开始使用铜活字之时，朝鲜已铸造不下十次。当十五世纪前后，中朝关系密切，使节往来频繁，令人不免怀疑朝鲜之铜活字版与无锡华氏或中朝使节有关。

明代铜活字的制造及使用方法，至今仍是一个难以解答的问题。明代的铜活字是雕刻的，还是用字模铸造的，或者两者俱有，文献上都没有详细的记载。而且四五百年来，铜活字都已损毁无存，没有实物可以参考或化验。据推测，铜活字的制造，应是先刻木字，制成泥范，再熔铜注入，待坚固后取出，加以修整，方能使用。朝鲜成俔《慵斋丛话》云：“大抵铸字之法，先用黄杨木刻诸字，以海浦软泥平铺印板，印着木刻字于泥中，则所印处凹而成字。于是合两印版，熔铜，从一穴泻下，流液分入凹处，一一成字。遂刻剔重复而整之。”中国铜活字如系铸造，其方法应大致与此相似。

包背装

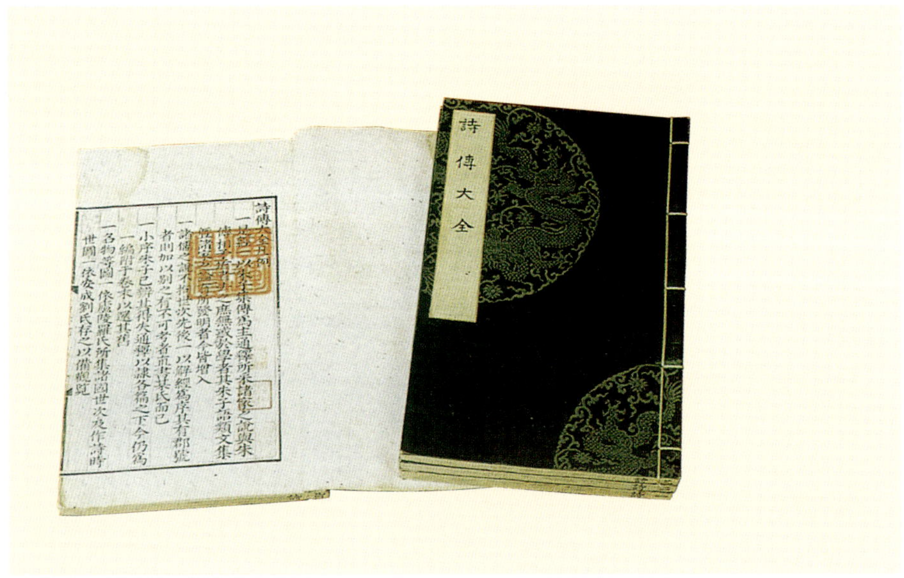

线装

七、图书形制的演变

宋元时代盛行的蝴蝶装，四周为空白，置架时横放而竖立，不致磨损文字部分。但因其装置系靠版心部分粘连书背，时间长久，书页终究容易脱落。明代初年，又从而改进作包背装。包背装是将书页正折，版心向外，即有文字的一面完全露在外面，书页左右两边粘连在书脊上，并在书脊部分用纸捻或线订牢，在外面用书皮以糨糊粘连包裹书脊。其外形则与蝴蝶装相同。此种装订法因书名及卷页数在书口，甚便于查检，所以边栏左上角不再如宋元时代附刻书耳。包背装大抵始于明永乐初年，存世的《永乐大典》残卷即作包背装。

明代中叶，线装兴起。线装与包背装折叠方法相同，唯不用糨糊包裹书脊，改在空白书边打孔，穿纸捻，用线订成书册。包背装封面、封底为一张纸，线装书改为两张半页的软纸，分置书身前后，连同书身一起打孔穿线，如此则封皮不至脱落。线装书一般只打四个孔，称为“四针眼装”，大的书在上下两角各另打一眼，成为六针眼装。讲究的线装，有时用绫绢之类包起上下两角，称为镶包角。线装书在明代中叶出现以后，直到现在都还在应用，是中国流行最久的一种装订法。

御註孝經

開宗明

仲尼居曾子

子曰先王有

睦上下無怨

德者。人生所

美。造其極而

當然之理。要

衆也。順天下。

第七章

清代的图书

清代三百年间，出版图书之多，超乎前代，而且考证校雠之学，至乾嘉而极盛，故出版图书多精审可靠。只因时代较近，传本易得，收藏家往往不甚重视。再过数百年，其价必高，可以预测。今据所知，举其具有代表性的，分别述之。

一、《四库全书》的编纂

清乾隆三十七年，高宗诏求遗书，令各省访求采进。四方之书既集，乃开四库全书馆于翰林院，命文渊阁直阁学士兵部侍郎纪昀为总纂官，选儒臣校雠编纂，汇为《四库全书》。当时共抄了七部，分储七阁，第一部藏于紫禁城内文华殿后之文渊阁，现藏台北故宫博物院。第二部藏奉天行宫之文溯阁，现藏沈阳图书馆。第三部藏北京圆明园之文源阁，毁于英法联军。第四部藏热河承德避暑山庄之文津阁，现存于中国国家图书馆。以上藏书地点称为“北四阁”，所藏《四库全书》仅供乾隆皇帝御览之用。第五部藏江苏镇江金山寺之文宗阁，毁于太平天国。第六部藏江苏扬州大观堂之文汇阁，亦毁于太平天国。第七部藏浙江杭州西湖孤山之文澜阁，现藏浙江省图书馆。以上藏书地点称为“南三阁”，可以公开阅览。从著作类型来看，《四库全书》是一部大丛书，内容包括经、史、子、集四大部分，共编集了古代直到当时的著作三千四百五十七种，计七万九千零七十卷，于乾隆四十七年完成。编纂之时，每书皆校其得失，撮举大旨，叙于本书卷首，名曰提要，综各书之提要，合为《四库全书总目》二百卷。由于这部目录编制得法，成为当时及后代研究学问的指南，它所用的分类法，即

《四库全书》封面之绢色及楠木书函

经、史、子、集四部封面颜色分别为绿、红、蓝、灰，简明目录用黄色。

《四库全书》

清乾隆间文渊阁抄本。

所谓“四库分类法”，几乎成为当时统一的分类法。《四库全书》在我国学术史上的影响是相当大的。

二、雕版印刷的图书

清代学者舍空疏而重证实，刻书之事亦随学风而改进。所刻书籍，皆能访求善本，精校慎刻。清代雕印的书籍最具特色的有三大类，即武英殿本、局刻本及家刻本，分述于后。

（一）武英殿本

清代官刻书几乎全集中在内府。内府刻书处称为武英殿刻书处，是康熙十二年（公元一六七三年）所设，所以清代内府刊印的书，一般称为“武英殿本”，或简称“殿本”。所刻的书除正经、正史外，多是“御撰”、“御批”、“钦定”的书，内容则遍及经、史、子、集四部。刻书之数，以康熙、乾隆两朝为最多。道光以后，随着清室的衰微没落，刻印图书的数量大为减少。清代殿本书，实渊源于明代的经厂本，顺治一朝，纂刻书籍，均由经厂原有工匠承办，故其格式与经厂本大同小异，顺治十三年内府刊印的《御注孝经》及《御注道德经》就是最显明的例子。殿本书籍以康熙一朝所印最为精美。其中有许多是用软体字（楷书）刻的，纸张都是最洁白坚韧的上等开化纸，如《御定全唐诗》和七经等。《全唐诗》乃康熙四十六年两淮盐政曹寅所刻，世称扬州诗局本，因为是奉敕刊印的，所以也被列入内府本。

根据康熙皇帝命令编制的书，如《康熙字典》、《渊鉴类函》、《经籍纂诂》、《骈字类编》、《数理精蕴》等，虽是宋体字，但刊刻精工，纸精墨妙，不失为印本中之上品。雍正一朝，所刻书籍别具格式，字体力求方整，刀法力求匀净，如雍正五年所刻《钦定春秋传说汇纂》及十年所刻《大清会要》。乾隆四年所刻《十三经注疏》及二十一史，刻印极为工致，颇为当时人所重，殿版之名遂大为显著。此外，又翻刻了一些宋元旧本，如乾隆十三年刊《古香斋袖珍本史记》，四十八年翻刻《相台岳氏五经》。自此以后，敕纂各书之写刻印装每下愈况。嘉庆一朝，四年刻《钦定八旗通志》，九年刻《熙朝雅颂集》，十九年刻《全唐文》，已不如乾隆以前诸殿本。道光、咸丰、同治三朝内府所刻书已不值称道了。光绪以后，内府出书皆用铅印、石印。

清代内府还刊印不少极精美的套色印本，如康熙年间的朱墨套印本《避暑山庄诗》、《御选唐诗》、《词谱》及四色套印本《古文渊鉴》。乾隆年间的三色套印本御选《唐宋文醇》、四色套印本《御选唐宋诗醇》及五色套印本《劝善金科》等。这些书在刊印工艺上确是有高度的水准。

清代殿版还有精美的版画。康熙年间的《避暑山庄诗图》、《御制耕织图诗》，雍正年间《古今图书集成》的插图，乾隆年间的《御制圆明园四十景诗》、《南巡盛典》等，都是由著名画家和优秀刻工合作而成的。道光以后，清代内府不再刊印版画。

殿本书传世者较多，以上所谈到的各种殿本，均藏于台北故宫博物院。

（二）局刻本

局刻本或称局本，系清代中叶以后各省官书局所刻的书籍。乾嘉以来，江苏、浙江一带素称文物极盛之区，于公则有南三阁典藏《四库全书》，于私则有宁波范氏天一阁、杭州汪氏振绮堂、长州汪氏艺芸书舍、常熟瞿氏铁琴铜剑楼、南京朱氏开有益斋，均收藏有极丰富之宋元刻本。洪秀全定都江南，其兵燹所及，自然以江浙为最盛，当时的公私藏书因此荡然无存。曾国藩领兵平乱，目睹或亲历江南文物所遭受的厄运，于咸丰十一年（公元一八六一年）克复安庆后，即遣人采访遗书，刻《王船山遗书》。同治三年（公元一八六四年），曾氏拟好一份书局章程，正式设局于安庆，即金陵书局，后称江南官书局，亦即国学书局。

在振兴文教必先刊刻书籍的大前提下，各省皆有反应。大体而言，同治年间，江宁、杭州、武昌、苏州等地同时设局，淮南、南昌、长沙、广州、济南等地亦先后设局。

自同治至光绪间，先后设局以刊书者必定很多。净雨《清代印刷史小记》列有十四所，即江苏的江南书局（江宁）、江楚书局（江宁）、淮南书局（扬州）和苏州书局（苏州），浙江的浙江书局（杭州），湖北的崇文书局（武昌），湖南的思贤书局（长沙），江西的江西书局（南昌），四川的存古书局（成都），山东的皇华书局（济南），山西的山西官书局（太原），福建的福州书局（福州），广东的广雅书局（广州），以及云南的云南书局（昆明）。

王民信先生的《晚清局刻本》一书中另列有九所官书局，即上海官书局、湖北官书局、湖南官书局、河南官书局、山西浚文书局、甘肃兰州官印书局，以及河北的直隶官书局、京都官书局和天津官书局。

另有七所冠有地名之书局，即山东书局、扬州书局、成都书局、广东书局、粤东书局、广州书局、海南书局。

以上所列书局，其所刊刻图书，台湾各大图书馆均有收藏。大体言之，各官书局所刊刻之书籍，以四书、五经、《钦定七经》、《御批通鉴》、《御选古文渊鉴》、十三经、《说文》、《文选》之类为多。以十三经而论，当时刊刻的书局计有湖北崇文书局（同治七年刊本）、浙江书局（同治八年据崇祯十二年序永怀堂刊本重校修本）、广东书局（同治十年据武英殿本重刊）、山东书局（同治十一年刊本）、江西书局（同治十二年据仪征阮氏文选楼藏本重刊）、淮南书局（光绪四年据毛氏汲古阁本补刊本）和湖北官书局（光绪十二年据崇文书局本重刊）。

此外，二十四史有五局合刻本，约刻于同治光绪间。其中，金陵书局刻《史记》、《汉书》、《后汉书》、《三国志》、《晋书》、《宋书》、《南齐书》、《梁书》、《陈书》、《魏书》、《北齐书》、《北周书》、《北史》、《南史》，浙江书局刻《旧唐书》、《新唐书》、《宋史》，崇文书局刻《旧五代史》、《新五代史》、《明史》，江苏书局刻《辽史》、《金史》、《元史》，淮南书局刻《隋书》。

各官书局都是由各省重臣慎重主持其事。曾国藩、曾国荃、李鸿章、马新贻、张之洞、丁日昌等，皆同治中兴名臣，且均为硕彦鸿儒，都极重视中国的传统文化。他们设局刊书，都聘请博学之士从事校雠工作，并且能选择善本作为底本，因此局刻本校勘精审，嘉惠学林者甚多。各官书局所刻图书，并无一定版式，版心或白口，或黑口，边栏或单栏，或双栏，字体或宋体，或软体。一般而言，局刻本皆有刊刻时间及书局名称，较易辨认。

（三）家刻本

清代之雕版书籍以私家刻本为最有价值，此乃中国私家刻书之极盛时期。当时刊刻之书籍，遍及经、史、子、集四部。零星散刻，不胜枚举。较具特色者，一为写刻本，一为复刻宋元版。清代私家刻书，往往聘请当代工楷书者书写，然后雕版，这种书，往往写刻都很工致。清初写刻本较著名的，有倪霱写刻薛熙之《明文在》，林佶写刻王士祯之《渔洋精华录》、汪琬之《尧峰文钞》、陈廷敬之《午亭文编》，黄仪写刻王士祯之《渔洋诗续集》，均极书刻之妙。清徐康《前尘梦影录》云：

> 乾嘉时，有许翰屏以书法擅名，当时刻书之家，均延其写样。如士礼居黄氏、享帚楼秦氏、平津馆孙氏、艺芸书舍汪氏，以及张古馀、吴山尊诸君，所刻影宋本秘籍，皆为翰屏手书。一技足以名世，洵然。

又云：

> 嘉庆中，胡果泉方伯议刻《文选》，校书者为彭甘亭、顾千里，影宋写样者为许翰屏，极一时之选。即近时所谓“胡刻《文选》”也。

许翰屏写胡刻《文选》，今尚传世，唯不署翰屏姓名。此外尚有长洲李福写刻士礼居《明道本国语》，吴县陆损之写刻士礼居《汪本隶释刊误》，黄丕烈写刻《季沧苇书目》，余集写刻周密《志雅堂杂抄》、元好问《续夷坚志》、孙承泽《庚子消夏记》，许梿写刻李文仲《字鉴》、《六朝文絜》，顾纯写刻钱大昕《元史艺文志》。又有手写自己的著作，然后雕版的，如郑燮自写刻《板桥集》，金农自写刻《冬心集》，而尤以江声自书篆字《尚书集注音疏》、《经师系表》、《释名疏证》，张敦仁草书《通鉴补识误》，为版刻中别树一帜者。清代藏书家大都喜好刻书，一些著名的藏书家往往复刻所藏宋元旧本。其中刊刻较精者有张敦仁刻宋抚州本《礼记郑注》，和坤刻宋本《礼记注疏》，黄丕烈刻宋严州本《仪礼郑注》，汪士钟刻宋景德本《仪礼单疏》及元泰定本《孝经疏》，汪中刻宋余仁仲《春秋公羊解诂》，孔继涵重刻元本《资治通鉴》及宋本《孟子赵注》，顾抱冲刻宋本《古列女传》，全椒吴氏刻宋本《韩非子》。

刊刻丛书乃清代私家刻书之最大特色。清代学者除藏书、读书外，特别奖励刻书，当时私家刻书，都能访求善本，广罗秘籍，故清代刊刻丛书之数量，远非前代所能相比。张之洞《书目答问》卷五著录清代著名丛书，其中，古今人著述合刻丛书有五十九种，国朝一人自著丛书有四十九种，此外复有算学丛书十四种，共一百二十二种，不可谓不多。张氏所收尚有遗漏者，叶德辉《书林清话》卷九所论丛书中，复有可补充者十四种。总之，清代所刻丛书，其数量之多已无法统计，其中较著名者就有一两百部之多。刊刻丛书对于保存古代文献为功甚巨。对于学术的研究则提供了最方便的途径。张之洞曾说："丛书最便学者，为其一部之中，可该群籍，搜残存佚，为功尤巨，欲多读古书，非买丛书不可。"由于清代私家刊刻丛书之种数过多，无法逐一详介，今仅就丛书之性质加以分类，并略述其中稍具特色者。

» 古今著述合刻丛书

刊刻丛书以此类丛书最具价值，故刊刻数量亦最多。徐乾学所主持校刻的《通志堂经解》是清初第一部大丛书，所刻书籍乃《征刻唐宋秘本书目》所列经部之书，汇刻宋元人经解一百三十八种，刊于康熙十九年（公元一六八〇年），用当时流行的软体字刊印，版心下有“通志堂”三字，初印本已不多见。又有曹寅刻《小学五种》、《楝亭十二种》。曹寅曾以康熙四十六年为内府刻《全唐诗》闻名，其所刻书籍世称“扬州诗局刻本”，也是用软体字刊印的。而清初刊书最精妙者，当推张士俊《泽存堂五种》，模仿宋刻，极肖极精。乾嘉以来，由于考证校勘之学兴起，私家刊刻古籍之风更为兴盛。当时刊刻丛书以校勘精审著称者，乾嘉年间有卢文弨之《抱经堂丛书》，毕沅之《经训堂丛书》，顾广圻之《思适斋丛书》，卢见曾之《雅雨堂丛书》，秦恩复之《石研斋四种》，孙星衍之《平津馆丛书》、《岱南阁丛书》。所刻之书，底本优良，校勘精细，对读者最有益处。嘉庆、道光间阮元所刻《文选楼丛书》更是这一类丛书的代表。道光中，则有李锡龄之《惜阴轩丛书》，皆精校慎刻，见重于学林。明清之际，许多藏书家极力觅求宋元版书，到了乾嘉年间，由于校勘学兴起，宋元旧本乃大受重视。复刻宋元本书更成为当时的一种风气，黄丕烈之士礼居、汪士钟之艺芸精舍皆以仿刻善本著称于世，黄氏辑有士礼居丛书，取其所得宋元善本次第刊行，由元和顾广圻为之校雠，用原书影刻公之于世。后人得其书者，几可乱真，亦可见当时刊刻之精美。其后，江都秦恩复石研斋、聊城杨氏海源阁、常熟瞿氏铁琴铜剑楼影刻诸书，以及杨守敬《古逸丛书》，皆受黄氏士礼居之影响。又有以刊刻罕见之本著称者，乾隆时代之大藏书家鲍廷博所刻《知不足斋丛书》，便是其中的代表。鲍氏之书行世之后，又有高承勋之《续知不足斋丛书》、鲍廷爵《后知不足斋丛书》。嘉庆中，有顾修之《读画斋丛书》。道光中，则有蒋光煦《别下斋丛书》、《涉闻旧梓》，伍崇曜之《粤雅堂丛书》，潘仕成之《海山仙馆丛书》。其后，若李廷光之《榕园丛书》、方功惠之《碧琳琅馆丛书》，亦均闻风而起者。又有以广罗旧籍著称者，嘉庆中，有张海鹏所刻之《学津讨原》、《墨海金壶》、《借月山房汇钞》。钱熙祚取《墨海金壶》增辑补刊，易名为《守山阁丛书》；取《借月》残书增为二十集，易名《指海》。又有吴省兰之《艺海珠尘》。同光以后，吴县潘祖荫《滂喜斋丛书》及《功顺堂丛书》、归安姚觐元《咫进斋丛书》、陆心源《十万卷楼丛书》、钱塘丁丙《嘉惠堂丛书》、章寿康《式训堂丛书》，皆精校慎刻，见重学林。黎庶昌之《古逸丛书》，虽未能抉择尽善，然影印宋元旧本，则上承黄氏士礼居。于晚清各家刊刻丛书之役为力最多者，当推艺风老人缪荃孙。其收藏甚富，精于鉴别，博见异书，勤于纂辑，编有《云自在龛丛书》、《藕香零拾》。贵池刘世珩刻《聚学轩丛书》及仿宋本书，南陵徐乃昌刻《积学轩丛书》，多由缪氏校定。

» 辑佚丛书

乾嘉以后，辑佚古书，已成为时代风尚。清代刊刻的辑佚丛书，最著名的有严可均辑《全上古秦汉三国六朝文》、黄奭辑《汉学堂丛书》和马国翰辑《玉函山房辑佚书》。这些书为我们搜集了散存于很多书中的珍贵资料，对于研究古代文化有很大的帮助。

» 郡邑丛书

清代刊刻郡邑丛书，据《书林清话》卷九载，嘉庆间，有赵绍祖刻《泾川丛书》，宋世荦刻《台州丛书》，祝昌泰刻《浦城遗书》，邵廷烈刻《娄东杂著》；道光朝，有伍元薇刻《岭南遗书》；同治朝，有胡凤丹刻《金华丛书》，孙衣言刻《永嘉丛书》；光绪朝此风尤盛，如孙福清刻《槜李遗书》，丁丙刻《武林掌故丛编》及《武林先哲遗书》，陆心源刻《湖州先哲遗书》，赵尚辅刻《湖北丛书》，王文灏刻《畿辅丛书》，盛宣怀刻《常州先哲遗书》。叶氏特别推崇《常州先哲遗书》，他说："《常州》出自缪艺风老人手定，抉择严谨，刻手亦工。"

» 氏姓丛书

清代刊刻的氏姓丛书中，较常见的有嘉道间陈本礼刻《陈氏丛书》，道光、咸丰间《贾氏丛书》，以及光绪间董金鉴刻《董氏丛书》、冒广生刻《冒氏丛书》。氏姓丛书大都为本姓所编刻，亦有后人所编定者。

» 独撰丛书

清代刊刻的独撰丛书，张之洞《书目答问》共著录四十九种。今常见者，有顾炎武《亭林遗书》、王夫之《船山遗书》、戴震《戴氏遗书》、钱大昕《潜研堂全书》、段玉裁《经韵楼丛书》、崔述《东壁遗书》、俞樾《春在堂全书》，以及陆心源《潜园总集》等。

各式各样丛书的出现是清代出版事业的特色之一，而这些丛书绝大部分是由私人刊刻的。清代私家刻书，不管是零星散刻或汇刻丛书，往往以宋元旧本为底本，校勘精审，刻印俱佳，纸墨都是上乘的。但因时代较近，传本易得，故不被收藏家所珍视。

以上所述武英殿本、局刻本及家刻本，乃是清刻本中最具特色的。清代地方官署刻书及书坊刻书则渐趋冷落，远不如前朝，唯清康熙四十年芥

御註孝經

開宗明義章第一 開一經之宗本。明五孝之義理。

仲尼居曾子侍 仲尼。孔子字。居。謂閒居。曾子。孔子弟子。侍。謂侍坐。

子曰。先王有至德要道。以順天下民用和睦上下無怨。汝知之乎。古者稱師為子。先王。謂先代聖王也。德者。人生所得於天之性。至德。謂盡性之美。造其極而無加也。道者。人所共由。事物當然之理。要道。謂窮理之至。舉其一而該衆也。順天下。謂順天下之人心。因其固有

◀《御注孝经》清顺治十三年内府刻本。

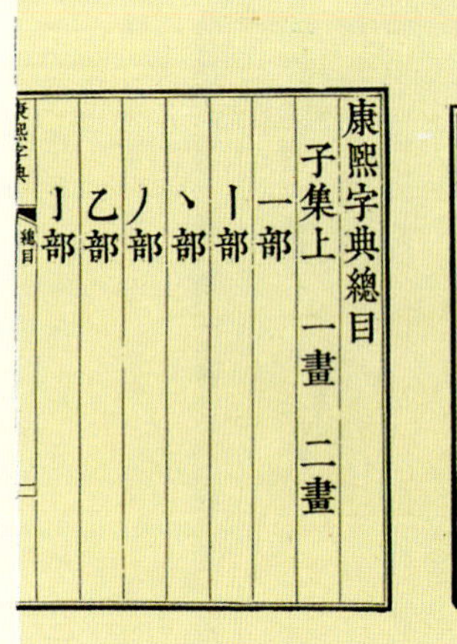

康熙字典總目

子集上 一畫 二畫

一部

丨部

丶部

丿部

乙部

亅部

▲|《御定康熙字典》

清康熙五十五年内府刻本。

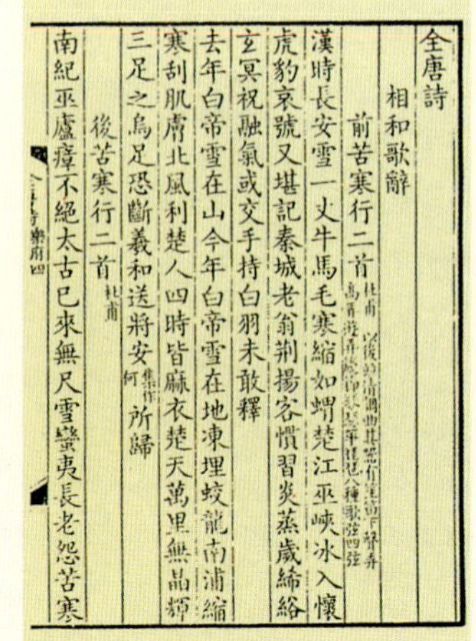

全唐詩

相和歌辭

前苦寒行二首 杜甫

漢時長安雪一丈牛馬毛寒縮如蝟楚江巫峽冰入懷

虎豹哀號又堪記秦城老翁荊揚客慣習炎蒸歲絺綌

玄冥祝融氣或交手持白羽未敢釋

去年白帝雪在山今年白帝雪在地凍埋蛟龍南浦縮

寒刮肌膚北風利楚人四時皆麻衣楚天萬里無晶輝

三足之烏足恐斷羲和送將安所歸

後苦寒行二首 杜甫

南紀巫廬瘴不絕太古已來無尺雪蠻夷長老怨苦寒

▲|《全唐诗》

清康熙四十六年扬州诗局刻本。

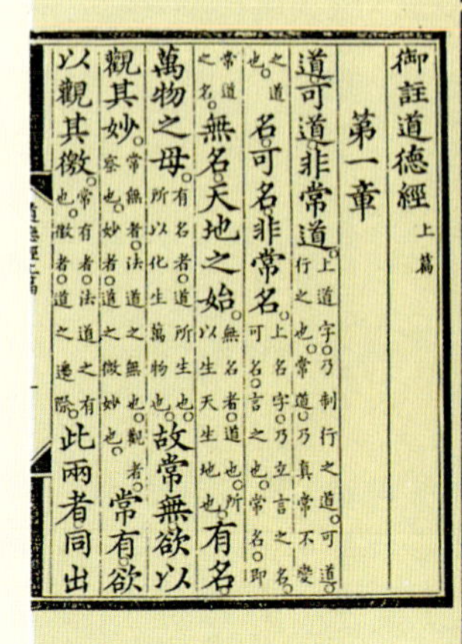

御註道德經 上篇

第一章

道可道非常道

名可名非常名

無名天地之始有名萬物之母

故常無欲以觀其妙常有欲以觀其徼

此兩者同出

▲|《御注道德经》

清顺治十三年内府刻本。

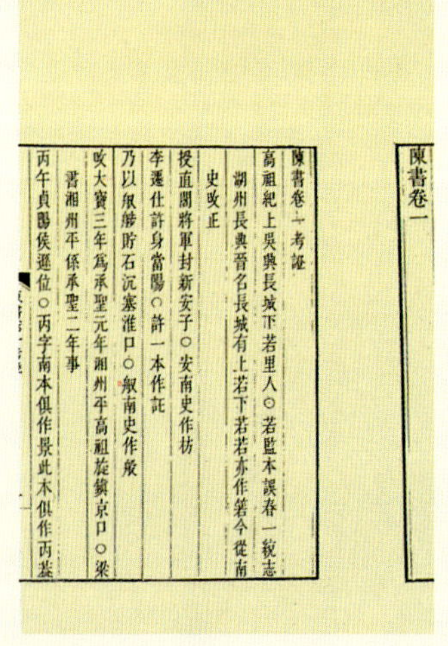

陳書卷一考證

陳書卷一

▲|《陈书》

清乾隆四年武英殿刻本。

大清會典卷之一

宗人府

國初於

篤恭殿前列署十為諸王議政之所順治九年設

宗人府以和碩親王或多羅郡王總領府事多

羅貝勒為左宗正固山貝子為右宗正鎮國公

或輔國公為左右宗人掌

皇族之屬籍以時修輯

玉牒紀載宗室子女嫡庶名封生卒婚嫁謚葬等事

外正官有漢府丞一員屬官有郎中員外主事

▲|《大清会典》

清雍正十年内府刻本。

欽定春秋傳說彙纂卷第一

▲|《钦定春秋传说汇纂》

清雍正五年内府刻本。

周易注疏卷一

魏王弼注　唐陸德明音義　孔穎達疏

上經　乾

☰☰ 乾下乾上

乾。元亨利貞。【音義】乾。竭然反。依字作乾。下乙。乾從旦。㫃音偃。說卦云。乾。健也。此八純卦。象天。亨。許庚反。卦德也。訓通也。餘放此。【疏】正義曰。乾者。此卦之名。謂之卦者。易緯云。卦者。掛也。言懸掛物象以示於人。故謂之卦。但二畫之體。雖象陰陽之氣。未成萬物之象。未得成卦。必三畫以象三才。寫天地雷風水火山澤之象。乃謂之卦也。故繫辭云。八卦成列。象在其中矣。是也。但初有三畫。雖有萬物之象。於萬物變通之理。猶有未盡。故更重之而有六畫。備萬物之形象。窮天下之能事。故六畫成卦也。此乾卦本以象天。天乃積諸陽氣而成天。故此卦六爻皆陽畫成卦也。此既象天。何不謂之天。而謂之乾者。天者定體之名。乾者體用之稱。故

乾隆四年校刊　周易注疏卷一　乾　一

◀《钦定周易注疏》清乾隆四年武英殿刻本。

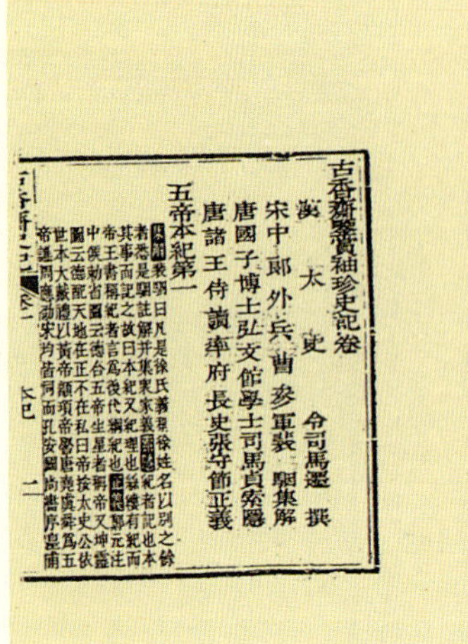

古香齋鑒賞袖珍史記卷
漢 太 史 令司馬遷 撰
宋中郎外兵曹參軍裴駰集解
唐國子博士弘文館學士司馬貞索隱
唐諸王侍讀率府長史張守節正義
五帝本紀第一

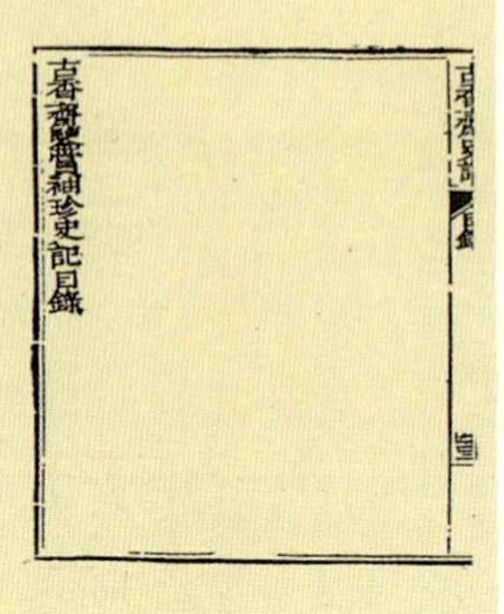

古香齋鑒賞袖珍史記目錄

▲ |《史记》

清乾隆十三年内府刊古香斋袖珍本。

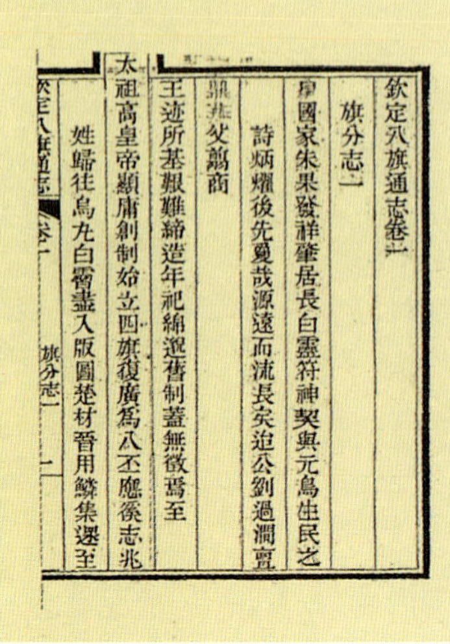

欽定八旗通志卷二
旗分志一
我國家朱果發祥肇居長白靈狩神契與元鳥生民之
詩炳耀後先夐哉源遠而流長矣迨公劉過澗寘
豳岐父篤商
王迹所基艱難締造年祀綿邈舊制蓋無徵焉至
太祖高皇帝顯庸創制始立四旗復廣爲八丕應豫志兆
姓歸往鳥先白腎盡入版圖楚材晉用鱗集遝至

▲ |《钦定八旗通志》

清嘉庆四年内府刻本。

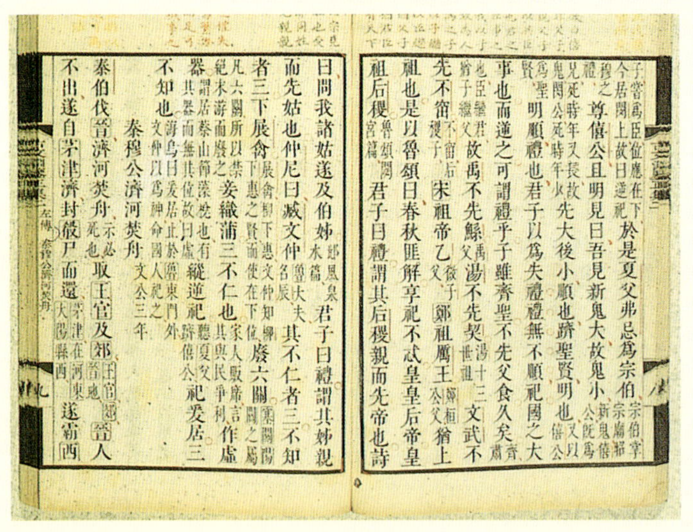

於是夏父弗忌爲宗伯
尊僖公且明見曰吾見新鬼大故鬼小
先大後小順也躋聖賢明也
明順禮也君子以爲失禮禮無不順祀國之大
事也而逆之可謂禮乎子雖齊聖不先父食久矣
故禹不先鯀湯不先契文武不
先不窋宋祖帝乙鄭祖厲王猶上
祖也是以魯頌曰春秋匪解享祀不忒皇皇后帝皇
祖后稷君子曰禮謂其后稷親而先帝也詩
曰問我諸姑遂及伯姊君子曰禮謂其姊親
而先姑也仲尼曰臧文仲其不仁者三不知
者三下展禽廢六關
妾織蒲三不仁也作虛
器縱逆祀祀爰居三
不知也
秦穆公濟河焚舟 文公三年
秦伯伐晉濟河焚舟取王官及郊晉人
不出遂自茅津濟封殽尸而還遂霸西

▲ |《古文渊鉴》

清康熙四十九年武英殿刊四色套印本。

欽定全唐文卷八十一
宣宗三
給夏州等四道節度以下官俸勅
夏州等四道土無絲蠶地絕征賦自節度使以下俸料賞
設皆剋官健衣糧所以兵占虛名軍無戰士緩急寇至無
以支敵將欲責課又皆有詞須有商量用革前弊夏州靈
武振武節度使宜每月各給料錢廚錢共三百貫文監軍
每月一百五十貫文別勅判官每月五十貫文節度副使
每月七十貫文判官掌書記觀察判官每月各五十貫文

▲ |《钦定全唐文》

清嘉庆十九年内府刻本。

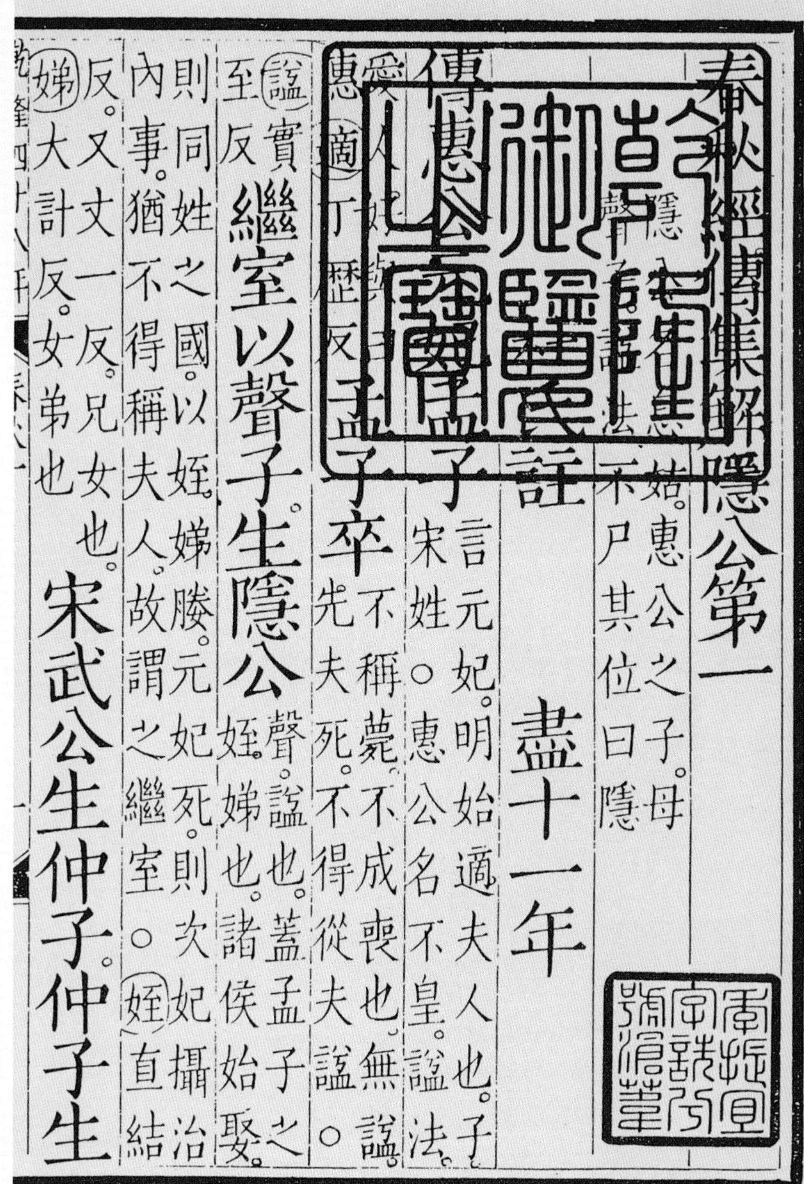
春秋經傳集解隱公第一

隱公名息姑。惠公之子。母聲子。謚法。不尸其位曰隱

杜氏　註　盡十一年

惠公元妃孟子言元妃。明始適夫人也。子宋姓。○惠公名不皇。謚法。愛民好與曰惠。適丁歷反。孟子卒不稱薨。不成喪也。無謚。先夫死。不得從夫謚。○謚實至反繼室以聲子生隱公聲。謚也。蓋孟子之姪娣也。諸侯始娶。則同姓之國。以姪娣媵。元妃死。則次妃攝治內事。猶不得稱夫人。故謂之繼室。○姪直結反。娣大計反。又丈一反。兄女也。女弟也。宋武公生仲子仲子生

▲《春秋经传集解》清乾隆四十八年武英殿仿相台岳氏刻本。

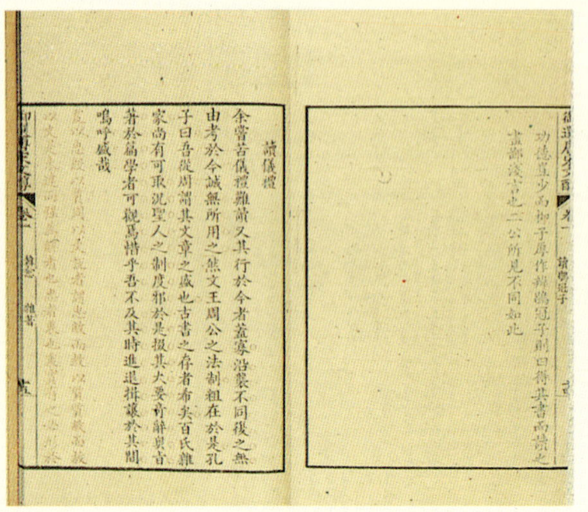

讀儀禮

余嘗苦儀禮難讀又其行於今者蓋寡沿襲不同復之無由考於今誠無所用之然文王周公之法制粗在於是孔子曰吾從周謂其文章之盛也古書之存者希矣百氏雜家尚有可取況聖人之制度邪於是掇其大要奇辭奧旨著於篇學者可觀焉惜乎吾不及其時進退揖讓於其間嗚呼盛哉

▲ |《御选唐宋文醇》

清乾隆三年刊三色套印本。

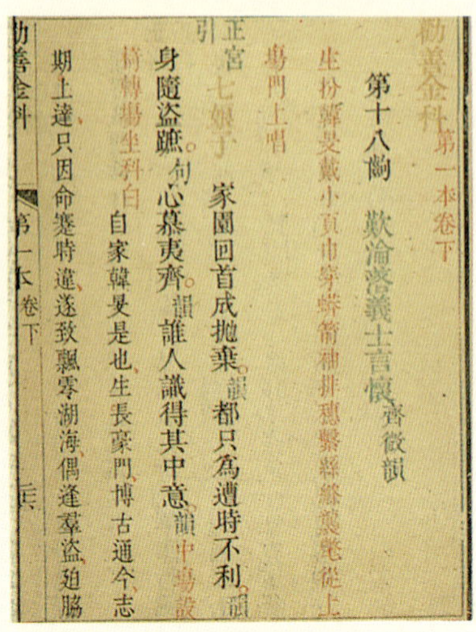

勸善金科第一本卷下

第十八齣 歎淪落義士言懷 齊微韻

生扮韓旻戴小頁巾穿蟒箭袖排穗繫絲縧襞靴從上場門上唱

正宮引 七娘子

家園回首成拋棄。韻 都只為遭時不利。韻 身隨盜蹠。句 心慕夷齊。韻 誰人識得其中意。韻

中場設椅韓旻坐科白

自家韓旻是也生長豪門博古通今志期上達只因命蹇時違遂致飄零湖海偶逢羣盜迫脅

▲ |《劝善金科》

清乾隆间内府刊五色套印本。

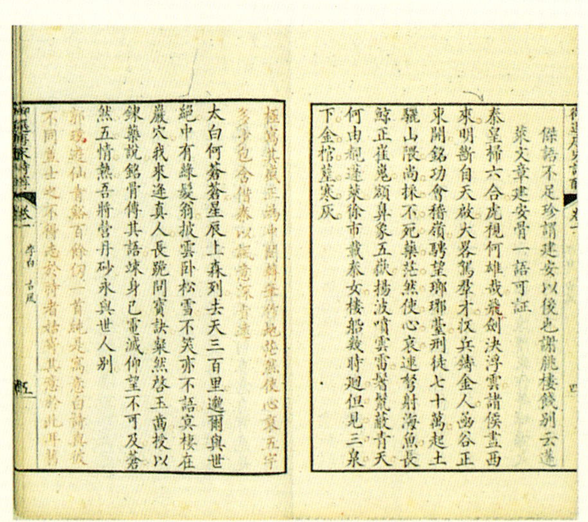

傑語不足珍謂建安以後也謝朓樓餞別云蓬萊文章建安骨一語可証

秦皇掃六合虎視何雄哉飛劍決浮雲諸侯盡西來明斷自天啟大略駕羣才收兵鑄金人函谷正東開銘功會稽嶺騁望琅琊臺刑徒七十萬起土驪山隈尚採不死藥茫然使心哀連弩射海魚長鯨正崔嵬額鼻象五嶽揚波噴雲雷鬐鬣蔽青天何由覩蓬萊徐市載秦女樓船幾時迴但見三泉下金棺葬寒灰

太白何蒼蒼星辰上森列去天三百里邈爾與世絕中有綠髮翁披雲臥松雪不笑亦不語冥棲在巖穴我來逢真人長跪問寶訣粲然啓玉齒授以鍊藥說銘骨傳其語竦身已電滅仰望不可及蒼然五情熱吾將營丹砂永與世人別

▲ |《御选唐宋诗醇》

清乾隆十五年内府刊四色套印本。

◀《御制耕织图诗》清康熙三十五年内府刻本。

《御制避暑山庄诗》

清康熙五十一年内府刻本。

《御制圆明园四十景诗》

清乾隆十年武英殿刻本。

《南巡盛典》清乾隆间内府刻本。

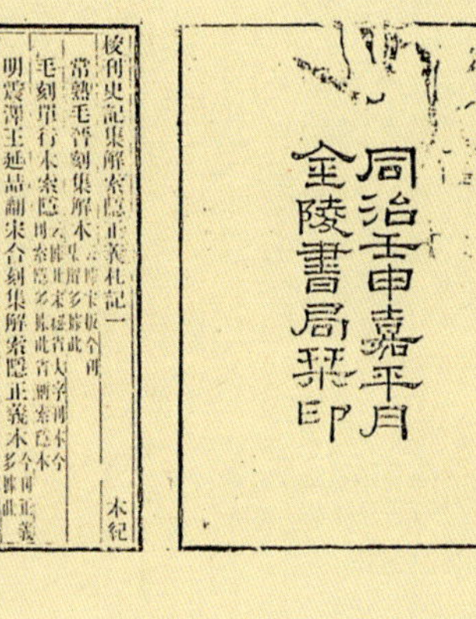

同治壬申嘉平月金陵書局梓印

校刊史記集解索隱正義札記一　本紀

常熟毛晉刻集解本

毛刻單行本索隱

明震澤王延喆翻宋合刻集解索隱正義本

舊刻本

明豐城游明刻本

明金臺汪諒刻本

明吳興凌稚隆刻本

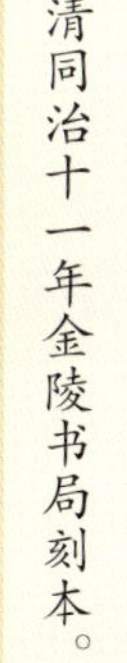

《校勘史记集解索隐正义札记》清同治十一年金陵书局刻本。

同治十年淮南書局重刊

《孙吴兵法》清同治十年淮南书局重刻本。

《汉书疏证》

清光绪二十六年浙江官书局刻本。

《周礼》（《楚刻十三经》）

清同治七年楚北崇文书局刻本。

《经词衍释》

清同治十二年成都书局校刻本。

《广陵通典》

清同治八年扬州书局重刻本。

廣陵通典序
郡邑志乘濫觴晉宋賀循會稽劉損京口陸任所合
內多斯例後此繼之盈乎著錄其爲書也能使生是
邦者曉前古事跡至其地者驗方今物土洵爲善矣
降及明葉末流滋弊事既歸官成由借手府縣等諸
具文撰修類皆不學雖云但糜餐錢虛陪禮帨猶復
俗語丹青後生疑誤正失復貫必也其人此江都汪
容甫先生廣陵通典所以有作也蓋其天才踔越雅
識淵深目洞千秋智羅七略出摛朱育之對撟舌名
公入著虞卿之書關心鄉邑爰於撢經之餘悉取城

《渔洋山人精华录》

清康熙三十九年林佶写刻。

煙雲供養窮三樂扁舟訪舊雪川來偶從縑素論丘壑
爲添樵徑螺髻旋遠峰一角空中落遠人無目樹無枝
妙解通靈失糟粕矣興富春幾百年此意天然殊斧鑿
山人癖如阮宣子蠟屐猶堪代芒屩惜無劉尹買山錢
苦向畫圖貌寂寞此中三日容坐臥便擬拂衣永棲託
明年借汝春畫開梅老無花竹生籜

漁洋山人精華錄卷一
門人監察御史崑山盛符升國子祭酒江陰曹禾同訂
康熙三十九年五月十五日門人林佶謹書
男啟涑恭閱

漁洋山人精華錄卷三　門人侯官林佶編
古體詩
眉州謁三蘇公祠 祠即故宅今爲書院
蟇頤山色腴不枯玻瓈江水如醍醐眉州城郭劫灰後
水膝漠漠成榛蕪郵亭下馬詢老卒蘇公故第城西隅
旋來東帶薦蘋藻辰良何必煩神巫徃者此地鐵腳亂
高門大宅皆焚如此祠巋然誰所作維公大
節驚頑愚雙柏輪囷溜霜雨廷立冠紳古大夫長公遺
像龍眠筆馬券剝落涪翁書　殘碑
插笏尚林立紫藤碧蘚纏虬趺祠西一水最蕭瑟經霜
菡萏猶扶疎甘蕉十丈覆簷霤落花亂迸紅珊瑚當年

《文选》

清嘉庆十四年胡克家刻本。

文選卷第一
梁昭明太子撰
文林郎守太子右內率府錄事參軍事崇賢館直學士臣李善注上
賦甲 賦甲者舊題甲乙所以紀卷先後今卷既改故甲乙並除存其首題以明舊式
京都上
班孟堅兩都賦二首 自光武至和帝都洛陽西京父老有怨班固恐帝去洛陽故上此詞以諫和帝大悅也
兩都賦序
班孟堅 范曄後漢書曰班固字孟堅北地人也年九歲能屬文長遂博貫載籍顯宗時除蘭臺令史遷爲郎乃上兩都賦大將軍竇憲出征匈奴以固爲中護軍憲敗

《字鉴》

清道光五年许梿刻本。

字鑑卷之一　平聲上
元李文仲原本　海昌許槤訂正　朱傅琡參校
一東
叢 徂紅切說文聚也从丵取聲丵仕角切艸丨生皃上从四直畫兩長兩短俗作叢
豐 敷中切說文豆之丨滿者从豆象形與豊字不同豊音禮凡豐之類从丨
隆 良中切說文豐大也从生降聲隸省作丨俗作隆
悤 倉紅切說文多遽丨丨也从心从囪囪古窻字凡總傯蔥驄之類从丨俗作怱忩

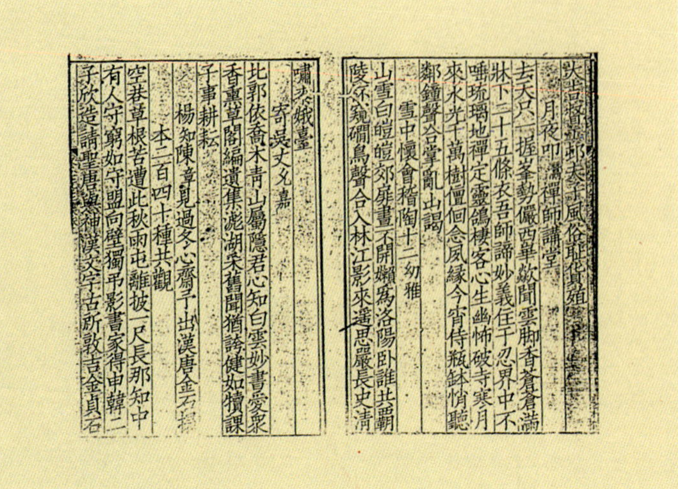

▲|《冬心先生集》

清雍正十一年刻本。

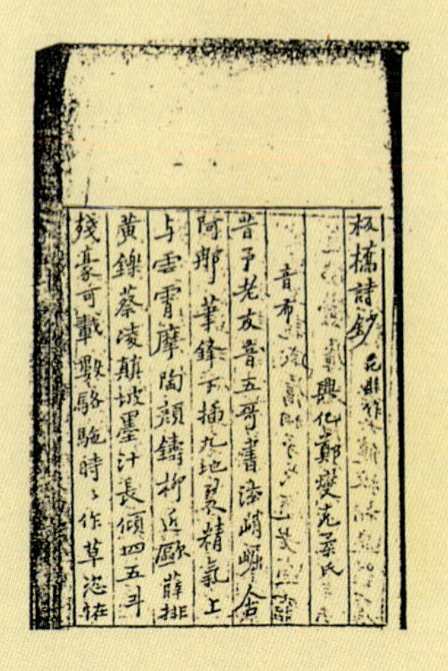

▲|《板桥集》

清道光十一年清晖书屋重刻本。

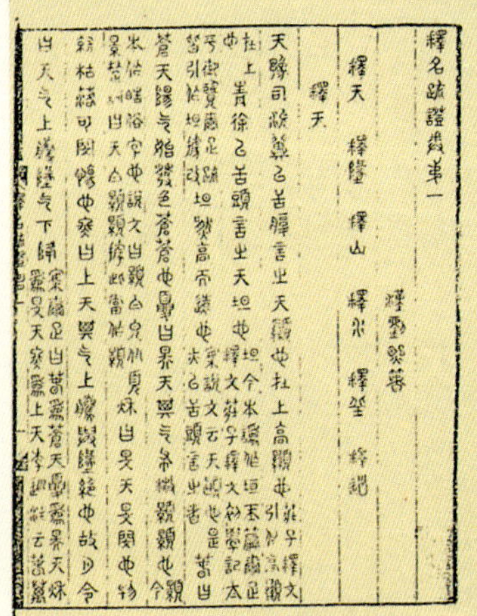

▲|《释名疏证》

清乾隆五十五年刻本。

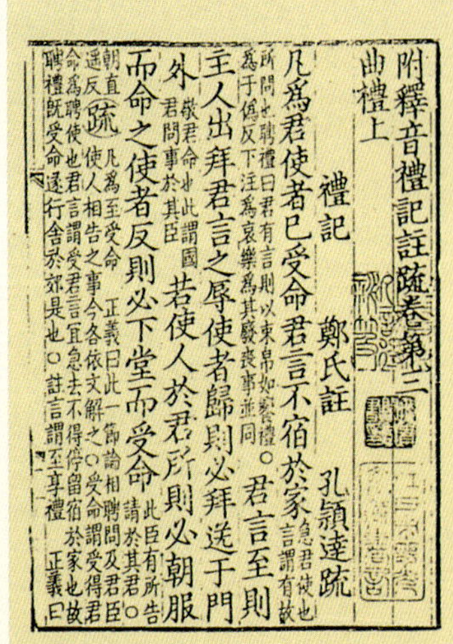

▲|《附释音礼记注疏》

清乾隆六十年长白和珅复宋建刻十行本。

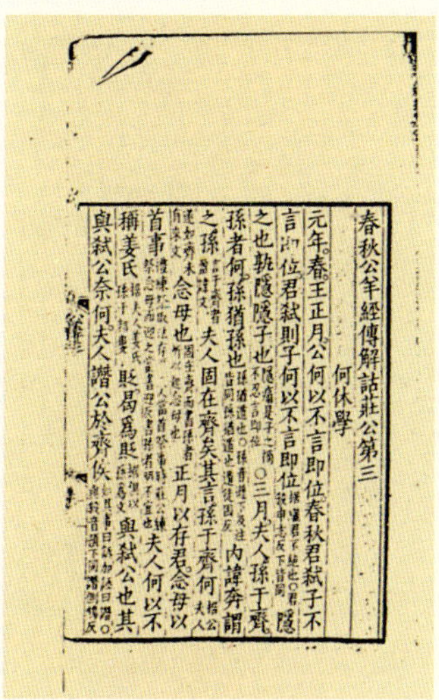

▲ |《春秋公羊经传解诂》

清道光四年福州汪氏翻刻宋建安余仁仲本。

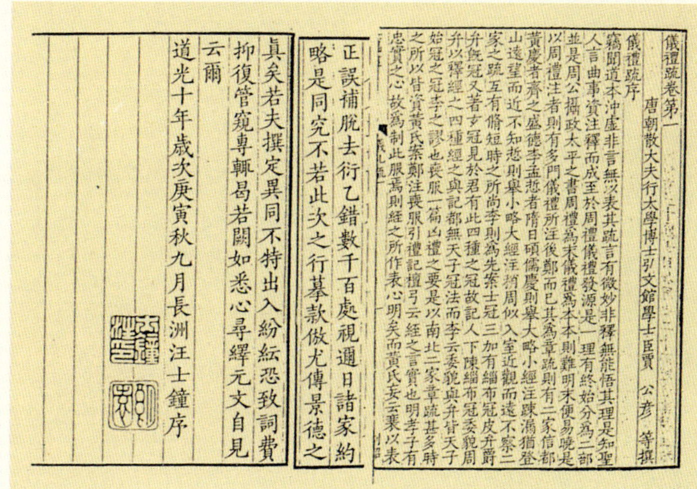

▲ |《仪礼疏》

清道光十年长洲汪氏艺芸书舍复宋刻本。

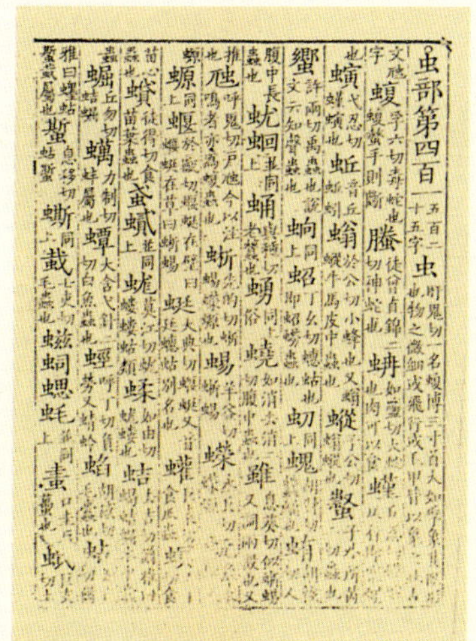

▲ |《泽存堂五种》

清康熙吴郡张氏刻本。

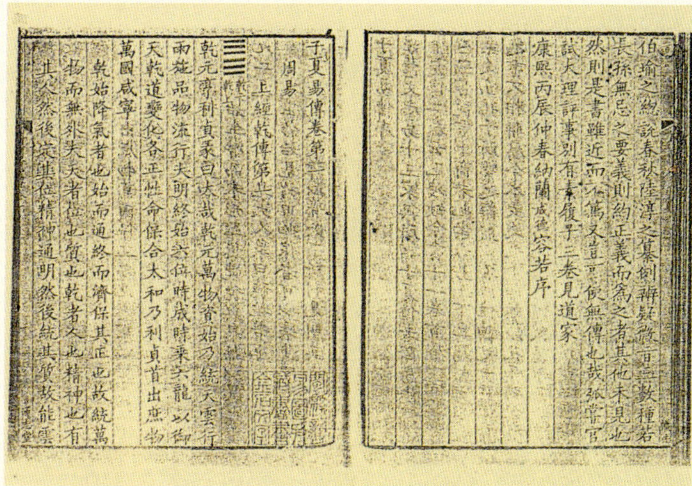

▲ |《通志堂经》

清康熙十九年通志堂刻本。

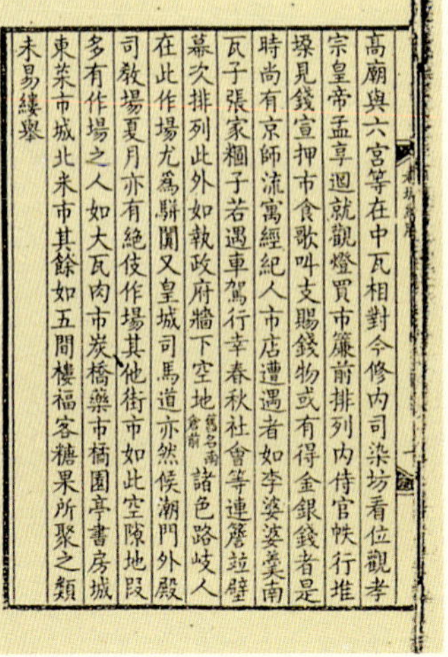

高廟與六宮等在中瓦相對今修內司染坊看位觀孝宗皇帝孟享迴就觀燈買市簾前排列內侍官帙行堆垜見錢宣押市食歌叫支賜錢物或有得金銀錢者是時尚有京師流寓經紀人市店遭遇者如李婆婆羮南瓦子張家糰子若遇車駕行幸春秋社會等連簷竝壁幕次排列此外如執政府牆下空地（舊名南倉前）諸色路岐人在此作場尤爲駢闐又皇城司馬道亦然候潮門外殿司教場夏月亦有絕伎作場其他街市如此空隙地段多有作場之人如大瓦肉市炭橋藥市橘園亭書房城東菜市城北米市其餘如五間樓福客糖果所聚之類未易縷舉

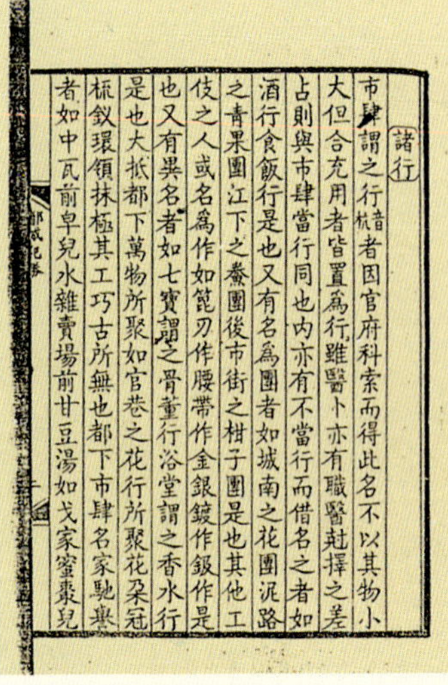

諸行

市肆謂之行者因官府科索而得此名不以其物小大但合充用者皆置爲行雖醫卜亦有職醫赴擇之差占則與市肆當行同也內亦有不當行而借名之者如酒行食飯行是也又有名爲團者如城南之花團泥路之青果團江下之鮝團後市街之柑子團是也其他工伎之人或名爲作如篦刃作腰帶作金銀鍍作鈒作是也又有異名者如七寶謂之骨董行浴堂謂之香水行是也大抵都下萬物所聚如官巷之花行所聚花朶冠梳釵環領抹極其工巧古所無也都下市肆名家馳譽者如中瓦前皁兒水雜賣場前甘豆湯如戈家蜜棗兒

▲《楝亭十二种》

一九二一年上海古书流通处据清康熙间扬州诗局刻本影印。

▲《雅雨堂丛书》

清乾隆二十一年德州卢氏雅雨堂校刻本。版心下方有“雅雨堂”三字。

▲《文选楼丛书》

清嘉庆、道光间仪征阮氏刻本。

▲《岱南阁丛书》

清乾隆、嘉庆间兰陵孙氏问字堂刻本。版心下方有“问字堂”三字。

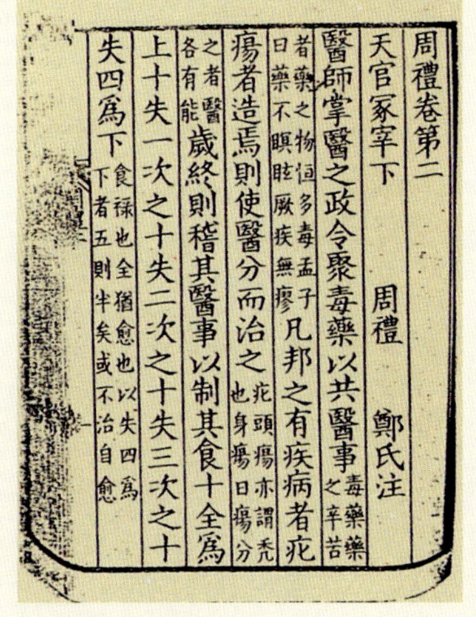

周禮卷第二

天官冢宰下　周禮　鄭氏注

醫師掌醫之政令聚毒藥以共醫事（毒藥藥之辛苦者藥之物恒多毒孟子曰藥不瞑眩厥疾無瘳）凡邦之有疾病者疕瘍者造焉則使醫分而治之（疕頭瘍亦謂禿也身傷曰瘍分之者醫各有能）歲終則稽其醫事以制其食十全爲上十失一次之十失二次之十失三次之十失四爲下（食祿也全猶愈也以失四爲下者五則半矣或不治自愈）

▲《士礼居丛书》

清嘉庆间黄氏士礼居刻本。

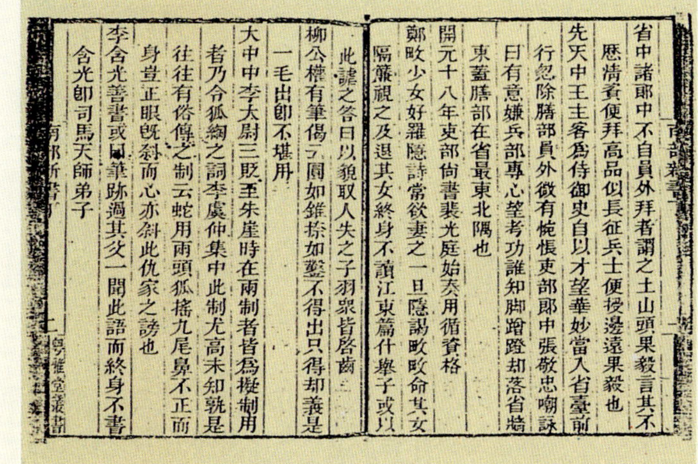

省中諸郎中不自員外拜者謂之土山頭果毅言其不歷清資便拜高品似長征兵士便授邊遠果毅也

先天中王主客爲侍御史自以才望華妙當入省臺前行忽除膳部員外微有悵怏吏部郎中張敬忠嘲詠曰有意嫌兵部專心望考功誰知腳蹭蹬却落省牆東蓋膳部在省最東北隅也

開元十八年吏部尚書裴光庭始奏用循資格

鄭畋少女好羅隱詩常欲妻之一旦隱謁畋畋命其女隔簾覘之及退其女終身不讀江東篇什舉子或以此諱之答曰以貌取人失之子羽衆皆啓齒

柳公權有筆偈云圓如錐捺如鑿不得出只得却義是一毛出即不堪用

大中中李太尉三貶至朱崖時在兩制者皆爲擬制用者乃令狐綯之詞李虞仲集中此制尤高未知孰是往往有俗傳之制云蛇用兩頭狐搖九尾鼻不正而身豈正眼既斜而心亦斜此仇家之謗也

李含光善書或以筆跡過其父一聞此語而終身不書

含光即司馬天師弟子

▲《粤雅堂丛书》

清道光、光绪间南海伍氏刻本。版心下方有粤雅堂丛书”五字。

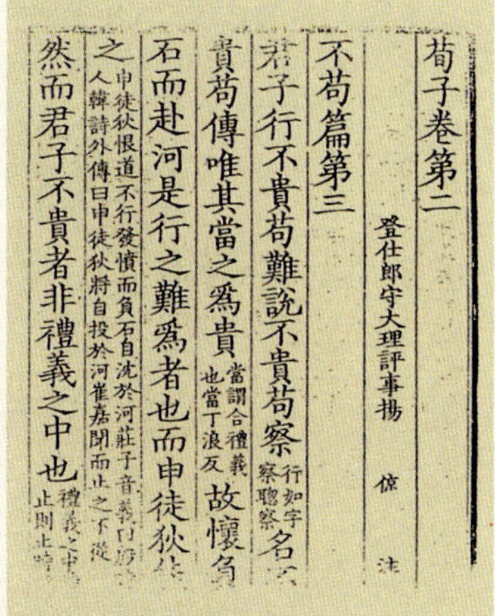

荀子卷第二　登仕郎守大理評事楊倞注

不苟篇第三

君子行不貴苟難說不貴苟察（行如字察謂聽察）名不貴苟傳唯其當之爲貴（當謂合禮義也當丁浪反）故懷負石而赴河是行之難爲者也而申徒狄能之（申徒狄恨道不行發憤而負石自沈於河莊子音義曰殷時人韓詩外傳曰申徒狄將自投於河崔嘉聞而止之不從）然而君子不貴者非禮義之中也（禮義之中止則止時……）

▲《古逸丛书》

清光绪八年至十年遵义黎氏日本东京使署刻本。

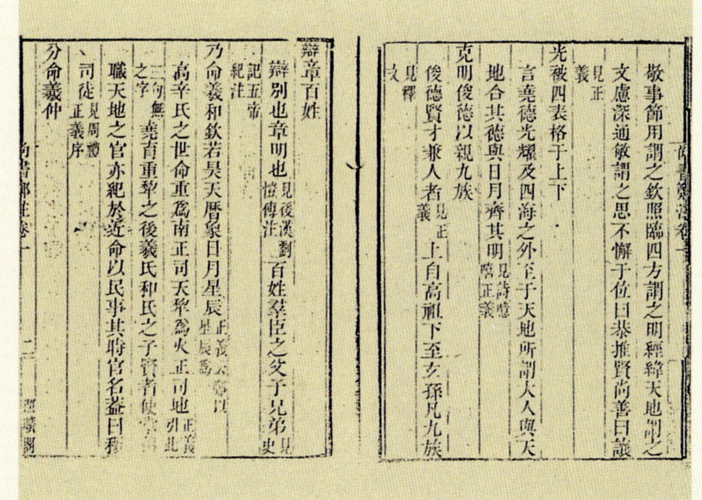

敬事節用謂之欽照臨四方謂之明經緯天地謂之文慮深通敏謂之思不懈于位曰恭推賢尚善曰讓（見正義）

光被四表格于上下

言堯德光耀及四海之外至于天地所謂大人與天地合其德與日月齊其明（見詩噫嘻正義）

克明俊德以親九族

俊德賢才兼人者（見正義）上自高祖下至玄孫凡九族（見釋文）

辯章百姓

辯別也章明也（見後漢劉愷傳注）百姓羣臣之父子兄弟（見史記五帝紀注）

乃命羲和欽若昊天曆象日月星辰（正義云鄭以星辰爲……）

高辛氏之世命重爲南正司天黎爲火正司地（正義引此二句無之字）堯育重黎之後羲氏和氏之子賢者使掌職天地之官亦紀於近命以民事其時官名蓋曰稷、司徒（見周禮正義序）

分命羲仲

▲《学津讨原》

清嘉庆十年虞山张氏照旷阁刻本。版心下方有“照旷阁”三字。

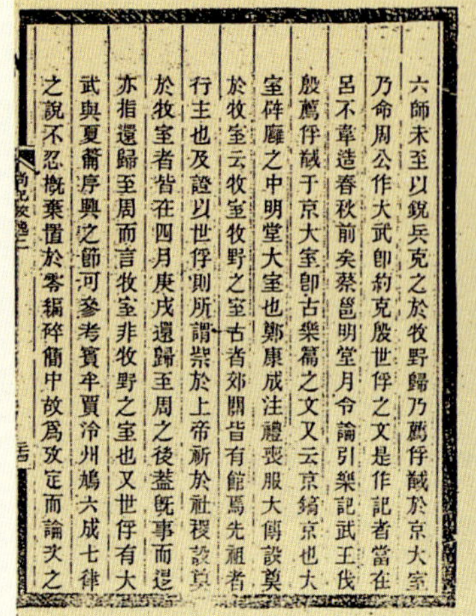

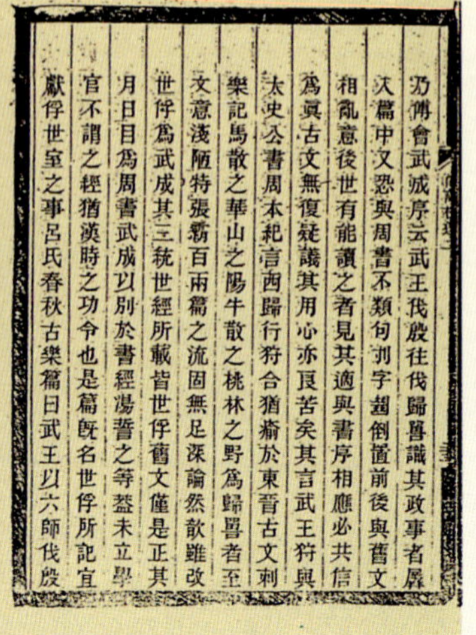

▲《云自在庵丛书》

清光绪二十五年江阴缪氏校刻本。

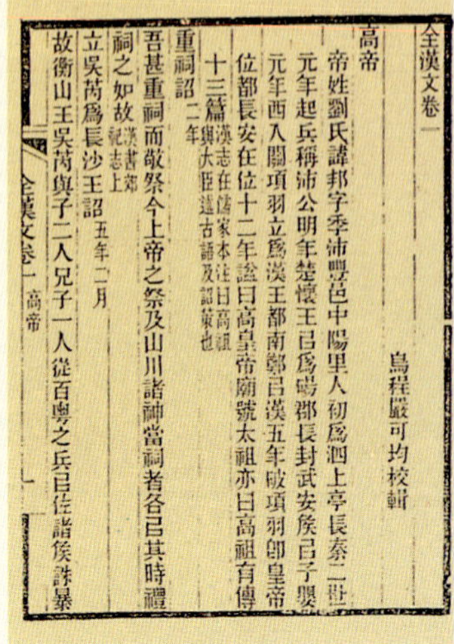

▲《全上古秦汉三国六朝文》

清光绪二十年黄冈王氏刻本。

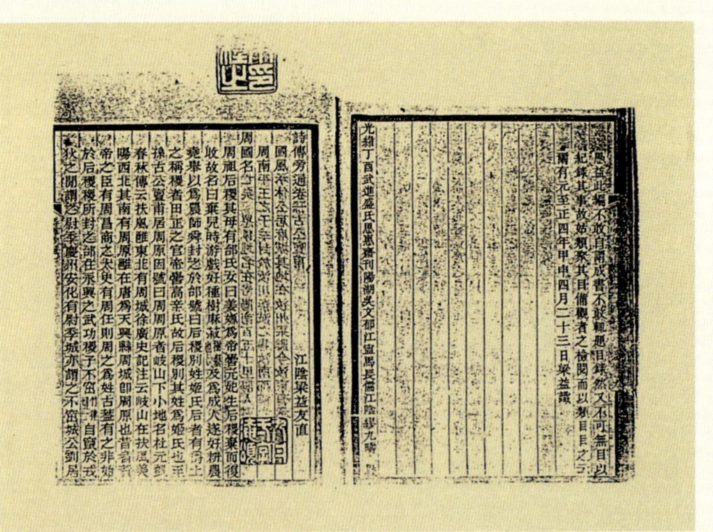

▲《常州先哲遗书》

清光绪二十五年武进盛氏刻本。

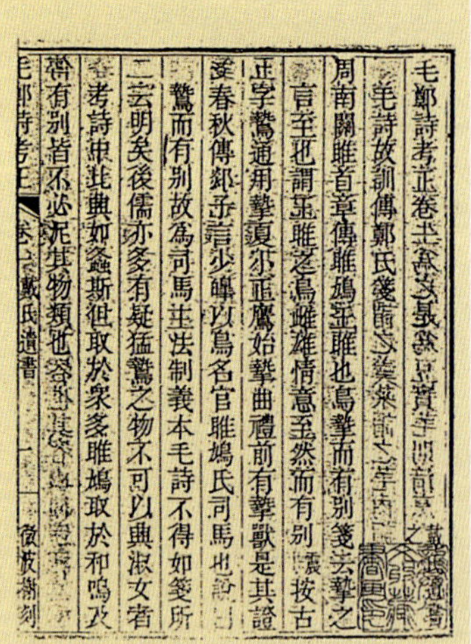

▲《戴氏遗书》

清乾隆间曲阜孔氏微波榭刻本。版心下方有“微波榭刻”四字。

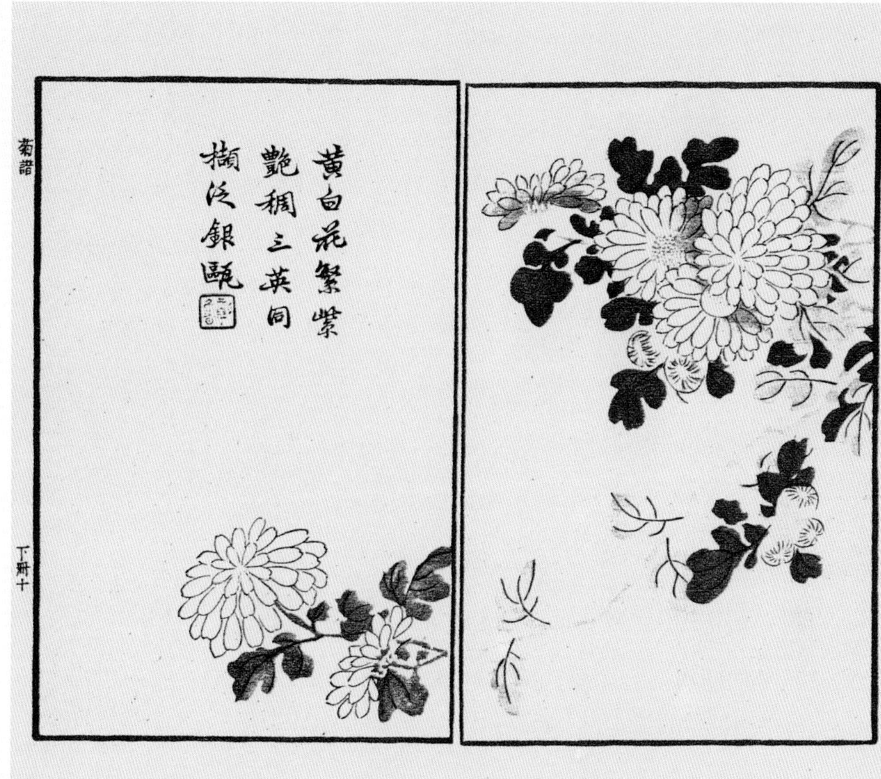

▲《芥子园画传》
清康熙四十四年芥子园甥馆刻套印本。

子园甥馆所刻套色版画《芥子园画传》，以及嘉庆二十年阮元在南昌学府所刻之《十三经注疏》著称于世。

三、活字印本

活字印刷在清代也有相当的发展及应用。清代的活字印本较具有特色，有铜活字本、泥活字本及木活字本。

（一）铜活字本

清代内府在康熙、雍正年间已经用铜活字印成《星历考原》、《数理精蕴》及《律吕正义》等书。其中，最著名的当推《古今图书集成》。这是继《永乐大典》之后最大的一部百科全书，由陈梦雷主编，完成于康熙末年，在雍正四年（公元一七二六年）用铜活字本印刷出来。全书共一万卷，约一万万字，分为六编、三十二典、六千一百零九种。当时摆印了六十六部，每部五千二百册，使用铜字之数在二十五万左右，正文用大字，注文用小字，书中附有许多精美的插图。台北故宫博物院藏有三部。

清代私人以铜活字印书，最早当为吹藜阁之《文苑英华律赋选》四卷，书前有康熙二十五年（公元一六八六年）序，较内府铜活字本要早二三十年。嘉庆年间，台湾武隆阿用铜活字印《圣谕广训注》，字画精致。道光年间，福州林春祺福田书海用铜活字印顾炎武的《音论》及《诗本音》。咸丰八年，常州徐隆兴等用铜活字印成《毗陵徐氏宗谱》三十册。太平天国十二年，用铜活字印成《太平天日》一书，这是太平官书中唯一的铜活字本。

（二）泥活字本

中国活字版最早是用胶泥，但元、明两朝都没有采用泥字的确切记载，更没有泥版所印的书籍存世。现存最早的泥活字当推清代的瓷版和泥版。康熙五十七年，泰安徐志定真合斋所制瓷版印有《周易说略》四卷及《嵩庵闲话》二卷。道光年间，安徽泾县翟金生穷三十余年之力，制成大小五号字型的泥字十万个。道光二十四年，他试印自己写作的诗集，为了纪念这次试印成功，名其诗集为“泥版试印初编”，还作了五首绝句，题目分别为“自刊”、“自检”、“自著”、“自编”和“自印”。以作家而兼印工，在中国印刷史上是比较罕见的。其后，翟氏又于道光二十七、八年间印黄爵滋《仙屏书屋诗集》四百部，此为活字一次印制部数最多的记载。咸丰七年，又印《水东翟氏宗谱》。此外，“中央图书馆”藏有清道光十年七宝转轮藏仿宋胶泥活字本《南疆绎史勘本》。

（三）木活字本

清代所存各种活字版，当以木活字印本为最多。其中最著名规模最大的是《武英殿聚珍版丛书》。乾隆皇帝修《四库全书》时，想将从《永乐大典》内辑出来的佚书刊印流传，而藏在武英殿的铜字已被熔铸为铜钱，无法再用。于是，金简建议用木活字来摆印，于乾隆三十九年共刻成大小枣木字二十五万三千五百。用这套新造的活字版工具，先后共印《武英殿聚珍版丛书》一百三十四种、二千三百多卷。每种都用连史纸与竹纸印刷，前者印二十部，专备大内等处陈设，后者印三百部左右，颁发定价通行。乾隆因为活字版之名不雅驯，乃改名为“聚珍版”。乾隆四十一年，这部丛书被颁发到东南五省，并准所在翻版通行，而浙、闽、赣、粤四省复刊的仍为雕版，并非活字本。金简并撰《武英殿聚珍版程式》，附有插图，分别叙述雕刻、字盘、排字、整摆、校对、印刷、拆版、归字等程序，比王祯的《造活字印书法》更为明了具体，是我国印刷史上的重要文献。

其后，地方官署、书院、各省官书局，以至民间私人及书坊，亦采用活字印书。经、史、子、集、小说、类书、丛书以及“京报”无所不备，尤以家谱采用活字版最多。据估计，现在知见的木活字本不下两千种，其中较著名的，嘉道年间，有吴门汪昌序印《太平御览》，横川吴志忠印《兼明书》、《洛阳伽蓝记》等，张金吾爱日精庐印《续资治通鉴长编》，六安晁氏印《学海类编》，京师琉璃厂半松居士印《南疆绎史》等；咸同年间，有仁和胡珽琳琅秘室印《琳琅秘室丛书》，江夏童和豫朝宗书屋印明严衍《资治通鉴补》、宋袁枢《通鉴纪事本末》等；光绪间，有董金鉴重印《琳琅秘室丛书》，姚觐元印《北堂书钞》等。

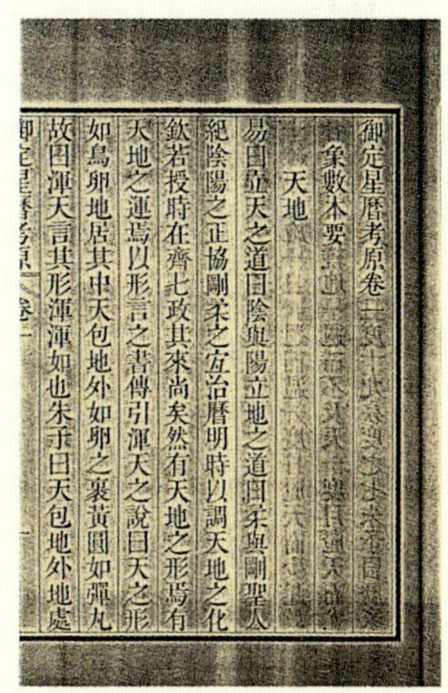

▲|《御定星历考原》

清康熙五十二年铜活字本。

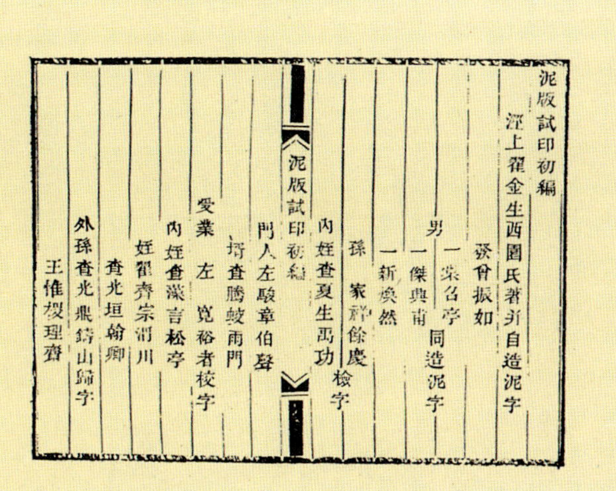

▲|《泥版试印初编》

清道光二十四年泥活字印本。

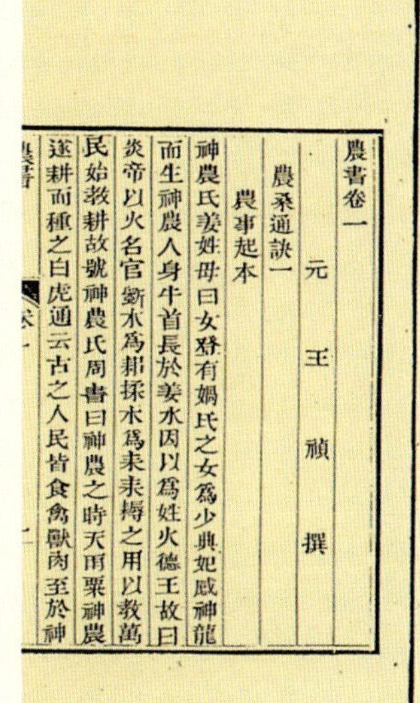

▲|《农书》

清乾隆间武英殿聚珍本。

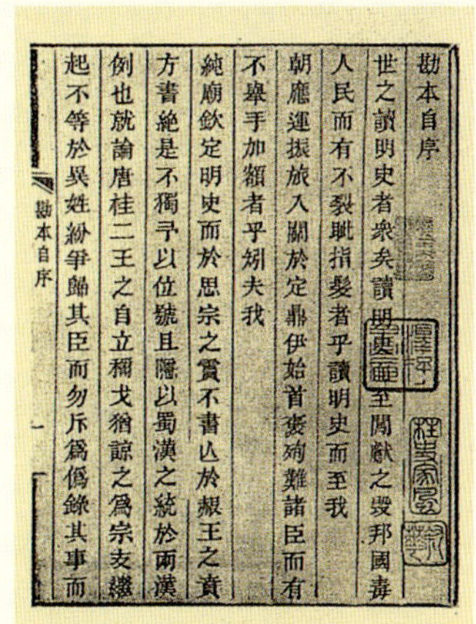

▲|《南疆绎史刊本》

清道光十年七宝转轮藏仿宋胶泥活字本。

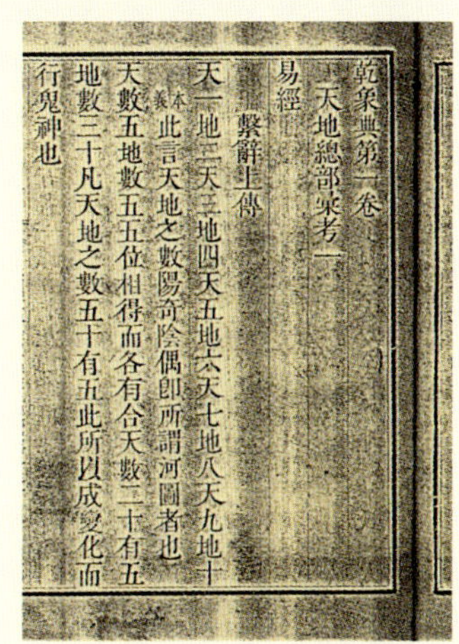

▲|《钦定古今图书集成》

清雍正四年武英殿铜活字本。

成造木子

聚珍版擺印書籍固稱簡捷然以數十萬散字中掇輯成章其木子大小難以畫一若逐字鏇削又事繁而工費故製造木子之法利用棗木解板厚四分許豎裁作方條寬一寸許先架疊晾乾兩面用鑤取平以淨厚二分八釐爲準然後橫截成木子每個約寬四分豫以硬木一塊長一尺四寸寬一寸八分中挖槽一條內寬一寸深三分底牆欲平直外牆以鐵鑲口下首兩牆挖空寸許將木子數十個仄排槽內用活閂擠緊鑤之以平

▲《武英殿聚珍版程式》

清乾隆四十一年武英殿聚珍版印本。

卷五百十八
起哲宗元符二年十一月盡其月
卷五百十九
起哲宗元符二年十二月盡其月
卷五百二十
起哲宗元符三年正月盡其月

嘉慶己卯仲夏海虞
張氏愛日精廬印行

目下終

續資治通鑑長編卷一
宋 李燾 撰
太祖
建隆元年春正月辛丑朔鎮定二州言契丹入侵北漢兵自土門東下與契丹合周帝命太祖領宿衛諸將禦之太祖自殿前都虞侯再遷都點檢掌軍政凡六年士卒服其恩威數從世宗征伐海立大功人望固已歸之於是主少國疑中外始有推戴之議
壬寅殿前司副都點檢鎮寧軍節度使太原慕容延釗延釗初以殿前都虞侯見顯德五年三月不著邑里將前軍先發時都下讙言將以出軍之日策點檢爲天子士民恐怖爭爲逃匿之計惟內庭晏然不知

▲《续资治通鉴长编》

清嘉庆二十四年张氏爱日精庐活字印本。目后有“嘉庆乙卯仲夏海虞张氏爱日精庐印行”牌记二行。

附录

护书的函套

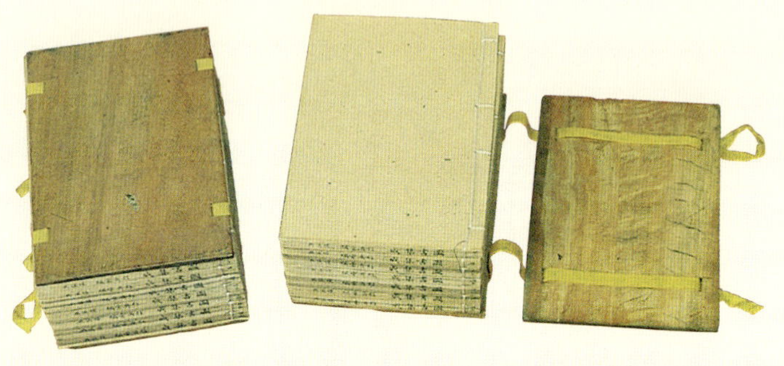

▲ | 夹板

用两片木板，穿上带子，把书夹在当中，结上带子，即可。

▲ | 四合套

用硬套或木板为里，外敷以布，围绕书的四面而成。

▲ | 六合套

用硬纸为里，敷上布或绫锦，将书的六面全部包起，开函处挖成云钩状。

▲ | 木匣

一端可以开闭，内有夹板，先将书放在夹板间，连同夹板置于匣内。